让·皮亚杰

(Jean Piaget，1896—1980)

皮亚杰观察儿童做实验

皮亚杰在自然情况下观察儿童

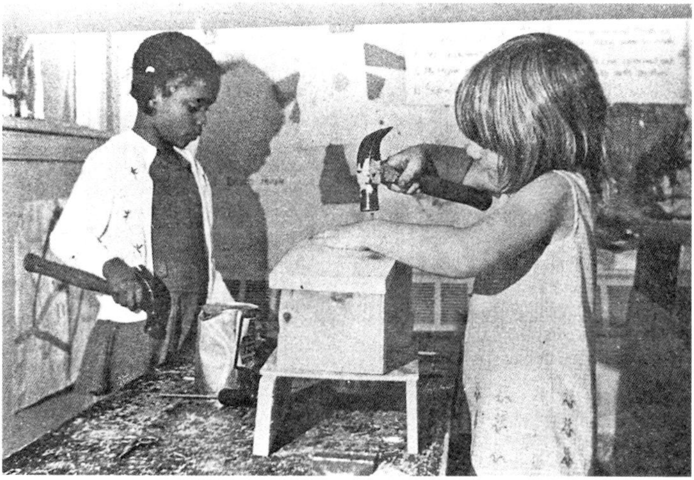

按皮亚杰理论进行教育实验的美国伊普西兰蒂的海斯可卜实验学校的儿童在进行建造活动

皮亚杰（坐者）与同事、日内瓦学派核心人物之一英海尔德合影

◆ 皮亚杰是瑞士著名的心理学家、哲学家和教育家，发生认识论的创始人，西方思想史上的一位文化巨人。本书收录皮亚杰最富有代表性的七篇文章及一篇皮亚杰和记者的谈话，它们集中反映了皮亚杰的儿童认知发展理论和教育思想。译者卢濬先生曾在瑞士跟随皮亚杰学习儿童心理学两年，是我国现代著名心理学家、教育家和研究皮亚杰教育思想的权威。

外国教育名著丛书

皮亚杰教育论著选

PIYAJIE JIAOYU LUNZHUXUAN

[瑞士] 皮亚杰 著
卢濬 选译

人民教育出版社
·北京·

图书在版编目（CIP）数据

皮亚杰教育论著选/（瑞士）皮亚杰著；卢濬选译. —2版. —北京：人民教育出版社，2015.8（2024.7重印）

（外国教育名著丛书）

ISBN 978-7-107-29777-9

Ⅰ. ①皮… Ⅱ. ①皮… ②卢… Ⅲ. ①教育理论 Ⅳ. ①G40-095.22

中国版本图书馆CIP数据核字（2015）第191226号

外国教育名著丛书　皮亚杰教育论著选

出版发行　人民教育出版社

（北京市海淀区中关村南大街17号院1号楼　邮编：100081）

网　　址　http://www.pep.com.cn

经　　销　全国新华书店

印　　刷　保定市中画美凯印刷有限公司

版　　次　2015年8月第2版

印　　次　2024年7月第5次印刷

开　　本　890毫米×1 240毫米　1/32

印　　张　8.5

插　　页　2

字　　数　245千字

印　　数　34 001～37 000册

定　　价　35.00元

《外国教育名著丛书》再版说明

在人类数千年的教育史上产生过无数鸿篇巨制，尤其是近现代以来，许多教育家、思想家、理论家和实践家，通过对人类教育所进行的长期艰辛的探索、严密的思考和审慎的研究，撰写了不少对人类教育发展产生了巨大而深远影响的伟大著作。即使人类历史进入了21世纪，这些著作仍然保持着强盛的生命力。

本着“服务教育、繁荣学术、积累文化”的宗旨，在原社长兼总编辑叶立群倡导下，人民教育出版社组织专家学者从这些著作中精选了对世界和中国教育产生过并将继续产生重大影响的作品，汇编成《外国教育名著丛书》。这套丛书共40种46册，自1984年陆续出版以来，受到教育界、学术界的热烈欢迎和普遍好评，一经问世即售罄。为满足读者尤其是高等院校教育专业师生教学与研究的迫切需要，我社于2001年曾从这套丛书中选择了部分图书进行重印，以解燃眉之急。现在，我社决定全面再版这套丛书，在文字和技术上进一步做了编辑工作；对有的著作，还请相关专家进行了重新翻译。热忱希望广大读者对这套丛书的编辑出版工作提出宝贵意见，以使之更臻完善。

人民教育出版社

2014年12月

《外国教育名著丛书》出版说明

为了发展我国社会主义教育事业，建立具有中国特色的社会主义教育体系，不仅需要研究我国教育的历史和现状，总结我国教育的经验，而且需要研究外国教育的历史和现状，借鉴外国教育的经验。为了给我国教育工作者提供研究外国教育思想的理论著作，并给师范院校提供教学参考书，我社决定出版这套丛书。

这套丛书选收古代、近代、现代对世界、对中国有较大影响的外国教育家、心理学家的有代表性的教育理论著作，包括整本专著、文章汇编或者著作节选。

毋庸置疑，本丛书所收选的书既闪耀着人类教育智慧的光辉，又由于作者所处时代、阶级的限制不可避免地存在着糟粕；有的虽非糟粕，但由于地区条件的不同，也可能并不适合于我国。因此，我们在阅读时一定要以马克思列宁主义、毛泽东思想做武器，对书中的内容进行分析，批判地吸收其中有益的东西，而不要照搬照抄。

为了帮助读者阅读和理解书的内容，我们请译者或有关专家为每一本书撰写了前言，有的书还附有年表、图片或其他参考资料。当然，前言只是一家之言，而不是对某书的定评；读者完全可以对这本书进行更加广泛更加深入的研究。

由于我们水平有限，经验不足，本丛书定有不少缺点和错误，欢迎读者批评指正，以便我们改进工作。

人民教育出版社

1984 年

目　　录

译者前言

一

让·皮亚杰（Jean Piaget，1896—1980）是瑞士著名心理学家、哲学家和教育家，被西方视为与苏格拉底（Socrates）、弗洛伊德（S. Freud）、爱因斯坦（A. Einstein）齐名的思想文化巨人。他是一位智力非凡、才华横溢、学识渊博、勤于思考和极富创造性的学者。

皮亚杰早年是学生物学的，1918年获得自然科学博士学位。之后，任过日内瓦卢梭研究所研究部主任。这一机构改为日内瓦教育科学研究所后，他任过所长，还担任隶属于联合国教科文组织的国际教育局①局长。1954年当选为第十四届国际心理学会主席。1955年他在日内瓦大学创立国际发生认识论中心，任主任一职直到逝世。他先后在纳沙泰尔大学、日内瓦大学、洛桑大学任教授，讲授心理学、儿童心理学、发生心理学、实验心理学、科学思想史、社会学等课程。由于在学术上的卓越贡献，皮亚杰先后被哈佛大学、巴黎大学、布鲁塞尔大学等三十多所世界著名大学授予荣誉博士学位，并获得伊拉斯谟奖、桑代克奖等。

从20世纪20年代开始，皮亚杰和他的学派创造了一种独特的

① 国际教育局于1925年在瑞士日内瓦成立，创立初期为一家私立非政府组织。1969年以来，国际教育局成为联合国教科文组织的一个有机组成部分。

研究儿童思维的方法（最初称临床法，后来称关键探究法）。在60年的研究生涯中，他坚持不懈地研究儿童认知（在他的著作中，“认知”“智力”“思维”是同义词）的发展，先后深入研究了儿童的语言、判断、推理、知觉等的发展和儿童关于物理因果关系、数、时间、空间、速度与运动、机遇、必然与可能、逻辑的概念。他的贡献可归纳为四个方面。第一，1925—1940年，研究儿童智能发展的一般阶段；1940年后，用符号逻辑的形式结构模式描述儿童后期阶段的智力发展。第二，1940—1960年，深入研究知觉的发展。第三，1940—1980年，研究爱因斯坦推荐他探讨的诸如时间、空间之类的各种科学概念。第四，1950年后，又回到他中断了三十多年的认识论的理论研究。

皮亚杰一生勤于研究和富于创造，著作浩繁。他一生中以一千五百多个题目发表过自己的研究成果，著作达七十多部（其中二十多部是与他人合作的）。他给人们提供了任何心理学家都望尘莫及的人类从出生到成人的认知发展的蓝图。他不满足于对儿童智力发展的描述，还试图说明其机制和原因，不断修正完善自己的观点，创立了一套完整的儿童心理发展的理论。他从生物学的角度出发，通过儿童心理学的桥梁，达到了认识论的结论；用彻底经验的方法、实验研究个体认知的发生和发展，来说明人类的认识问题，使认识论和哲学分开，创立了一种跨学科的科学的发生认识论。他的理论受到当代国际心理学界、哲学界和教育学界的高度重视，对西方甚至全世界许多国家的婴幼儿教育和中小学教育的改革产生了很大影响。他长期担任联合国教科文组织国际教育局局长，亲自参与了当代许多重大教育问题的研究，他的许多教育观点已写入国际公共教育会议的文献中。

今天，研究皮亚杰的理论既有理论意义，也有实践意义。

第二次世界大战后，美国重新发现了皮亚杰，他的理论长期指导着全世界的儿童认知发展的研究。西方有些人把皮亚杰的理论应用于编制智力测验，诊断有情绪障碍的儿童，为行为矫正工作服务。有些人还据此拟订了一些方案，从而进行有效的教育实验，发表了大量论述皮亚杰理论在教育工作中应用的著作和文章。近十几年，西方一些心理学家从不同的方面对皮亚杰的理论提出了挑战。

近年来，我国也出现了皮亚杰热。我国心理学界和哲学界都很重视皮亚杰理论，重复他的实验的工作增多了，发表了许多评介他的理论的文章和专著，还召开了几次评介皮亚杰理论的全国性学术会议。至于把皮亚杰理论用于实际的工作，大陆还待起步，台湾省开展得早一些，1975 年公布的小学数学与自然科学课程标准和 1978 学年度正式使用的新教材就充分反映了皮亚杰认知发展的思想。

二

皮亚杰称自己是发生认识论者，他很谦虚，坚持认为自己不是教育工作者。当被问到有关教育的问题时，他总认为应该留给教师去做。他认为心理学家的任务只能提供教师能够应用的事实，而不是代替教师并指点他们，而且还认为他的理论并没有直接的教育含义。实际上，他不仅讲过自己对教育的许多意见是和他的儿童心理学的学说密切关联的，而且发表过两部专门讨论教育的专著，即《心理学与教育学》（英译名为《教育科学与儿童心理学》）和《教育往何处去——理解即发明》（英译名为《理解即发明——教育的未来》）。另外，教育工作者一向都是从发展心理学的研究成果中求得启迪，以改进教育教学工作。皮亚杰是当代对教育影响最大的心理学家，他的认知发展理论中蕴含着丰富的教育含义。许多西方教育工作者根据各自的理解，从中推衍出一些教育教学的原则，拟订了详细的计划或方案进行教育实验。

下面根据西方几位学者的看法，综合提出皮亚杰理论中蕴含的六条教育教学原则，并简要介绍几种有关的教育实验。

（一）促进学生智力的发展，培养学生的思维能力

皮亚杰认为，教育的主要目的就是要促进学生智力的发展并培养学生的思维能力。他指出，人的智力发展的最后一个阶段为形式运算或命题运算阶段，就是一般讲的抽象思维阶段，这是认知发展的理想目标。因此，他说，教育的最高目标是具有逻辑推理能力和掌握复杂抽象概念的能力。在传统的教学中，教师向学生传授事实类型的知识，学生按照教师呈现知识的方式加以被动吸收。皮亚杰认为这种传统的做法是错误的。他认为，教学不应该仅仅是知识的传授，更重要的是要刺激儿童心智的发展，儿童不应该是消极接受知识灌输的“容器”，而是要学会如何思维。他指出：智力训练的目的是形成智慧，而不是贮备记忆；是造就智力的探索者，而不仅仅是博学。所以，他很强调过程的学习，强调形成认知结构和发展逻辑思维能力。他认为死记硬背学得的知识不等于智慧。心理学家布鲁纳（J. S. Bruner）把皮亚杰和他自己的认知结构发展理论应用于美国的中小学课程改革，认为教学应当重视学生掌握复杂知识的基本结构。所谓的基本结构，是指基本原理或基本概念，而不是记住一物一事。在此基础上才能形成普遍的迁移，这种迁移应该是教育过程的核心。

皮亚杰主张教育的首要目标在于造就能够创新，能有所创造、发明和发现的人，而不是简单重复前人已做过的事情的人。第二个目标是培养有批判精神，能够检验真理而不是简单接受所提供的每件事情的头脑。他这种强调要培养创造性和批判能力的思想是历史上任何教育家都难以比拟的。

我们已进入信息社会，全世界教育改革中出现了重视儿童智力的培养，并把培养创造性作为中心的能力置于教学的首位的趋势。皮亚杰的理论是这一思潮的思想先导和理论根据。

近十几年来，国际上关于培养学生能力的研究工作主要是围绕

着“学会思维”这一问题进行的。保加利亚和委内瑞拉把传授知识与学会思维分别设课，开设了思想活动发展课。美国心理学家弗思（H. G. Furth）和瓦克斯（H. Wachs）根据皮亚杰儿童发展的思想，曾于1970—1972年在美国西弗吉尼亚州的查尔斯顿市创建泰勒思维学校，称为查尔斯顿方案，目的在于使4—10岁儿童的智能趋于健康发展。该方案所设目标有五项：(1) 创造性、独立性的思考习惯；(2) 积极价值的自我意象；(3) 社会合作的态度与道德责任；(4) 认识并赞许环境中的个人、事情与事件的能力；(5) 读、写、算的基本技巧。这种学校主张让儿童尽可能地自己进行思考。美国在20世纪50年代提出了培养学生能力，60年代开始在中小学生中进行以培养能力为中心的教改运动，将传授思维技能作为课堂教学的目的之一，产生了良好的效果。这里，当然存在一个处理好学习知识与培养能力的关系问题。

（二）让儿童主动自发地学习

皮亚杰十分重视主体在认识中的作用，把儿童看作一个“独立的变量”，反对传统上把儿童看作一个“依赖的变量”。他提出的发生认识论的两个中心思想“相互作用论”和“建构论”认为：知识不是外界客体的简单摹本，也不是主体内部预先形成的结构的展开，而是主体与外部世界不断相互作用而逐步建构的结果；认识是一种主动积极和不断的建构活动，发展不是由内部成熟或外部教学支配的，而是一个积极的建构过程，儿童要通过自己的活动，一再建构他的智力的基本概念和思维形式。在皮亚杰看来，儿童并不只受教于成人，而且还自己独立地进行学习。儿童是主动的学习者，真正的学习并不是由教师传授给儿童，而是出自儿童本身。应让儿童自发地和主动地进行学习，最好使儿童自己找到和发现自己的答案。如果每样事情都教给儿童，就会妨碍他的发明或发现。儿童的自发学习不仅在智力的发展中十分重要，在道德行为的发展中、和别人相互影响的自发学习中也同样重要。

皮亚杰所说的主动过程有两个含义：一是儿童直接作用于他的环境；二是儿童在心理上是主动的。皮亚杰认为，智力活动必须由一种情感性质的力量所激发，一个人从来不想学习自己不感兴趣的东西。要调动学生学习的主动性，就得引起学习动机。

皮亚杰主张，认知组织里建立起来的内在动机是首要的，奖励、惩罚之类的外来强化并不起主要作用。他认为，引起儿童认知上的冲突，引起最佳或最大限度的不平衡，就能激发儿童的求知欲和好奇心。按照他的平衡学说，冲突是认知结构重新组织和随后发展的基础；出现冲突，才能引起同化（将新信息吸收到已有的图式之中）和顺应（修改或新建图式以适应新信息），并产生自我调节的平衡活动。他提出了一个适度新颖原则，认为给儿童学习的材料必须和儿童已有的经验有一定的联系，同时又要足够新颖，这样才能产生认知上的不协调和冲突，引起儿童的兴趣，促进学习。他说，一个人既不注意太熟悉的东西，因为已司空见惯了，也不注意太不熟悉的东西，因为和他的图式中的任何东西都没有联系。毫无新成分的东西使人厌烦，完全生疏的东西使人迷惑不解。照他看来，引起好奇心，不完全决定于东西的物理特性，而要看它和主体过去的经验如何，决定于主体经验。这的确是一种独到的见解。

皮亚杰认为：教师只是儿童学习的促进者，要尊重儿童的学习愿望，不能强迫儿童学习；教师的作用是间接的，教师不是直接把某种现成的知识转交给儿童，而是介绍问题和对策，让儿童自己主动地自发学习。关于这一点，主要是怎样解决好教师的主导作用和儿童的主体作用的问题。如果凡事都让儿童自发学习，也会影响学习的系统性，而且，同样的教材学起来也比教师讲授花的时间要多一些。

在美国密歇根州的伊普西兰蒂（Ypsilanti），有一所海斯可卜（High Scope）实验学校，研究者进行着一种把皮亚杰理论变为教育实践的实验，已经有二十多年的历史了。实验对象是3—8岁的儿童。他们很重视儿童自我发动的主动学习，认为学习和发展不是什么简单的条件反射作用，年幼儿童是通过自我发动的活动而学习概念、培养兴趣和发展才能的。他们曾对两组3—20岁的儿童和成年人做过比较，一组是这所学校的毕业生，另一组是对比组。结果发现：这所学校的毕业生升学后的学习成绩较好；到了青壮年时就业的情况也较好，能自己养活自己，19岁前成为少年犯被捕的较对比组要少；女孩子在18岁时未婚而孕的比对比组少。家长们反映，他们的孩子在学校的表现是他们所希望的，孩子在家里愿意谈他们在学校正在进行的活动。笔者参观过这所学校，感到很有特色，留下了深刻的印象。

（三）注意儿童的特点，符合发展阶段

卢梭（J.-J. Rousseau）早就说过："儿童不是小成人。"皮亚杰用大量令人信服的实验材料证明了儿童的认知的确和成人的认知有着质的不同，而且不同阶段的儿童认知结构也不完全一样，每一阶段有其独特的认知结构，表现出与前后各阶段不同的认知能力。这是皮亚杰极其重要的贡献。

皮亚杰是坚决主张阶段论的心理学家，阶段论在他的理论中占有重要地位，实际上已成为他的心理学体系的一个核心。经过长期研究儿童个体思维的发生和发展，他认为儿童从出生到成人的认知发展不是数量的简单增加，而是自然地可以划分为人人相同的、按不变顺序相继出现的、有着性质差异的几个明确的阶段。一般分为四个阶段：(1) 感觉运动阶段（0—2岁）；(2) 前运算阶段（2—7岁）；(3) 具体运算阶段（7—11岁）；(4) 形式运算阶段（11岁至成人）。他提出的这几个阶段使人们加深了对儿童的了解，成了人们把握儿童认知发展的路标。根据皮亚杰的理论，儿童从发展的一个阶段过渡到另一阶段时，更能从教学中获得益处。因此，他的阶段论给人们提供了根据儿童的心理特点，对不同阶段的儿童应教什么和怎样教的教育教学的心理学依据。西方有的学者还专门研究处于各阶段的儿童应主要学习什么的问题。

皮亚杰认为，学习从属于发展，教育是从属于受教育者的发展水平的，儿童的水平决定着教育的步调。1959 年，在美国伍兹霍尔召开的中小学教改会议上，布鲁纳主张，任何年龄的儿童皆可接受被认定为需要的课程。会上，皮亚杰学派的英海尔德(B. Inhelder) 反对这种说法，主张教学一定要考虑儿童当时所处的发展阶段。皮亚杰认为，每次过早地教给学生一些他自己日后能够发现的东西，这样会使他不能有所创造，结果也不能对这种东西有真正的理解。皮亚杰认为发展是一个不断建构的过程，需要在前一阶段发展的基础上才可能出现进一步的发展，因此，学习得有准备，否则，拔苗助长，欲速则不达。根据这一准备性原则，他认为超越阶段的学习，儿童不具备必需的认知能力的学习，只不过是口头的学习，儿童不可能真正理解。例如，他认为前运算阶段的儿童还不能形成数概念，应留到小学去教。智力的发展有它的节奏，皮亚杰认为不能任意加快速度。他把急于求成，想加速智力发展的想法称作“美国式的问题”。他认为，教师如果试图加速儿童的发展，就是浪费时间和精力。

根据发展阶段论，儿童认知的发展有其必经的道路，儿童的学习必须和他的发展相配合，教材的结构和顺序要适应发展的先后次序，课程的设置和教材的安排应符合发展阶段的先后顺序。例如，皮亚杰的研究发现，儿童自发的几何发展顺序和几何科学的历史发展顺序是恰好相反的。几何的历史发展顺序是：欧氏几何—投影几何—拓扑几何。而儿童自发的几何发展顺序却是：拓扑几何—投影几何—欧氏几何。目前学校里的几何教学是按几何的历史发展顺序进行的，皮亚杰主张颠倒过来。这一见解十分新颖，值得深入研究。

皮亚杰强调，教师应了解儿童，教育教学工作不能成人化，要重视儿童的特点，要适合儿童的发展水平，教师应该懂得儿童心理学。无疑，这些观点都是无懈可击的。虽然迄今几十年来世界各地的研究得出了大量支持阶段论的材料，但是通过比较不同地区的儿童，心理学家发现，全世界的儿童都以近似的年龄通过了皮亚杰的智力发展阶段。在中国、瑞典、匈牙利、伊朗、西印度群岛、哥斯达黎加、印度、朝鲜和中非的研究继续表明，尽管各地区培养儿童的方式不同，儿童智力发展的阶段却一样。但近十多年来，有些心理学家发现问题比皮亚杰想象的要复杂得多，并且从不同方面对阶段论提出了挑战，怀疑是否真正存在发展的阶段。信息加工论就否定有阶段。阶段论是一个尚无定论、有待进一步研究的问题。因此，在教育教学中应用它时，不宜简单化和绝对化。

（四）儿童应通过动作进行学习

皮亚杰的发生认识论除了力图弄清认识中主体和客体的关系、遗传和环境的问题外，还力图说明认识中“知”和“行”的关系，重视动作在认识中的作用。他讲的动作指的是个体的活动，并不是马克思主义所讲的以生产劳动为主要内容的社会实践。皮亚杰认为，认识起源于动作，认识是从动作开始的，动作在儿童的智力和认知发展中起着重要的作用。认知结构是逐步建构起来的，它的发生的起点是主客体相互作用的唯一一个可能的联结点——活动（动作），而不是知觉。他说，知道一个东西，知道一种事件，不是注视它而形成它的一个心理摹本或意象。知道一个东西就是对它施加动作。他认为婴儿是通过动作，实际摆弄物体而认知世界的。皮亚杰说“思维就是操作”，思维是内化了的动作——在头脑中进行的，具有可逆性、不变性和整体结构的活动。他把知识分为物理知识和逻辑数学知识，二者都起源于动作。物理知识是儿童作用于物体，通过简单抽象抽取物体本身的特性，得到所观察的物体的知识。例如，儿童玩皮球，通过知觉把它的属性“抽出来”，认识它是圆的和红色的。逻辑数学知识指通过思考或反省自己的动作所获得的经验，知识不是来自物体本身，而是来自主体对客体所施加的动作的协调中收集的信息，是主体作用于客体，从而了解自己的动作之间相互协调的结果的知识。数概念的形成就离不开动作，这是一种包括广大数学教师在内的一般人所不认识的知识。他深信，就儿童而言，逻辑和数学的概念最初必然表现为外观的活动，只有在后来的阶段中才以概念的性质出现，成为内化了的动作，事物被符号所代替，具体动作被这些符号的运算所代替，但从起源上来讲，总离不开儿童自己的活动。

因此，皮亚杰认为，教学中必须重视儿童的动作和活动，仅仅看和听而没有活动的学习，只不过是口头的学习。教师应布置情境，提供材料、工具和设备，让儿童自由操作、摆弄、实验、观察和思考，自己认识事物，发现问题，得出答案，而不能只是被动地听教师讲演，旁观演示。他指出：在数学教学中，忽视动作的作用而始终停留在语言的水平上，那是一种极大的错误；特别对年幼的儿童来说，摆弄物体的活动对理解算术以及几何关系是必不可少的。皮亚杰的理论为新教育所主张的活动教学法提供了科学依据。

皮亚杰十分重视活动教学法。1959 年国际公共教育年会曾建议小学阶段应用活动教学法。采用活动教学法对教师的要求很高，而且工作量也增加了，所以难以推广。

在美国伊利诺伊大学芝加哥分校的日托托儿站，卡米（C. K. Kamii）花了十年时间进行着一种将皮亚杰理论应用于教室教学的实验，称为从皮亚杰理论推衍出的课程方案。这是唯一由皮亚杰认可的一个最有名的方案。卡米主张，知识乃是主体对客体活动的结果，教育工作的重点不能只限于读和写，还要给儿童提供活动的物质环境，让儿童通过活动进行学习。魏卡特（D. Weikart）1962 年在伊普西兰蒂也为智能不足的儿童进行过两年的学前教育实验，称为开架构方案，强调儿童的直接经验与行动为进行学习的不二途径，不重视读、写、算的练习。

据说，英国肯特郡的托儿所应用活动教学法的效果良好。英国的托儿所里进行着一种实验，把教室设计成“数学实验室”，室内摆有纽扣、珠子、绳子、天平、测量工具之类的东西，允许儿童自由操作探索，通过自己的活动发现或提取其中蕴含的认知结构。

我们常讲“实践出真知”。我国广大的幼儿教师和中小学教师对皮亚杰的让儿童通过动作进行学习和活动的教学法很陌生，因此，有必要对它予以介绍。

（五）要重视社会交往

皮亚杰在早期研究儿童的语言与思维的发展和儿童的道德发展时，很重视社会交往在儿童心理发展中的作用。他认为，与他人交往和对客体施加动作，在儿童认知发展中的作用同样重要。儿童智力的发展需要与他人相互刺激。这种交往不仅指儿童之间的交往，也应存在于师生之间。皮亚杰所重视的交往是在“合作”的意义上讲的。他认为学习中交往的重点应放在儿童之间的合作上，而不是竞争上。他把社会相互作用与合作看作推动儿童个性总的发展的一部分，即智力与道德发展的一种手段。他认为，没有与他人在思想上的相互交流和合作，个体永远不能把他的运算集合成一个连贯的整体。

虽然皮亚杰认为思维开端于动作，语言并非构成逻辑的根源，但他没有忽视语言在儿童认知发展中的作用。他承认语言在动作内化为表象的过程中和在思维活动中起着重要作用，语言有助于动作的内化、认知的符号化和形式化。思维结构越精细，就越需要更多的语言，高级形式的运算结构确实是用语言来表达的。语言又是交际的工具。因此，社会交往可以帮助儿童摆脱自我中心状态，使思维精细化，还可以帮助儿童从别人那里获得丰富的信息。而且，与同伴合作，相互学习，能集思广益，使学习效果更佳。

所有以皮亚杰理论为指导的教育实验方案都很重视社会交往，强调“同伴教学”（peer instruction），儿童上课时，可与同伴交谈讨论。美国伊利诺伊大学的儿童早年课——一种皮亚杰的实验方案，就很重视社会交往，把小组讨论作为教学的策略，主张在每个概念的教学过程中，教师应把儿童编成几个工作小组，每组5～6人，就教师提出的概念的作业一起工作。这种方法曾在一所幼儿园实验过，非常有效。卡米和德·弗里斯（De Vries）说他们的实验和认为集体游戏不具有教育意义的儿童发展的课程不同，他们的课程把集体游戏放在重要的位置，以促进儿童社会协作的发展。默里（F. B. Murray）于1982年提出，让不同智力水平的儿童组成学习小组，共同解决他们认知上矛盾的意见，有利于认知较不成熟的儿童赶上认知较成熟的儿童。英美目前实行垂直年龄分组或分班的办法，在小学收到了预期的效果，这可能就有默里说的因素在内。英国把5—7岁的儿童编在一起，把8—9岁的儿童编在一起，把10—12岁的儿童编在一起。美国城市实验小学把一至三年级的学生编在一起，称为初级班，把四至六年级的学生编在一起，称为中级班。

（六）让儿童按各自的步调向前发展

智力的发展有人人共同的阶段，阶段有普遍性。阶段与年龄有联系，但不是由年龄决定的。儿童的遗传、社会生活条件、经验等方面的不同，会加速或推迟甚至阻碍一个阶段的出现。各人发展的速度不同，达到某一阶段的年龄也是有差异的。而且，不是所有人都能达到最后的形式运算阶段。据研究，美国人口中只有40%～60%的人达到这一阶段。所以，皮亚杰虽然研究的是儿童发展的普遍规律，没有专门研究个别差异，但他并未否认个别差异。前面讲到的适度新颖原则和有准备的原则，都说明了这一点。

在一个由三四十个学生组成的班级里，每个学生的素质、经验不同，认知结构不完全一样，教师不能只考虑全班学生所处的共同的发展阶段和集体的需要，必须根据每个学生的实际水平和需要提供相应的学习内容，提出合适的进度要求，使教学个别化，让每个学生能按各自的步调向前发展。当然，要做到这一点是很不容易的。教师必须深入了解每个学生，并保证每个学生有足够的自学时间。

皮亚杰强调要重视个别儿童的兴趣和需要的主张，是当前英美一些中小学流行的"开放课堂"的理论根据之一。因材施教的原则是人们都同意的，但如何具体落实是一个很复杂的问题，有待进一步研究。

总的来说，上述这些原则大多属于教育教学的普遍的方式方法问题。这是因为皮亚杰主要研究的是儿童作为一个个体与物理环境相互作用所出现的认知发展过程，据此推衍出来的教育观点，自然不可能是结合儿童所生活的实际社会，从内容上探讨教育中出现的具体问题了。

前面列举的皮亚杰的教育观点并非都由他独立首创，许多思想是儿童教育的先驱者们早已讲过的，如卢梭的"儿童不是小成人"、福禄培尔（F. W. A. Fröbel）的"分析发展阶段"和"提供材料供儿童操作"、蒙台梭利（M. Montessori）的"重视发展的顺序"、裴斯泰洛齐（J. H. Pestalozzi）的"以促进能力的发展为目的"，以及杜威（J. Dewey）的"做中学"等。但也有许多观点确系皮亚杰首创，如认识起源于动作、理解即发明、形成认知结构等。另外，即使有些观点前人已讲过，但皮亚杰的观点是根据他自己长期研究儿童心理发展的成果，根据他创建的相互作用论、建构论、逻辑决定论等理论提出来的，这是儿童教育的先驱者们所缺少的。因此，皮亚杰的观点有事实和理论为依据，就显得更为深刻和令人信服了。上述皮亚杰提出的原则有力地批驳了传统教育忽视教育对象的心理特点的错误，是人类教育知识宝库中的真知灼见，确实是激发人们进行教育改革的思想源泉。

至于那些受到皮亚杰理论启迪的教育实验方案，虽然有的已实验了二十多年，并取得了一些成效，但西方有的心理学家认为这些方案是否真的优于传统学校现有的方案，还是一个有争论的问题。

皮亚杰把儿童看作一个生物的实体，把发展看作个体的一个建构过程。虽然在他所提出的影响心理发展的四个因素中包括社会传递，但是他把社会因素理解得很狭窄，因而实质上是忽视了社会因素在儿童智力发展中的重要作用。20 世纪 70 年代，欧洲出现的“发生社会心理学”① 认为，皮亚杰忽视了社会过程和认知过程之间的任何因果关系。由于轻视了社会因素在智力发展中的影响，皮亚杰教育思想中出现了轻视教育和教师的作用的情况。皮亚杰认为，智力的发展从属于自然的自发过程，儿童的认知发展有它自己的节奏，只能让儿童探索前进，自然而然地发展，成人的“干预”或“有计划的教育”并不能促使儿童超越他自己的发生时间表。这种轻视教育和教师作用的观点受到了许多人的批评。

三

本书共选译了八篇文章。因为皮亚杰的教育思想多半是从他的儿童认知发展理论中衍生出来的，所以选译了两篇论儿童认知发展的文章。第一篇《一种发展的理论》是皮亚杰概述其理论的文章中较短的一篇。第二篇《发展与学习》是和教育教学关系较密切的文章。第三篇至第八篇按发表时间的先后安排，是皮亚杰直接论述教育的六篇文章。第三篇《新方法，它们的心理学基础》和第五篇《1935 年以来的教育与教学》，是构成他讨论教育的专著《心理学与教育学》的两篇文章。第四篇《现实世界中的教育权利》和第六

① 20 世纪 70 年代以来欧洲心理学界出现的一种研究趋向，主张系统地用实验探讨个体之间特别是儿童之间的相互作用，以及各种社会因素对儿童智力发生和发展的影响。自 1985 年起，人们开始用“发生社会心理学”来称呼这一趋向。

篇《教育往何处去》，是构成他的另一部讨论教育的专著《教育往何处去——理解即发明》的两篇文章。第七篇是皮亚杰晚年发表的《数学教育评论》。第八篇是皮亚杰和记者关于教育主张的两次谈话。第一篇、第二篇、第七篇和第八篇这四篇文章是根据英文译出的，第三篇至第六篇这四篇文章是根据法文原著译出的。

编译者有幸于1947—1949年在瑞士洛桑大学跟随皮亚杰学习心理学，编译本书对本人来说是一件十分有意义的和令人高兴的事。特向支持本人编译此书的人民教育出版社表示衷心的感谢！

皮亚杰的著作涉及生物学、心理学、哲学、逻辑学等学科，以难懂著称，加上编译者外语和专业知识有限，译文中不妥和错误之处在所难免，希望读者指正。

卢　濬

1988年12月

一种发展的理论[①]

大多数关于发展和智力的理论都力图说明新问题的解决或概念的形成的行为如何受到习得经验的影响，即作为外界强化的一种功能，并且力图说明逻辑结构的形成如何受到语言的影响。在这一双重观点之中，倾向于将认识看作现实的“复写”；或者由于把形成学习的“联想”当作和外在世界中已存在的一系列关系是一一对应的，而将认识看作感觉运动的复写；或者认为语言仅仅描述现成的现实，而将认识看作语言的复写。

我不否认习得经验和语言的巨大重要性，另外，我要提出以下三点重要的看法。

(1) 关于物体的认识，并不是由于该物体的静止的心理复写而形成的，乃是由于使它发生变化，并且对这些变化的过程有所了解而形成的。一种智慧行为，最重要的是由于协调操作、联合、整理（从引入次序的意义上讲）等而形成的。这些来源于主体自己动作的内化的运算，是有关认识的变化的工具。

(2) 首先而且最重要的是，逻辑关系乃是运算结构。虽然它们的最高级的形式确实是用语言来表达的，但可以在主体自己的动作的协调中找到其起源。甚至在感觉运动、前言语的水平时，儿童也从事联合、整理、引入对应等活动，这些活动是运算和逻辑数学结构的根源。

(3) 认识不完全决定于认知者或所知的物体，而是决定于认知者和物体之间（有机体和环境之间）的交流或相互影响。根本的关

① 本文发表于1968年。——译者注

系不是一种简单的联想，而是同化和顺应；认知者将物体同化到他的动作（或他的运算）的结构之中，同时调节这些结构（通过分化它们），以顺应他在现实中所遇到的未预见到的方面。

我在考虑心理的发展和智力的逐渐形成时，很强调主体的活动和变化的运算。总而言之，不存在现成的物体的知识，因为要知道物体，我们就必须改变它；也不假定有完全定型了的认知主体，因为主体通过改变客体，必然要使他自己的结构更加精细化。

一、感觉运动智慧

甚至在感觉运动水平上，在语言出现之前，我们就能看到这种双边的发展——儿童的思维结构正是在他的“现实的建筑”的过程中发展的。婴儿将情境同化到他们的动作的仓库里。他们通过他们所能做的方式，像吮吸和抓握之类的动作，作用于物体，从而发现新东西的特性。通过重复、协调以及概括等动作就产生一种“同化图式”的系统。例如，一个曾拉过并放置过东西的儿童，就会用下述方式将这些动作协调起来：他会将小毛毯拉到身边，从而拿到放在毛毯上的某个物体。另外，作为这种同样发展的一个部分，这一智慧构成了现实。例如，物体最初是没有永久性的，宇宙是由许多忽隐忽现的移动着的画面构成的，这些画面一旦不见了，也就没有空间位置了。但是，由于动作的协调，儿童就发展出一种“永久性物体的图式”，在看不见一个物体之后，仍然会去找寻它。也就是说，物体在知觉和动作范围之外的时候，仍占有空间，仍继续存在。

有另外一种基本图式，在实践水平上，它是和永久性物体图式密切相连的。这一基本图式是位置协调和位置改变的图式，也就是几何学家们讲的“位移群”。这指的是位置移动协调，能够使移动后的位置转回到出发点，也可通过迂回或交替的路线回到原来的点上。甚至还有一种因果关系的感觉运动图式。首先，它是把现象归因于主体自己的动作，而不考虑物体间的接触或空间的接触。其次，由于将因果关系归因于物体之间的关系，而物理的相互作用又是必要的，因此就出现因果关系的逐渐客观化和空间化。

这样，感觉运动智慧产生了两种十分重要的进展。一是动作协调起来了，并且这就是以后逻辑和运算的根源，那时，这些图式将被内化和在表象水平上重新构造起来。二是从结构着的现实的观点看，下层结构是为某些基本概念——物体永久性、因果关系、空间以及时间的连续——做准备的。①

二、形象和运算符号功能

大约在 1.5 岁或 2 岁时，儿童出现符号功能的开端和表象的唤起或“思维”（或者称为内化了的智力）。

认识必然由一个表示意义的系统所组成，而表示意义必然由一个表示物和所表示的某事物所组成。在早期的感觉运动水平，感觉运动、知觉、作用于物体上的姿势动作——这些图式是所表示的事物，而表示物正是这些图式的某方面。这种表示物是条件作用的刺激或信号，而在这个较早阶段，它们相对地还没有从所表示的东西中分化出来。

对比起来，（在 1.5 岁或 2 岁的时候）随着表示物从它们所表示的图式中分化出来的发展，符号功能有了萌芽，也就是说，某种东西能由别的东西所唤起或表示，而这种东西并不是它自己的一部分。这样的表示物可能与它们所代表的东西具有某些相似的符号或者任意的习俗记号。

语言和模仿。语言中的词是记号。在儿童中，在语言记号的系

① 对这些观点的进一步详细阐述，见皮亚杰 1936 年著《儿童智慧的起源》和 1937 年著《儿童现实的建构》。——译者注

统出现的同时，建立在记号之前的其他方面的符号功能也就形成了，如迟延模仿、象征性（或想象）游戏以及心理意象（内化了的模仿）。所有这些乃是引起不在眼前的情境和物体的交替方式。

模仿是儿童从感觉运动向表象功能前进所依赖的媒介物。在感觉运动阶段，一种模仿的形式已经出现了。这是一种实体的或活动的表象，而且只有在模仿的原型存在的情况下才能发生。它是非迟延的模仿（虽然在原型消失后还会继续片刻）。它不含有任何心理表象的形式，而且不一定形成任何心理表象。另外，迟延的模仿（原型不在时出现的模仿）的确导致表象，这一点在象征性游戏中是清楚的。这样它就内化成为使语言的获得有了条件的心理意象。（语言是建立在条件作用上的，否则它就会发展得更早一些。）

由于出现符号功能，通过内化感觉运动的动作以及在表象表示水平上重建早先的结构，思维成为可能。但在更加仔细地考虑这种重建过程之前，我们必须介绍一种常常被忽略了的本质区别。皮亚杰和英海尔德新近的研究越来越清楚地揭示出这一区别。

思维的形象方面和运算方面。在认知过程的中心，存在着两个不可分的成分，但仍是不同的两个极端：形象方面和运算方面。

形象方面涉及有关现实的静态的形状，并提供这些状态的适当的形象表象。在知觉中，在模仿中，在作为内化了的模仿的一种形式的心理意象中，形象是占优势的。

另外，运算方面涉及这些状态的变化。在一般动作中，在运算的特殊状态中，在已变为可逆的内化了的动作中，运算是占优势的。例如，加和减的运算是联合和分离的动作的产物。“操作的”（operative）一词既指动作又指运算，而“运算的”（operational）一词单指运算。

用智力发展的观点看，形象方面和运算方面之间的这一区别是重要的。在成人中，形象方面服从于运算方面，也就是说，把状态看作一个变化的结果和另一个变化的起点。可是，在幼年儿童中，尤其是在那些尚未开始运算思维的儿童中，这两个方面还没有协调起来；儿童们尚不能从事某些基本形式的推理，因为他们的注意太集中在固定状态上，没有将多种状态运算联系起来。例如，大多数4—6岁儿童认为，将一个宽杯子里的液体倒入一个窄杯中时，液体就多了，因为他们仅注意液体的固定水平面，而没有注意将开始和结尾状态联系起来的倾倒液体的动作。①

三、前运算思维（2—7岁）

运算是内化了的可逆动作，是协调在总的结构之中的诸如分类、序列和乘法矩阵之类的活动。守恒概念的出现是运算的可逆性存在的心理学标准。上面曾引用了儿童对液体的反应的一个守恒的反面例子。

感觉运动智力表明运算的开端，因为位移群本身是一个以可逆性为特征的整体结构，并且存在一种以永久客体的图式为形式的不变的或守恒的图式。这里没有达到内化。这些图式仅由身体的连续动作所组成，但尚没有同时发生的表象。

一个人会想到，一旦形成了符号功能，这些感觉运动结构就会内化为运算结构。这种情况最终确实会发生，但是，发生这种情况比料想的要慢得多，因为在思想中重现一个动作比之在身体上实际做要困难得多。这一内化过程需要在一个新水准上完全重建，在这一建造过程中，儿童必须经历他在感觉运动水平上所遇到的同样困难。例如，我们研究的4—6岁儿童完全知道他们从家里到学校的路线，却不会在沙盘上描绘出这一路线。

自我中心状态和解除中心作用。在这一年龄阶段，运算发展的

① 参见皮亚杰1945年著《儿童符号的形成》和1966年著《儿童的心理意象》。——译者注

必要条件是从儿童自己的动作和自己的观点中解放出来。儿童把注意集中在自己的观点和自己的动作上的现象称为自我中心状态（由于与情感上的自我中心相混，这个术语常被误解）。我的意思是，自我中心状态无非是指缺乏认识上的解除中心活动。早在感觉运动阶段，发展过程就是一种从极端的自我中心的最初状态中逐渐解除中心的活动。新生婴儿完全意识不到他自己的同一性，正是因为他不能区别他自己的观点同其他可能的观点的这一事实，他生活在一种没有客体的宇宙里，把空间、因果关系和时间都集中在自己的身体上。一般来说，客体永久性、位移群和客观因果关系的建立是以逐渐解除中心为特征的，一直到儿童成为众多客体的、时间及因果关系相协调的宇宙中的一个组成部分为止。可以说，这一哥白尼式的革命在表象思维领域或社会关系中，必须整个再进行一次。为了使儿童从他自己原有的观点中解放出来，需要进行另一次解除中心活动。下面举一个空间表象的例子。给儿童看一套从不同方位画的有关三座山的一个立体模型的图片，问儿童每张图片是从什么角度画的。前运算阶段的儿童不能完成这一实验。有一个社会性的例子，是关于一个家庭中有几个兄弟的问题。例如，一个儿童会说他自己有两个兄弟，但他的每个兄弟只有一个兄弟，因为他没有将自己算为一个兄弟。

自我中心状态中缺乏守恒。总的来讲，自我中心状态的主要特点是缺乏可逆性，因而没有运算。在这个水平上，不可能成功地做任何守恒测验。我们已看见倒液体的例子。我们用小珠子代替液体，也得到同样的结果。假若在一行 10 个红色小圆片的对面，排列 10 个蓝色的小圆片，若将其中一行展开或聚拢，儿童会认为数目或数量发生了变化。再举一个例子，你若给儿童两个一样的橡皮泥球，然后将其中的一个弄成香肠或薄煎饼的样子，他也会认为数量发生了变化。到 7 岁或 8 岁的时候，他将断言数量没有变化。但是直到 9 岁或 10 岁，他还会继续认为数量变了。只有到了 11 岁或

12 岁，通过水的置换进行估量，他才相信容量没有变。这些实验最初是在瑞士做的，后来在别的国家重复做过［如埃尔金德（Elkind）1961 年在美国重做过］，也得出了同样的结果。

在这个年龄阶段，在空间概念里没有长度守恒。两根同样长的棍子，若它们的末端在一直线上并排放着，儿童会判断为是一样长的，但若移动其中的一根，使它比另一根伸长出去，这时儿童会说移动的一根较长了。同样，也不存在距离守恒。两点之间的空间若放上一物体，会被认为小了一些。空着的空间和填满的空间被看成是不相等的。同样，不存在面积、容量等的守恒。①

四、具体运算

儿童在 7 岁或 8 岁时形成最初的运算结构。这些最初的运算是有限的，涉及对物体本身的处理，并不涉及语言假设。它们只限于类关系和数，或涉及间断的成分，或涉及空间和时间上的连续体。它们没有达到命题逻辑的一般水平。

此外，这些具体运算没有包括整个类和关系的逻辑，而只涉及某些结构。我们把这些称为群集的最初的运算结构，涉及接近包含和关系，但不是普遍的组合。它们只是像序列、分类、乘法矩阵等之类的半格和不完全群。

序列。序列，或可迁的反称关系串，源于早期的前运算的甚至感觉运动的图式。年龄很小的儿童能够按照大小将积木排成一个系列。但在这个水平，这是靠连续尝试错误来完成的，没有应用演绎传递性（知道 A＜B 和 B＜C，意味着 A＜C）。在 7 岁或 8 岁时，儿童就有一种系统的方法，能在全体中找出最小的，然后再在其余

① 参见 1941 年皮亚杰和赛明士卡（Szeminska）著《儿童数的起源》、1948 年皮亚杰和英海尔德著《儿童的时间概念》。——译者注

的部分中找出最小的，如此等等，结果知道每个成分比前面的要大，比后面的要小。这是了解传递性的直接演绎的基础。

分类。分类也出现于前运算阶段，但因为缺乏运算可逆性，仍停留在初级的形式。就说4岁大的小孩吧，让他们对物体进行分类，他们对物体进行的就是“形象的集合”，也就是说，从事空间排列，似乎类本身依赖于空间里的一种组合。稍大的儿童进行非形象的集合，这些集合不再有值得注意的形状，但它们仍只是物质的集合，而非逻辑的类，因为儿童们不了解类包含的内包定量。例如，假设我们出示7朵报春花（类A）和3朵其他的花（类A′），这样形成10朵花的集合（类B＝A＋A′）。儿童将会同意所有报春花都是花，而所有的花不都是报春花，但他们推断不出报春花较所有的花要少（A＜B）。他们会说报春花较多，因为其他的花只有3朵。他们不能用全类和一种子类两者同时进行推理。在对A和B进行比较时，他们必须将B分为A和A′，这样A既然是比较的一个项目，儿童就将A′作为另一项目。而到了较高级的水平，他们将会了解A＝B－A′和A′＝B－A。因此，A＜（A＋A′），或者A＜B。换言之，了解类包含就意味着有了运算的可逆性。

对儿童的对应、乘法矩阵等观念也可以做同样的分析。不管怎样，涉及构成整数的观念的运算机制应受到特别注意。我们已经看到，虽然儿童会用数目的名称，一般说不到7岁，但是，假若空间排列改变了，他们不会有数目守恒。数的运算概念是类包含和顺序性的一种综合。一方面，存在包含，I＜（I＋I）＜（I＋I＋I）。另一方面，既然全部成分是相等的，而所有性质上的差异已抽出去了，从另一个成分区分出一个成分的唯一方法，只有引入顺序。这一种顺序可能是一种空间的排列、一种时间的排列，或者是一种I→I→I式的逻辑点数顺序，这里的“→”符号，表明任何一种过渡顺序。罗素主张基数建立在同样外延的类之间的一对一的对应上，而没有引入顺序，反之，序数是唯一建立在顺序性上的。但他所指的一对一的对应，不是类的逻辑的性质的对应。例如，就像在乘法矩阵中所见到的那样，那是因为相对应的特性使得一个成分和另一个成分相对应，相反，是抽出了性质的一个单位和另一个单位的对应。这已预先假定有一个算术的单位元素，那就是数。既不能将基数和序数理解为是相互独立的，也不能理解为是单独形成的。只有把数看作包含和序列的综合，我们才能避免罗素的形成论中存在的循环论证。这种将数作为包含和序列的综合的解释完全是由心理学发现的，后来逻辑学家格里兹（J. B. Grize）将它正式确定下来。

在这一水平上，还有另外的整个运算领域。至今我们已讨论过不连续的成分，其中的运算涉及类似和差异。另外还有低级的逻辑的（infralogical）或空间时间运算的领域，讨论的是连续统一体中的接近和分离。

表象空间。表象空间（与感觉运动和知觉空间相比）是以下面一些运算为基础的：把一类别分成部分和部分的相加（与类的相加相对应），放置和位移（与序列相对应），以及作为分成部分和位移的一种综合的测定（由于数是包含与序列的综合）。从科学基本原理的观点看，这里有一个有趣之点。这些空间运算同样适用于欧几里得的（度量的）、投影的和拓扑学的空间。在历史的发展上，欧几里得几何首先出现，随之而有投影的思想，更后出现拓扑学的思想。这里提出的心理学的结构，和上述观点是相反的。拓扑学是最根本的，另外的两种几何是从它推导出来的。我们已在儿童中发现，发展就是沿着这样的顺序进行的。最初的直觉是拓扑学的，由此才产生投影的和欧几里得或量度的表象。

时间。时间观念中的运算也是相似的。存在连续事件的顺序，存在时间间隔的包含，并且这些现象的综合导致时间度量。时间观念是建立在一种速度的原始直觉上的，它在具有作为时间距离的比率的任何量度观念很久之前，就决定着对速度的判断（速度是了解时间的先决条件，比起古典物理学，这更接近于相对论物理学）。

这种速度的原始观念是顺序性的，仅仅建立在这样的直觉上：若一个移动的东西在同一轨道上超过了另外一个，它的移动就快一些。这种速度的判断是建立在空间顺序（在后面和在前面）和时间顺序（在……之前和在……之后）上的，而不需要对时间长短或间隔大小做出估计。①

五、形式或假设—推论运算

形式或假设—推论运算期大约开始于 11 岁或 12 岁。儿童开始不仅能思考具体的东西，而且能推论语言的假设。自然，这种命题逻辑运算是从一种自然的、非公理化的形式被加到运算结构之中的。

这种新发展至少有三种外部迹象的标志。一是儿童能够单靠语言材料进行推论，即用不着所指的具体事物。二是在实验性的问题上，他们能对有关可能因素进行假设，并且能系统地变换这些因素以验证假设。三是简而言之，他们现在能够"反省"，即能考虑他们的思维，或能在命题逻辑上进行运算。因为命题的内容是分类或表示关系的运算，而且因为新的运算涉及相互命题的结构（蕴涵、选言推论等等），所以，命题逻辑是一种上升到二次幂的运算系统。这就是为什么青年能够建立理论而儿童则不能，尽管青年所建立的理论是幼稚的。

这些运算有两个主要特点。第一，它们是组合的，例如，会产生一种更复杂的格结构，以代替较简单的"群集"。第二，在具体运算阶段中所看到的两种可逆形式联合成一个单独的系统，就是大

① 参见 1946 年皮亚杰与他人合著的《儿童的运动与速度概念》和《儿童时间概念的发展》，1941 年皮亚杰和赛明士卡著《儿童数的起源》，1948 年皮亚杰、英海尔德和赛明士卡著《儿童的自发几何》，以及关于时间的心理学方面的论文。——译者注

家知道的四变换群。这两种可逆性的类型是逆向性或否定（N）和互反性（R）。否定表示分类结构的特性。互反表示有关系的结构的特性。那么四变换群所涉及的运算就是N、R、I（同一性）和C（相关），结果是NR＝C，NC＝R，RC＝N，NRC＝I。11岁或12岁的儿童借助这些运算，能够发展新的运算图式，诸如比例、双参照体系等等。①

六、智力发展的机制

平常提到的作为说明智力发展的经典因素是生物成熟、环境影响（经验）和社会传递。这三者中的每个因素都起着重要作用，但是，它们仍不足以完全说明智力的发展，还需要第四个因素。

运算结构的发展速度有赖于文化环境、个体经验等，除了生物成熟以外，显然还需要补充其他因素。

经验是一种无可匹敌的说明因素，所有观念确实需要有一个经验的基础，连逻辑和数学的观念也都如此。有两种明显不同类型的经验，虽然它们经常是一起发生的。第一种是物理经验，即作用于物体而获得的关于物体本身的某些知识。例如，通过称东西而发现一个物体的质量和体积常常不成比例。第二种是逻辑数学经验。在这种经验里，知识不是从所作用的物体获得的。排列物体的方式不影响物体的总数。物理经验确实不足以完全说明智力的发展。至于逻辑数学经验，不过是建立在动作协调上的演绎思维的一种准备。

语言、教育或社会传递虽然重要，但只有在儿童能将提供给他的东西同化到自己的运算结构中时才起作用。

渐进平衡。这样，另一因素——协调了的动作的渐进平衡就成

① 参见1955年英海尔德和皮亚杰著《从儿童到青少年逻辑思维的发展》。——译者注

为必要的了。为什么平衡作用是一种满意的解释模式呢？有两个理由。第一，智力的平衡来源于主体对外界干扰的补偿活动。因为补偿导致可逆性，所以，运算结构的渐进平衡活动就以不断增加可逆性的形式向前发展。这样一来，平衡不但可以视为智力的一种合理的定义，而且是智力发展的一种解释。第二，一种运算结构一旦具有了可逆性，也就平衡化了，但在这以前，它经历了连续平衡的前运算进程。假若我们跟踪这一渐进平衡化过程，我们就会看到，任何一个特定步骤，在开始时虽然未必最有可能发生，但是，一旦前面的步骤达到了，它就变为最可能的了。这样，平衡包含一种能应付具体细节的连续可能性的雏形，并且提供了一种基于内部强化而不只是外部强化的学习理论。①

七、知觉和心理意象

智力发展的研究仅仅是发展研究领域的一部分。此外，还有知觉和心理意象方面的研究工作。

知觉的发展。在知觉发展方面，已经证实了两类现象：一是效应的强度降低，但其结构仍不变；二是随着年龄增长，活动更好地结合起来。

那些结构上没有改变但其强度随年龄增长而降低的效应，可以用一种普通概率模型加以解释。人们已经研究过约 15 种经典视错觉的发展。这方面的例子是德勃夫大小错觉、缪勒-莱尔错觉，以及角、矩形、平行四边形的错觉。对每种错觉用种种不同比例加以研究，并对每一年龄的比例确定其正负极限，发现每种错觉的极限比例都是一样的。这就可以把所有错觉的效应归纳成一个普遍定

① 参见 1957 年阿波斯特尔（Apostel）、曼德尔布罗（Mandelbrot）和皮亚杰著《逻辑与平衡》。——译者注

律，那就是“中心化”效应：中心区域被过高估计，边缘区域被过低估计。皮亚杰、维邦（Vinh-Bang）和马达隆（Matalon）（1958年）所进行的一种眼动研究，在某些较简单的情况下，可以证实这一解释。例如，直竖线同横平线相比，会被过高估计，实际上被试在图形呈现的大量时间里注视着直竖线的顶端。（参看知觉方面关于错觉和后效应的文章，视觉方面关于眼睛运动的文章。）

这种中心化效应本身可归纳为一种概率的解释，部分基于图形的成分与接受器的成分之间的“相遇”点的分布，部分基于建立在这些相遇点之间的对应的系列或“配对”。研究的目的在于在儿童和成人中确定每一错觉的时间极限，呈现时间为 0.1 秒至 1.0 秒。这些研究进一步证实这两个因素的二元性。

第二组现象——随着年龄增长，活动变得更加结合起来——起源于诸如比较图形的部分，靠引入知觉同等物构成图形、预知图形的部分之类的探索活动。这些活动导致某些有规则的继发错觉，这是由系统中心化而引起对变形的夸大而产生的。眼动的研究再一次证实了这一解释，尤其表明成人的知觉探索活动比儿童的要有规则得多。这说明了为什么这些错觉随年龄增长而变得更加明显。

另外，这些知觉活动越来越受智力的影响和指导。智力对最初的知觉错觉没有影响，但对知觉活动的确有一定作用，它指引着探索，并将知觉引入自己的结构之中。但是，重要的是要注意知觉的形象功能缺乏独立发展达到什么程度，以及它从属于运算功能达到什么程度。形象功能在早期运动行为中有其起源，而且它后来的发展受运动智力指导。

心理意象。心理意象是另外一种对其发展已做过系统研究的形象功能。近年来心理意象相对地被忽视了，在儿童中从来没有对之进行过很多研究。要研究两个问题：一是要证实意象的发展究竟是自发的还是受运算发展所影响；二是要证实究竟意象是否为运算铺平道路，或者相反，它被运算所修改和靠运算来建构。

就第一个问题而论，已区分出两种主要意象类型。除了再现或“复写”意象外，还有预期意象。例如，想象把一根棍子的一端装在旋轴上转动，那些年龄太小、不能从事运算的儿童所出现的是再现意象，预期意象则完全没有。实际上，所发生的错误是前运算思维中的错误记忆的恢复。另外，预期意象不是直接从再现意象引导出来的，而是要依靠运算的参与。到了运算水平，这种意象变得更加灵活，而且能作为运算思维的一种有用的符号辅助物。

考察第二个问题，是通过追溯各种运算测验（如守恒）和告诉儿童从事什么样的变换之后，要他们预测情境将会怎样。例如，就数量守恒而言，将12个蓝色小圆片摆成长15～20厘米的一排，相距约30厘米，将12个红色小圆片摆开成30～40厘米的另一排。用有1厘米高的隔墙的槽，使每个蓝色的小圆片和1个红色的相结合，这样一对小圆片能沿着槽向彼此的方向移动，最后必定相碰。将这些小圆片放在各自原来的位置，问儿童下列问题：蓝色的是否与红色的一样多？若将所有蓝色的都移到红色的所在的地方，是否将是一样多？等等。结果发现幼小的儿童完全能够描述小圆片的移置，但在6.5岁或7岁以前，他们还不能断言数目一样多。他们说数目随着排列的变长而增加，随着排列的变短而减少。预期仍停留在横向上，注意集中于排列的长短。后来，到了运算水平，就变为纵向的了，集中于移动的道路，并可用以检验一对一的对应。别的一些实验也提供了同样的证据，也就是说，足够的意象本身不足以产生运算思维，而要受主体的运算水平的组织和修改。①

八、认识论的结论

整个研究为一个单一的广泛目的提供了证据。这个目的就是：

① 参见1961年皮亚杰著《知觉的机制》。——译者注

对有关经验和逻辑数学知识的性质的认识论假设进行实验检验。

首先，它揭示经验主义作为一种认识论的理论的不充足：经验知识本身的发展不需要一种经验主义的解释。就事实而论，对儿童这方面的发展的研究表明，经验绝不简单地是“阅读”或被动的记录。它总是被主体同化到他自己的结构图式之中。换言之，甚至物理知识（就其最广泛意义而言）总是和依靠主体自己所获得的经验的一种逻辑数学结构有关系。至于这种结构，不单是一种语言的表达方式，而是来源于主体自己动作的最普遍的协调系统。总之，它是运算的。

然而，说主体在组织认识的物质客体上起积极的作用，这并不意味着像先验认识论的各种理论所坚持的那样，认识仅仅来源于主体（在格式塔理论中仍然存在先验论的影响）。认识既不来源于独立于某一主体之外的客体，也不来源于独立于客体之外的某一主体。它来源于主体与客体间不能分离的相互作用，或用更普通的话讲，来源于机体与环境之间的相互作用。最初，这种相互作用使客观与主观之间缺乏分化或者混淆，这在儿童的自我中心状态中是明显的。随后，它产生两种有联系的发展。一种是解除中心化，结果形成经验知识的客观性（这种客观性不是认知过程的一个礼物，而是一种缓慢而费力的征服）。另一种是反省抽象，导致逻辑数学结构的建立。①

本文译自 David L. Sills 编：*International Encyclopedia of the Social Sciences*，第 4 卷，第 140—147 页。The Macmilan & The Free Press，New York，1968 年版，1972 年重印。译文曾发表于《外国心理学》1982 年第 1 期。

① 参见 1950 年皮亚杰著《发生认识论引论》。——译者注

发展与学习①

首先，我想弄清楚下面两个问题之间的差异：一般发展问题和学习问题。尽管有些人不做这种区分，但我认为这两个问题是十分不相同的。

认知的发展是一个自发的过程，它与胚胎发生的整个过程紧紧相连。胚胎发生与肢体发展同样也与神经系统和心理功能的发展有关。就儿童认知发展的情况而言，从胚胎发生直到成年时才结束，我们必须重新探讨普遍的生理和心理关系的一个全部的发展过程。换句话说，发展是一个与认知结构的整体有关的过程。

学习表现出与此相反的一种情形。一般来说，学习是由某个心理实验者的情境所激发的，或者是由遵循某种教学方法观点的教师所激发的，或者是由一种外在的情境所激发的。总之，与自发恰恰相反，它是被激发的。另外，它是一个有限制的过程，即局限于一个单一的问题或单一的结构。

因此，我认为发展解释着学习。这一观点是与广泛持有的所谓发展是分离的学习经验的总和的观点恰恰相反的。对于一些心理学家来说，发展已缩小为一系列特别的学习项目，发展仅仅是这些项目的总和，是这些特别项目系列的累积。我认为这是一种有损于事物真实情况的原子论的观点。事实上，发展是基本的过程，而每一学习成分仅仅作为整个发展的一个功能而出现，并不能作为说明发展的一个成分。现在，我将在第一部分讨论发展，在第二部分论及学习。

---

① 本文发表于 1964 年。——译者注

为了理解认知的发展，我们必须从一个观念谈起，我认为这是一个中心的观念，即运算观念。知识不是现实的摹本。知道一个物体或一件事情，不是简单地看看它，而是把它构成心理的摹本或意象。知道一个物体，就是要作用于该物体。了解就是更改、转变该物体，并了解这一转变的全过程，其结果是理解该物体被建构的方式。这样，运算就是认知的本质。它是内化了的动作，改变着认知的客体。例如，运算可以把物体归为一类，构成一种分类。运算或者包含排顺序，将东西排列成序，或者包含计数或测量。换句话说，它是一整套改变物体的活动，能使认识者掌握这种变化的结构。

运算是一种内化了的动作。此外，它又是一种可逆的活动。这就是说，它能够向两个方向发生，例如，加和减，结合和分开。所以，它是组成逻辑结构的一种动作的特殊形式。

总之，一种运算从来不是孤立的。它总是与其他的运算相互联系着，而且作为其结果，它永远是总体结构中的一个部分。例如，一个逻辑类不是孤立存在的，它依存于分类的总体结构。非对称关系是不能孤立存在的。序列是其自然的、基本的运算结构。一个数不能孤立存在，它依存于数的系列。这些数的系列组成一个结构，一个非常复杂的结构，它的各种性质已经被数学家们揭示出来了。

从我们必须弄清认知的发展来说，我认为，这些运算结构就是组成认知和自然心理现实的根本，并且，发展的中心问题就是了解这些结构的形成、精细化、组织及作用。

我想回顾一下这些结构的发展阶段，不详细地讲，只是作为一种提示。我将把它们区分为四个主要阶段。第一个阶段是感觉运动阶段，前语言阶段，大约经过出生后头 18 个月的时间。在这个阶段，发展着为后来构成表象知识基础的实际知识。物体永久性图式的形成便是一个例子。对一个婴儿来说，在起初的几个月里，一个物体并不具有存在的性质。对看不见的物体，他就不打算重新找到它。后来，婴儿试图在它所在的空间找到它。因此，随着永久性客体观念的形成，婴儿就建构起了实际的或者感觉运动的空间。时间的连续性以及初级感觉运动因果关系的建构也是这样。换言之，有着一系列为以后的表象思维所必不可少的结构。

第二个阶段是前运算的表象期——语言的开始，符号功能的开始，并因之而是思维或表象的开始。但是，在表象思维水平上，所有出现在感觉运动水平上的东西，现在都必须重新建构。也就是说，感觉运动的动作不是立刻转化成为运算的。事实上，在前运算表象的第二个时期，儿童还没有我刚才所说的运算的概念。特别是还没有出现作为可逆运算的心理标准的守恒。比如，我们将一个玻璃杯里的液体倒入另一个不同形状的杯子里时，前运算期的儿童会认为一个杯子里的液体比另一个杯子里的多。不具备运算的可逆性就没有量的守恒。

在第三个阶段，出现了最初的运算，但我称之为具体运算，因为它们要在物体之上进行运算，不能在语言表达的假设上进行运算。此时已有分类运算、序列运算、数概念的建构、空间和时间的运算以及所有的初步逻辑的类和关系，初步的数学、几何甚至初步的物理的逻辑的基本运算。

最后，在第四个阶段，儿童超出了先前的那些运算，达到了我称为形式的或假设演绎的运算水平，这就是说，现在他能根据假设进行推理，而不仅仅限于在物体之上。他建立了新的运算，在命题逻辑上运算，而不简单地限于类、关系和数的运算。他获得新的结构，一方面是组合的，相当于数学家们所称的“格”，另一方面又是更复杂的“群”的结构。在具体运算的水平上，运算只能运用于直接的邻近关系，比如，分类依据连接不断的内包含。然而，到达组合水平时，那些群结构就更为灵活。以上就是我们所确定的四个阶段，现在我们对它们的形成加以说明。

用什么因素来解释从一组结构过渡到另一组结构的发展呢？在

我看来，有四个主要因素：第一，成熟，这是指格塞尔使用此词的意义，因为这种发展就是胚胎发生的继续；第二，物理环境对智力结构的影响的经验的作用；第三，广义的社会传递（语言传递、教育等）；第四，这个因素常常被人忽视了，我却认为是一个基本的甚至是首要的因素，我把它称为平衡因素，如果你们愿意的话，也可以叫作自我调节的因素。

让我们从第一个因素成熟谈起。例如，按照格塞尔的假设，有人或许认为，这些阶段只是简单反映了神经系统的内部成熟。当然，成熟的确起着不可缺少的作用，决不可以忽视。它在儿童发展期所发生的每次转变中都必然要起作用。然而，这第一个因素本身并不就是充足的。首先，除了儿童出生的头几个月外，我们对神经系统的成熟情况实际上是一无所知的。在他们的头两年中，我们略略知道一点儿，此后，我们知道的就很少了。但重要的还在于成熟并不能解释一切，因为出现这些阶段的平均年岁（平均的实足年龄）在一个社会与另一个社会之间有着很大的差别。这些阶段的顺序是不变的，这在所研究过的社会中都发现了。大学里的心理学家们在许多不同的国家重复做了这些实验，已经发现了这一差别的问题。例如，在南非卡拉哈里沙漠地区的一个游牧部落的黑人中，以及在伊朗的城市和乡村中，都有同样的发现。尽管这种连续的顺序是不变的，然而，达到这些阶段的实际年龄有着很大的差别。又如，我们在日内瓦发现的到达这些阶段的实际年龄也并非和我们在美国发现的相同。更有甚者，在伊朗的德黑兰市区，研究者发现达到这些阶段的年龄和我们在日内瓦所发现的差不多，但在伊朗乡村里的儿童一贯地要迟 2 岁。重复做过我们实验的加拿大心理学家莫妮克·洛朗多（Monique Laurendeau）和阿德里安·皮纳德（Adrien Pinard）神父在蒙特利尔再次发现与我们所发现的相同的年龄。但他们在马丁尼克岛重做这些实验时，他们在所有实验中都发现这些年龄推迟了 4 岁。尽管在事实上马丁尼克岛的儿童是按照法国制度和法国课程办的学校入学的，并在完成小学教育时取得了高小毕业证书，然而，还是有4岁的延迟。也就是说，虽然有相同的阶段，但达到这些阶段的年龄一贯地延迟了。由此可见，这些年龄差异表明成熟是不能解释一切的。

现在，我将谈到经验所起的作用。很明显，物体的经验，物理实体的经验，是认知结构发展的一个基本因素。但是，这个因素同样不能解释一切。我有两个理由说明这一点。第一个理由是，一些出现在具体运算阶段开始时的概念，我看不出它们是怎样从经验中形成的。让我们在改变橡皮泥形状的情况下，看看物质守恒的例子吧。我们把这个橡皮泥交给一个儿童，让他把球形改变为香肠形，然后，我们问他，橡皮泥的分量是否一样，也就是说，改变了形状的橡皮泥与以前是否一样多。然后，再问他此时的质量是否和先前一样，最后还问他体积是否也一样。可以把球形和香肠形的橡皮泥放进盛满水的玻璃杯中，然后根据溢水的多少来测量体积。每次实验都得到同样的结果，这表明物质的量的守恒是首先达到了的。8岁左右的儿童都会说："橡皮泥是一样多的。"再迟一些时候，儿童才断言质量是守恒的。更迟一些时候，再断言体积是守恒的。这样，我要问你们物质守恒的观念是从何而来的。在还没有一个恒常的质量或一个恒常的体积时，一个恒常不变的物质是什么呢？通过知觉，你们可以得到球的质量和球的体积，然而，知觉不能给你们有关物质数量的观念。没有实验、没有经验能告诉儿童这里有等同数量的物质。他们可以称一下球，从而得知质量守恒。他们也可以把它放在水中，从而明了体积守恒。但是，物质概念的获得或在质量之前，或在体积之前。这种物质的守恒只是一种逻辑的必然性。儿童现在知道的是，在转化时某种东西必定是守恒的，因为只要这种转化再倒转过来，又能看到转化之前的形式，并再一次得到这个球体。他们知道某种东西是守恒的，但并不知它是什么。它尚非质量，也还不是体积，它仅是一种逻辑形式——一种逻辑的必然性。我认为，这就是在认知进展中的一个实例，即对某种东西的守恒有着一种逻辑的需要，尽管没有经验能导致这种观念。

我反对把经验看作具有一种解释因素的充分性的第二个理由是，经验这一概念本身就是多义的。事实上，有两种在心理学意义上很不同的经验，而这种差异从教育学意义上来看又是非常重要的。正由于教育学上的重要性，我强调了这个区别。首先，有着一种我称为物理经验的东西；其次，是我称为逻辑数学经验的东西。

物理经验是由作用于物体并通过对物体的抽象所获得的有关物体的一些知识所组成的。例如，要想知道这个烟斗比那块表重一些，儿童就得称这两者的质量，找出这两件物体本身之间的差异。这是“经验”这个词通常的意义，是经验主义者所使用的意义。但还有第二种类型的经验，我将它称为逻辑数学经验，在这种经验中，知识不是来自物体本身，而是来自作用于物体的动作。这就不是一码事了。当人们作用于物体时，这些物体的确在那里存在，但也存在着一组改变物体的动作。

我想就这种经验类型举个例子。这是一个很好的例子，因为我们已多次在 7 岁以下的幼儿中得到了证实，而且也是我的一位研究数学的朋友向我提供的他自己孩提时代的一个例子。他是从这次经验开始他的数学生涯的。当他还在 4 岁或 5 岁的时候（确切年龄我记不清，总之他还在很小的时候），他坐在花园里，数着小石子。为了数清这些石子，他把它们排成一行，然后从一开始数，一直数到十。数完了以后，他又从石子的另一个方向开始数。他从石子的末端数过来，发现仍是十。他发现了这样一种奇异现象，从一个方向数过去是十，从另一个方向数过来依然是十。于是，他又把石子摆成一个圆圈，然后再依次数下去，又发现它们还是十。他又转换从另一方向来数，他再次发现仍然是十。他又把石子排列成另一些形状，继续数下去，继续发现总是十。这就是他的发现。

他究竟发现了什么呢？他没有发现石子的性质，而是发现了排列顺序的动作的性质。这些石子是没有顺序的，是他的动作使之成为直线顺序或圆形顺序或任何一种顺序。他发现石子的总数是不受顺序排列的影响的。顺序是他引入于石子的动作。为了总数，同一种原理被运用了。石子本身无总数可言，它们仅仅是杂乱的一堆。为了求总数，动作是必要的——聚拢起来并加以清点的操作。他发现总数不受顺序排列的影响，也就是说，将石子堆在一起的动作和顺序排列的动作是无关的。他发现的是动作的性质，而不是石子的性质。你也许会说，石子能让人摆弄，这是它的性质。这也是事实。但是，也可以假定是几滴水，几滴水是不可以让人如此摆弄的。众所周知，两滴水和两滴水不可以形成四滴水。我们承认，水滴是不能做如此摆弄的。

所以，经验所揭示的不是石子的物理性质，它是对石子所采取的动作的性质，这是迥然不同的另一种形式的经验。它是数学演绎的起始点。后来的数学演绎将是这样组成的：将这些动作内化，随后不再需要任何石子把它们组合起来。这位数学家再也不需要石子的帮助了。他可以只用符号来组合他的运算，这种运算的起点是逻辑数学经验，根本就不是经验主义者所说的那种经验了。它是动作协调的开端，但这种动作协调在运算阶段之前还需要具体物体的支持。以后，这种动作的协调就渐渐导向逻辑数学结构。我相信，逻辑不是语言的衍生物。逻辑的来源要深远得多。它是动作的整体协调，是集中东西或编排东西顺序的动作，等等。这就是所谓的逻辑数学经验。这是主体动作的一种经验，而不是客体本身的一种经验。这是在出现运算之前所必需的一种经验。一旦获得了运算，这种经验就不再需要了，动作的协调将以其本身的演绎的形式和抽象结构的建构而发生。

第三个因素是社会传递——语言传递或教育传递。这又是一个基本的因素。我不否认这些因素中任何一个的作用，它们都起着一部分的作用。但是，这个因素是不充足的，因为儿童能够通过成人指导的语言或教育接受有价值的信息，前提是当儿童对这些信息处于能理解的状态时。这就是说，要接受信息，他必须具有一个使他能同化这种信息的结构。这就是你不能把高等数学教给 5 岁儿童的原因，因为他还没有能理解这些信息的结构。

我想举一个很简单的例子。这是一个语言传递的例子。在我从事儿童心理学研究的初期，我曾花了很长的时间研究具体经验与语言中的部分和整体的关系。例如，我使用了在伯特（Burt）测验中使用过的句子："我的花有一些是金凤花。"儿童知道所有金凤花都是黄的。因此，有三个可能的结论：整束花是黄的，或花束的一部分是黄的，或花束里没有一朵是黄的。我发现，直到 9 岁（这是在巴黎的情况，儿童们当然懂法语），儿童们才回答说"整束花是黄色的"，或者"我的花有一些是黄色的"。他们认为这两种说法的意义是相同的。他们不理解"我的花有一些"所表达的意思。他们不理解这里的"有"是属于部分所有格，是把一些花包含在我的花之中。他们把"我的花有一些"理解为我的几朵花，好像这几朵花和我的花是混而为一，是同类的。所以，直到 9 岁的儿童，你仍可听到他们每天使用着这样的语言结构，他们能把分类包含于总类中，却还不理解这一结构。直到他们自己牢固地掌握了这一逻辑结构之后，当他们根据我们将要讨论的发展规律，自己建构起这种结构的时候，他们才能正确地理解这种语言表现法。

现在来讨论加在前面三个因素上的第四个因素，我认为这是一个根本的因素。这就是我所说的平衡因素。既然有了三个因素，它们本身之间必须保持平衡，这是我引入平衡因素的第一个理由。然而，还有第二个理由，我认为这是根本的。这就是，在求知活动中，主体是主动的，因而，当他面临外部困扰时，他就要有所反应，以求得补偿，从而使他趋向平衡。平衡用主动补偿来说明导向可逆性。运算的可逆性是平衡系统的一个模式，在这一模式中，向一个方向的转化被向另一个方向的转化所补偿。平衡，据我的理解，就是这样一个主动的过程。它是一个自我调节的过程。我认为，这个调节过程就是发展的根本因素。我是按照控制论中的意义来使用这个词的，这就是反馈和输送过程的意义，通过系统的渐进补偿来对它们自身做调节的过程的意义。这个平衡过程采用一系列的平衡水平的形式，这些平衡水平都具有某种可能性，我称之为连续的可能性。就是说，这种可能性不是先天就建立了的，它有着水平间的顺序。当平衡没有达到第一水平时，就不可能达到第二水平；也只有平衡达到第二水平的时候，才有可能去达到第三水平。如此等等。也就是说，每一水平都取决于已经达到了的前一水平给予的最大可能。这不是开始时具有的最大可能，而是已经达到了的前一水平又一次赋予的最大可能。

举一个例子，让我们从橡皮泥球形改变为香肠形的转化中看看守恒观念的发展。在这里，你可以清楚地看到四种水平。对儿童来说，开始时的最大可能是他们想到的只有一种维度。比如说，假设儿童注意到长度的可能性是 0.8，那么，注意到宽度的可能性就是 0.2。这个意思是说，在 10 个儿童之中，有 8 个注意到长度而忽略了它的宽度，还有 2 个是注意到宽度而忽略了它的长度。他们只可能注意到这一种维量或另外一种维量。由于在这个阶段这两种维量是互相独立的，一下子同时注意到这两者的可能性只有 0.16。这种可能性比前两个可能性中的任何一个都要少。换句话说，在开始时的最大可能性是只能注意到一种维量，事实上儿童会说："这个长一些，所以香肠形的里边就多一些。"一旦儿童达到这个第一水平，如果你把香肠形继续拉长一些，那么儿童就立即会说："不，现在它太细了，所以，里面是少了些。"现在他们想到了宽度，但是，他们忘记了长度。这样你就看到了第二水平，这个水平是在第一水平之后才变成最大可能的，但在开始时还不是最大可能。一旦他们注意到宽度，迟早又要回过来注意到长度。在这里，你就看到了第三水平，他们将徘徊于长度和宽度之间，并将发现两者之间是相互联系的。当你把它拉得越长，你就使它变得越细；当你把它缩得短一些，你就使它变得粗一些。他们发现这两者是固定地联系着的，并发现其关系。他们开始用转化的观点来思考，而不仅仅限于最后外形的观点。现在他们会说，它变得越长，就变得越细，所以它是同样的东西。增加了它的长度，就减少了它的宽度。当你把它缩短一些，它就变得粗一些，减少了它的长度，就增加了它的宽度。所以，这里存在着补偿——就是我刚才所解释的平衡的意义。结果，你看到了运算和守恒。换句话说，在这些发展的进程中，你经常会发现有一个自我调节的过程，我称之为平衡。我认为这是获得逻辑数学知识的根本因素。

现在，我继续进行我的讲演的第二部分，讨论关于学习的问题。经典的看法认为，学习是建立在刺激—反应的图式上的。虽然我不想说刺激—反应的图式是虚假的，我认为，这一图式在任何情况下都不能完全地解释认知学习。为什么？因为，当你想到刺激—反应图式时，你就会经常想到首先要有刺激，然后才由刺激引出反应来。倘若我按这样一种方式来表达我自己的意见，我相信反应是处于第一位的。一个刺激之所以成为一个刺激，只能限于这个刺激是具有意义的，而它之所以能有意义，也只限于存在着一个允许其同化的结构，存在着能统合这个刺激的结构并同时发出其反应。换句话说，我建议把刺激—反应的图式书写成环形的形式，这一图式或结构的形式不是单一方向的。我尤其建议在刺激与反应的中间有一个有机体及其结构。只有当这个刺激能同化在结构之中时，它才是一个真正的刺激，而且正是这个结构发出其反应的。因此，把反应说成是第一位的并非夸张，如果你一开始就希望存在着结构的话。自然，我们要弄清楚结构是怎样形成的。我提出平衡或自我调节的模式是试图早一点儿解决这一问题。一旦有了一个结构，刺激就将引起反应，但仅仅是通过这个结构的中介而产生的。

我愿意提供一些事实。我们占有大量的事实。我只选出一两件事，并选出几种我们的同事斯梅斯隆（Smedslund）搜集到的事实(斯梅斯隆目前在哈佛认知研究中心工作)。斯梅斯隆几年前曾到过日内瓦，他深信（在他的一篇论文中已经发表过了）守恒观念的发展能够通过一种刺激—反应类型的学习得到无限的加速。我邀请斯梅斯隆在日内瓦住一年，请他对此给我们做说明，说明他自己能够加速运算守恒的发展情况。我只涉及他的实验中的一项。

他在日内瓦度过的一年中，选择了质量守恒这一研究工作。事实上，质量守恒是容易研究的，因为存在着可能的外部强化，那就是，只要在天平上称球形或香肠形的橡皮泥的质量，然后就能研究儿童对这些外部结果的反应。斯梅斯隆一方面研究质量守恒，另一方面又研究质量的传递性，即设 A=B，B=C，则得 A=C 的等量传递性，或设 A<B，B<C，则得 A<C 的等量传递性。

单就质量守恒而论，斯梅斯隆很轻易地取得了成功。他从 5 岁和 6 岁的儿童中搜集到他们做出的概括，即当球形转变成另一种形状时，质量是守恒的。儿童们看到，球形转变为香肠形，或转变为小碎片，或转变为薄饼，或转变为其他任何形状，称称它，发现质量总是一样的。他们确信，无论如何摆弄它，总是同样一回事，总是要出现同样质量的。斯梅斯隆就利用这样的外部强化的办法，很轻易地取得了质量守恒。

然而，与此相反，同样的方法在教授传递性上并没有取得成功，儿童们拒绝了传递性的观念。一个儿童在某些情况下会有正确的预测，但是，他把这种预测看作一种可能性或偶然性而不是必然性。在传递性的事例中，儿童从未概括出必然性来。

这就是第一个例子，我认为这个例子是很有教益的，因为在质量守恒这一问题中，牵涉到两个方面：有物理的方面和逻辑数学的方面。请注意，斯梅斯隆是在建立守恒与传递性之间存在着一种相关的基础上来开始他的研究的。他首先对有关守恒问题的自发反应和有关传递性问题的自发反应两者之间的关系做了统计研究。他发现两者具有十分明显的相关。但是，在他的学习实验中，他取得了守恒的学习，没有取得传递性的学习。因此，他在取得我称为早期物理经验的学习上是成功的（这是不足为奇的，这只是注意客体事实的问题），但是，在取得逻辑结构的建构学习上是不成功的。这对我来说也不足为奇，因为逻辑结构不是物理经验的结果。它不能靠外部强化来获得。逻辑结构只能是通过内部平衡、通过自我调节才能达到的。看来天平这一外部的强化是不足以建立这种传递性的逻辑结构的。

我可以举很多其他可比的例子，但我认为，总是强调这些反面例子是没有必要的。现在我要说明，在逻辑数学结构方面，学习是可能的。但这是要在一个条件下，就是你想教给对象的这些结构，能有比之更简单的、更为初级的逻辑数学结构作为支柱。我给你们举个例子。这是属于一一对应中的数的守恒的例子。如果你给一个儿童 7 个蓝色的金属片，要他摆出同样数目的红色金属片，在前运算阶段的儿童，他将对着每一个蓝色的金属片放一个红色的。如果你把红色的散开，排成比蓝色的较长的一列，那他就会说："红色的比蓝色的多了些。"

现在，如果你想加速这一数的守恒的获得，我们如何来加速呢？你可以想象一个相类似的结构，但它是比较简单、更初级的情境。例如，我们同英海尔德小姐一起，用两个形状相同的玻璃杯和一堆珠子，不久前进行了一一相应观念的研究。让一个儿童用一只手放一颗珠子在一个玻璃杯中，同时，用另一只手把另一颗珠子放在另外一个玻璃杯中。儿童一次又一次地重复着这样的动作，用一只手把一颗珠子放进一个玻璃杯，同时用另一只手把另一颗珠子放进另一个玻璃杯，他看到各边的数目总是同样的。然后，你把一个杯子藏起来，把它蒙起来，他看不到这个杯子了，但他仍继续一次一次地把一颗颗珠子放进去，同时也在另一个看得见的杯子里一次一次地放进一颗颗珠子。然后，问他等量是否还保持着，一个杯子里的数目是否还是和另一个杯子里的数目相同。这时，你将发现，极小的儿童，大约 4 岁，都不愿做出预言。他们会说："它们一直有相同的数目，但是现在我不知道。我再也看不见了，所以，我不知道。"他们不想去概括。大约从 5.5 岁起就可以做出概括了。

这和一行红色的与蓝色的金属片散开的情况是相反的，儿童要到 7 岁或 8 岁时才能说出这两行是有相同数目的。作为一个概括的例子，我回想起一个 5 岁零 9 个月的小男孩，在他投入珠子一会儿后，我们问他，如果他整天整夜地或者第二天继续做下去，是否两个杯子里总保持着同样的数目。这个小男孩给了这样一个可爱的回答："一旦你知道了，你就永远知道了。"换句话说，这就是递推式的推理。所以，在这里，儿童是在这样特殊的情况下获得了结构。数是类包含和顺序的综合，儿童自己的动作有利于这种综合的形成。你安排好一个又一个同样动作重复的情境，动作是连续的，因而是有顺序的，同时也是包含的。这样可以说，你就有了在特殊情况下便于数的观念建构的一种局部的包含和顺序的综合了，而且，在效果上，你能够发现这种经验对另一种经验的影响力。然而，这种影响力并不是直接发生的。我们从这种递推的情境到另一种把金属片在桌上排列成行的情境来研究概括作用，概括作用并不是直接产生的，而是通过中介才成为可能。换言之，如果你把学习建立在较简单结构的基础上，你就可以发现对这个结构的某些学习。

在数的结构发展同一领域里，心理学家乔基姆·沃尔威尔（Joachim Wohlwill）在我们日内瓦的研究所里工作了一年，通过引入加法运算，也表明了这样的获得是可以加速的。这和我刚才描述的实验中所引入的情况是一样的。沃尔威尔是在不同的方式中引入它们，但也达成了某种学习。换句话说，如果你把更复杂的结构建立在较简单结构的基础上，那么学习是可能的。这就是说，在这个时候，存在着结构之间的自然的联系和发展，而不仅仅是外部的强化。

现在，我想用几分钟总结一下我所讲的东西。我的第一个结论是，结构的学习似乎服从于这些结构发展的同样的规律。换言之，正如我在引言中说过的，学习从属于发展，而非相反。毫无疑问，你会提出异议，因为有些研究者已经在教授运算结构方面取得了成功。但是，当我面对这些事实时，在我被说服以前，我经常有三个问题要求给予回答。

第一个问题是："这种学习效果能持久吗？两个星期或一个月以后还会留下什么呢？"如果一种结构是自发地发展起来的，它就能持久，就能在儿童的全部生活中持续下去。当你通过外部强化获得学习时，其结果是否持久？持久的必要条件何在？

第二个问题是："能概括到多大程度呢？"使学习有趣是概括转移的可能性所在。当你引起了某种学习以后，你可以经常问一问，这种学习在儿童心理生活中是一种孤立片段，还是一种能导致概括的真正的动力结构。

然后是第三个问题："在每个学习经验的情况下，主体在这个经验之前的运算水平是什么呢？通过这种学习成功地获得了什么更复杂的结构呢？"换言之，我们必须从开端时所出现的自发运算和在学习经验以后所获得的运算水平的观点上来考察每一个特殊的学习经验。

我的第二个结论是，涉及整个发展和整个学习的基本关系不是联想的关系。在刺激—反应图式中，刺激与反应之间的关系被理解为一种联想。与此相反，我认为基本关系是一种同化。同化与联想不是一回事。我把同化定义为把各种现实统合在一个结构之中，而且我认为同化是学习的根本，从教育学的或教学的应用的观点而论，这是基本的关系。今天我所谈到的，都表明儿童或学习的主体是主动的。一个运算就是一个活动。我认为，刺激—反应图式对主体方面的这种活动是低估了。我所提出的看法，是把重点放在自我调节的观点上，放在同化上。所有的强调都是放在主体自身的活动上。我认为，没有这一活动，就不可能有使受教育者发生明显转变的教学法和教育学。

最后，作为我谈话的结束，我将评论一下心理学家贝里尼(Berlyne）发表的一篇优秀论文。贝里尼在日内瓦同我们工作了一年。在这一时期，他致力于把我们在运算发展上取得的结果转译成刺激—反应的语言，特别是成为赫尔的学习理论。贝里尼在我们的发生认识论研究丛书中发表了一篇很好的文章，对日内瓦研究的结果和赫尔理论进行了比较。在同册书里，我发表了对贝里尼结果的评论。贝里尼的结果要点是，我们的发现能很好地用赫尔的语言加以解释，但只能在引进两种限制作为条件的情况下才行。但他认为，这两种限制涉及的概念将比赫尔理论更多一些。对此我不做如此肯定。第一个限制是，贝里尼要区分出在刺激—反应中的两种反应。第一，是属于普通的、经典意义的反应，是我所称的“应答反应”。第二，是贝里尼所说的“转化反应”。转化反应是把第一类型的一种反应转化为该类型的另一种反应。这些转化反应就是我所说的运算。你马上就会发现，这是对赫尔理论的一个很重大的修正，因为在这里已引进了转化的成分，也就引进了同化的成分，那就不再是刺激—反应的简单联想了。

贝里尼引入刺激—反应语言中的第二个限制是介绍了他命名的内部强化。他命名的内部强化是什么呢？就是我称作平衡或自我调节的东西。内部强化使主体能消除矛盾、不一致和冲突。一切发展都是由暂时的冲突和不一致组成的，对这些冲突和不一致必须加以克服，以达到一个更高水平的平衡。贝里尼把这种不一致的消除称为内部强化。

所以，你看到它真正是一种刺激—反应的理论。假使你认为是这样的话，首先，你把运算加进去，然后，你再加进平衡，那就是我们所要的一切了。

本文译自 Richard E. Ripple 编：*Readings in Learning and Human Ability*：*Educational Psychology*，第 2 版，Harper & Row，New York，1964 年及 1971 年版。

新方法，它们的心理学基础[①]

一、新方法的产生

二、教育原理与心理学的论据

我们怎样给教育的方法下定义？我们应从何时确定它们的出现？教育就是使儿童适应成人的社会环境。也就是说，按照社会赋予一种价值的集体现实的整体来改变个体的心理生物结构。因此，教育构成的关系中存在着两个项目：一个是成长着的个体；另一个是教育者所负责教给个体的理智的和道德的社会价值。成人根据自己的观点理解这两个项目之间的关系，开始时只考虑第二个，而把教育看成仅仅是把集体价值一代一代传递下去；并且，由于无知或者甚至因为把个体的自然特性的状况与社会化的标准对立起来，教育者首先关心的是教育的目标，而不关心它的技术，关心的是完成了的人，而不关心儿童及其发展的规律。

为了这个缘故，教育者含蓄地或明确地把儿童或者看作受教育的小大人，给他道德教训，使他尽可能快地变成和其他成人模式一样；或者把儿童看作各种原始罪恶的支柱，也就是说，把儿童看作不顺从的原料，更重要的是改造而不是教育。今天我们大部分的教育方法是根源于这一观点的。这就说明了“旧的”或“传统的”教育方法。新方法则重视儿童自己特有的性质，并呼吁重视个体的心理结构及其发展的规律。这是被动或主动的问题。

但是，我们不应误解。记忆、被动服从、模仿成人以及一般所

① 本文写于1935年。——译者注

说的接受的因素，对儿童来说，像自发活动一样，也完全是自然的。而且，旧的方法虽然有时违反心理学，就这一点而言，也不能说完全忽视了对儿童的观察。区分这两种教育学的标准不应该在利用何种儿童特点上去寻找，而要从教育者在每一情况下对儿童所形成的总看法中去寻找。

儿童期是一种必然的罪恶呢，还是儿童的心理特点具有说明一种真正活动的功能上的重要性呢？根据对这个根本问题所做出的回答，人们可以把成人社会和受教育的儿童两者之间的关系，或者看作单方面的，或者看作相互作用的。在第一种情况下，要求儿童从外面接受成人已经完善了的知识和道德的成品；教育的关系由一方面的压制和另一方面的接受所组成。从这样一个观点看，学生的即使是纯个人性质的工作（写一篇作文，翻译一篇文章，解答一个问题），也不是真正自发的、个人的探究活动，而是强加的练习或抄袭外在模型的活动；学生内心深处的精神状态仍充满着服从而非自主。在另一相反的情况下，把儿童看作具有自己真正的活动，而且心理的发展就包含在其活动的动力之中，那么，受教育的主体和社会之间的关系就变成相互作用的了：儿童不再是通过接受现成正确行为的道理和规则而接近成人的状态，而是靠自己的努力和亲身的经验以达到正确行为；反过来，社会期望于新一代的不仅是模仿，而且是得到更丰富的东西。

一、新方法的产生

先驱者

虽然可以根据要求儿童从事的真实活动和根据受教育的主体与他们将成为其一部分的社会之间的那种交互关系的特点来说明新的教育方法的特点，但这类体系并没有什么新的东西。几乎所有教育史上的伟大理论家们都曾经看到过我们理解的这种见解的一些方面。

苏格拉底的助产式的辩论术所要求的是学生的积极性而不是他的驯服，这是十分明显的。拉伯雷和蒙田反对16世纪的口头说教和非人道的纪律，达到了敏锐的心理学的直觉——兴趣的真实作用、对自然的必不可少的观察、参与实际生活的必要性、亲身领会与记忆的区别（“背诵并不是理解”）等，这也是十分明显的。但是，正如克拉帕雷德（Claparède）① 在《玄学与道德评论》（1912年5月）杂志上的一篇著名的文章中指出的，这些意见，乃至费奈隆（Fénelon）、洛克及其他人的意见都是片断的。相反，我们在卢梭的著作中找到了在今天看来仍然具有惊人价值的一整套见解。这种见解并没有受到任何科学实验的启发，而且直到今天，他的哲学内容还没有被客观地加以判断。

由于深信自然的优越和社会的堕落，卢梭通过一条意外的途径得到了这样一个观点：儿童期也许是有用的，因为它是自然的，而心理的发展也许是受恒常的规律所支配的，所以，教育应该利用这种机制而不应该阻碍它的进展。从这一点出发，他发展了一种极其精深而又十分详尽的教育理论。人们可以把这个教育理论视为“新教育方法”的一种天才预见，或者看作仅是一种单纯的空想，这要看人们是不是不考虑卢梭的先验哲学，而是同意他的要求，必须把他的教育理论和他的社会学论断联系在一起加以考虑。

事实上，在读《爱弥儿——论教育》② 时，不可能对卢梭的形而上学做出完整的概括。因此，卢梭作为一位先驱者，其声誉有点儿受到影响。但是，卢梭的这种主张恰好就使我们理解，与古典理

① 克拉帕雷德是欧洲机能主义心理学家、日内瓦大学卢梭研究所的创办人。——译者注

② 卢梭写的一本小说。——译者注

论家的体系对比起来，20 世纪的方法具有真正的创新之处。无疑，卢梭看出了“每一年龄有它自己的动力”，“儿童有他自己独特的观察、思维和情感的方法”；无疑，他也令人信服地证明人们除了主动地夺取，不可能学会任何东西，学生必须重新去发明科学，而不是口头上重复公式。他甚至提出了这样的建议：“开始时要研究你的学生，因为你肯定根本没有了解他们。”由于他讲了这样的话，其他的方面他都应该得到谅解。但是，对于心理发展的实际的这种连续的直觉还只是一种社会学上的信念，甚至是一种争论的武器；如果他亲自研究过他经常假设存在的这种心理成熟过程的规律，那么，他就不会把个人的发展和社会环境分隔开来了。儿童期在机能上的重要性、智力和道德发展的阶段、真正的兴趣和活动等概念已经存在于他的著作之中了，但是，它们并没有真正鼓舞人们去创造“新的方法”。到后来，有些更关心客观真理和从事系统实验的研究者，通过客观的观察和实验重新发现了卢梭的这些观点，才创造出新的方法。

在卢梭的后继者中，至少有两个人曾经在实际的学校场所中实现了他的某些观点。在这方面，他们可以被视为新方法的真正先驱。一个是裴斯泰洛齐（1746—1827），卢梭的信徒；另一个是福禄培尔（1782—1852），裴斯泰洛齐的学生。

伊佛东学院①的参观者对学生的自发活动、教师的特点（年长的同伴与训练者而不是领导者）和学校里充分的实验精神产生了强烈的印象。在这里的日记上，记录着儿童心理发展的进度的每日观察与所运用的教育方法的成功或失败的经验。多亏这种精神本身，裴斯泰洛齐才一下子在一个主要观点上对卢梭进行了纠正：学校是一个真正的社会，其中的责任感与合作规范本身就足以教育儿童，因而没有必要为了避免有害的影响或包含危险的竞争而把学生孤立

① 裴斯泰洛齐在伊佛东地方创办的一所学校。——译者注

起来，使他处于个人主义之中。此外，社会因素对智力方面有影响，在道德领域中也有影响。像贝尔（Bell）与兰开斯特（Lancaster）一样，裴斯泰洛齐组织了一种互助的教学体系，使儿童在他们的研究中能够互相帮助。

但是，假如活动学校的精神如此深地启发了裴斯泰洛齐的方法的文字说明，那么他的见解的细节和新教育的现代方法之间的差别只会更加明显。要建成一种科学的教育学，卢梭学说所缺少的就是一种心理发展的心理学。无疑，卢梭反复地说，儿童不同于成人，而且每一年龄都有它自己的特征。的确，他坚信心理发展的规律是恒常不变的，这一点如此伟大，乃是启发了他的著名的消极教育的公式，或教师的干预是无用的主张。但是，在卢梭看来，儿童的这些特征是什么呢？这些发展规律是什么呢？除了他对练习与探索的用处和儿童时期生物学上的需要的精辟的意见外，他所认为儿童时期与成人时期的差别实质上是消极性质的：儿童无视推理，不知道责任感，等等。结果，他所提出的心理发展阶段（人们想看到它们与现代阶段的理论相类似），简单地确定了心理生活的一些主要机能或最重要的表现的出现日期。例如，在什么年龄出现必然的需要，在什么年龄出现兴趣，在什么年龄出现推理，难免有武断。

所以，没有一种智力或意识的真正胚胎学足以表明在它们的动力不断转化的过程中，这些机能在质量上是怎样发生变化的。因此，像大家一样，当裴斯泰洛齐说明最小年龄儿童的推理与道德感的起源时，他（除了对于兴趣、练习与活动这些有丰富想象力的观念以外）却回到当时流行的见解上了，认为儿童内部已经包含着整个的成人，相信心理的预先形成说。这就是为什么裴斯泰洛齐的学校除了有惊人的成就并朝着当代活动学校的方向发展外，又表现出许多陈旧的特点。例如，裴斯泰洛齐深信一切学科的教学都必须遵循从简单到复杂的原则，然而，今天大家都知道，所谓简单这个概念在某些成人的心中具有相对的意思，而且儿童是从整体与不分化开始的。一般来讲，裴斯泰洛齐具有一定程度的系统的形式主义，这一点在他的课程表上，在他对于教材的分类上，在他的智力训练上，在他对演示的爱好上，都表现得很清楚。他过分地倾向于这些方面，对于真正的心理发展很少考虑具体的细节。

至于福禄培尔，他对于活动的观点和这方面的成就之间的差别也许就更大一些了。一方面是卢梭的儿童在自由状态中自发而充分发展的理想，儿童处于事物而不是书本之中，儿童是在动作之中摆弄物体，尤其是在一种宁静气氛的环境之中，没有限制，也没有丑恶，但是，另一方面，对于心理发展本身没有积极的见解。虽然福禄培尔直觉地懂得游戏，特别是感觉运动练习在机能上的意义，但是他相信有一种个体的发展的感觉阶段：似乎知觉本身不是实践智力的已经相当复杂的产物，而且把感觉教育放在整个智力促进中进行。除此以外，福禄培尔所设计的教具——著名的七套练习虽然确实朝着活动的方向前进了一步，但用一种手工劳动的形式主义去代替与儿童生活真正需要相联系的具体探索，阻碍了儿童真正的创造，从而歪曲了活动这个概念的本义。

一般来说，人们看到，虽然活动的理想与新教育方法的原理在伟大的教育学经典著作中是不难找到的，但是和我们的有一个本质的区别。尽管他们对于儿童期具有直觉的或实际的认识，但他们并没有建立为创造真正适应于心理发展规律的教育技术所必需的心理学。除非建立一种系统的心理学或心理社会学，否则，就不可能真正产生新的方法；新方法的创建必须从这样一门科学出现的日期算起。

但还需要一点儿保留。在 19 世纪，有几个教育学的体系便以心理学为基础，只是没有得出今天称作“新方法”的结论。我不打算在这里做一次全面的考察，特别是讨论斯宾塞的见解，但是谈一下赫尔巴特看来是必要的。因为他提供了一个受一种还不是发生性质的心理学影响的教育学的不恰当的模型，所以讨论一下他的著作，可以说明儿童心理学最近的工作为教育科学提供了新的材料。

赫尔巴特（1776—1841）企图以一种极其明确而又清晰的方式按照心理学的法则调整教学方法，这无疑在教育思想史上还是第一次。谁都知道，通过历代教师留传下来的明智的格言，并且为了更好地满足空论派的爱好，他编纂了一种有条有理的实际公式系统。在他看来，整个的心理生活就是一种表象机制，这个表象机制把智力当作一种活动加以排除了，因为他赞成一种观念本身的静力学和动力学，而且整个的心灵生活是从灵魂的自我保存的倾向而获得高度的原动力的。既然这样，教育的根本问题就是懂得如何呈现教材，使之容易吸收并保留，为从未知有可能变为已知的这种统觉过程的系统提供一把钥匙。虽然赫尔巴特强调必须考虑发展时期，考虑学生的个性，尤其是他们的兴趣——现在的方法的决定因素，这只有根据表象的机制才如此，兴趣是统觉的结果，各个年龄阶段和个性类型构成了不同的兴趣。

然而，赫尔巴特改变学校教育了吗？没有！没有任何类似蒙台梭利的班级、德可乐利学校等的学校曾依赖于他。为什么？因为他的心理学根本上是一种心理的被动接受与成分贮藏的理论。赫尔巴特不能把发展的生物观点和智力的不断建构的分析调和起来建立一种活动的理论。

新方法与心理学

因此，现在我们能够确定并解释当代新教育方法的出现。大家经常要求学校去适应儿童。自从卢梭以来，大家都经常反复说，儿童具有他自己的真实活动，而且不真正利用这种活动并扩展它，教育就不能成功。的确，就是这个公式使卢梭成为教育学的哥白尼，这就能够确切地说明，儿童期的这种主动的特点包括一些什么内容了。但是，为心理发展与心理活动提供一种积极的解释，乃是本世纪的心理学以及从它产生的教育科学的任务。

但是，不要误会。和一步一步地从精密科学的发展中发展出来的工业进步的情况不同，现代教育学并不是从儿童心理学发展出来的。毋宁说，是心理学研究的一般精神，也是它所运用的观察方法推动着教育科学从纯科学的领域走向学校实验领域的。虽然杜威、克拉帕雷德和德可乐利都是学校的创立者和精确教育技术的发明者，他们也是心理学的名人，但是蒙台梭利夫人是一位医生，局限于对变态儿童进行严格的人类学的和医学心理学的研究，开始触及实验心理学。凯兴斯泰纳在他的长期职业生活达到顶点之前，还没有接触到心理学。在我们的每一主要革新者的事例中，不管在儿童心理学和他们的基本教育观点之间有什么联系，毋庸置疑，新方法的源泉是现代发生心理学这个伟大的潮流。

事实上，当代心理学由于它的观点有了剧烈的变化，才从 19 世纪的心理学中分化出来。

19 世纪的心理学首先强调接受与贮藏的功能，试图用根本上静止的成分去解释整个的心理生活。在它的积极形式之下和在企图进行科学的论述之中，它也是机械的。在各个方面，特别是在它的进化论和发生学上的主张方面，它是联想主义的，企图把智力的活动归结为许多无自动力的心理原子（感觉与意象）的结合，并企图在固有的两极的结合（习惯与联想）中寻找心理运算的模式。在它的哲学形式方面，情况也并不好一些。它局限于固有官能的想法，以弥补其缺乏经验论解释的缺点。只有美因·德·毕朗（Maine de Biran）值得有一个独特的地位，但是他的失败以及迟至今天他才被发现这一事实，就足以确切地肯定整个判断。

另外，20 世纪的心理学一开始在各方面就是对活动的肯定与分析。在美国有詹姆斯、杜威和鲍德温，在法国有贝格松（Bergson）以及在《智力心理学》以后的比奈（Binet）和在《自动论》以后的雅内（Pierre Janet），在瑞士有弗卢努瓦（Flournoy）和克拉帕雷德，在德国有符茨堡学派，到处都发现了心理生活是一个动力的现实这样一个观点，智力是一种真实的和建设性的活动，意志与人格是一种继续不断的、顽强的创造。总之，在科学观察的领域本身，在实验本身对于简单化的机械论的反对方面，人们广泛地努力创造各种质量上的和数量上的方法，以获得对心理发展的真正建构的比较正确的看法。

新方法是怎样产生的

在这种气氛中就诞生了新的教育方法。这些方法不是某个孤立者的作品，不是通过推理从某一特殊的研究得出来的一种儿童发展的心理教育学。它是建立在许多同时出现的方面的不可避免的东西。

由于普遍改变了对于个性的看法，思想开放的人不得不以另一种方式看待儿童期，不再（那是卢梭的情况）具有这种偏见，认为人是善良的和自然是天真无邪的。但是，由于历史上这个新颖的事实，科学和一般正直的人们最后获得了一种适合于解释意识的发展特别是儿童心理的发展的方法和思想系统。只有此时，所有伟大的教育革新家所梦想引进学校并使其能按照其心理成长的内在过程在学生中开花结果的那种真正的活动，才变成了一种可理解的概念和容许客观分析的现实。因此，这些新方法和儿童心理学是同时构成的，而且是和儿童心理学的进展密切联系着的。这一点是容易证明的。

在美国，反对 19 世纪心理学的这种静止状态是以两种方式表现出来的：一种是，实用主义者的研究揭示了动作在一切心理运算的构成中特别是在思维的构成中的作用；另一种是，心理发展的科学或发生心理学，特别是在霍尔和鲍德温的研究中得到了扩大。而这两种倾向在杜威的研究中明确地互相发生了影响，因为杜威在 1896 年就已经创立了一所实验学校，在这里，学生们的工作都以每一个年龄特有的兴趣或需要为中心。

同一时期，人类学家塞吉（Joseph Sergi）想通过研究儿童来改革教育学。在他的影响下，蒙台梭利在意大利从事教育后进儿童的工作，专心致力于分析这些后进学生。当她明白了这些儿童的情况是属于心理学性质而不是医学性质的时候，她就发现所面临的最中心的问题既是属于智力发展方面的，也是属于儿童教育方面的。在出色地概括了这些发现之后，蒙台梭利夫人就立即把她教低能者的东西应用于正常儿童：在最早阶段的儿童更多是通过动作进行学习，而不是通过思维去学习的。为这种动作提供原料的恰当的学校设备比最好的书本乃至语言本身更容易增进儿童的知识。因此，一个精神病医生的助手对于智力落后儿童心理机制细致的观察便成了一般方法的出发点，而这种方法在全世界的影响是无法估量的。

然而，还有一位医生也是十分熟悉心理学问题的。在同一时期的布鲁塞尔，他研究儿童，从而也得出了一整套教育学。事实上，德可乐利关于阅读、算术等著名的整体学习方法，以及他的关于兴趣中心的主动工作的一般理论，都是从他对落后儿童的心理分析中得出来的。杜威、蒙台梭利和德可乐利同时发现了这种新方法，再也没有比这更有趣的事情了。可见，根据兴趣从事工作以及通过活动去训练思维的观点，在 19 世纪末期的整个心理学（尤其是生物心理学）中早已处于萌芽状态。

在别处，虽然情况比较复杂一些，但从心理学思想所产生的影响这个角度来看，同样也是清楚的。在德语国家里，活动学校很容易产生于许多职业训练学校，这种学校训练人们的习惯是把手工劳动和实践性研究作为理论教学的必要补充。但是，怎样从那个和活动学校没有直接关系的阶段过渡到以自由活动为教育核心的这个决定性阶段呢？很明显，如果手工劳动没有学生本人自发探索的激发，而只有教师的指导，那么这种手工劳动就不是主动的，而且活动，即建立在兴趣上的努力，即使在婴儿时期，可能是实践性的和手工性质的，也可能是反射的和纯直觉的。因此，德国学校里的手工实践虽然可能促进活动方法的发现，但它还远不能说明这种发现。

首先是在凯兴斯泰纳的工作中发生这种过渡的。1895 年，当他还是一位年轻的理科教师时，他就致力于研究教育理论，为改组慕尼黑的学校做准备。他利用了所有德国心理学特别是儿童心理学（他亲自研究几千个巴伐利亚儿童的图画，并于 1906 年出版了他的研究结果）的研究工作，确立了他的中心思想：学校的目的在于发展学生的自发性。这就是他的“活动学校”［德文为 Arbeitsschule，波维（P. Bovet）把它译成法文为活动学校（1′école active)］的思想。此外，人们只要读一读梅伊曼（Meumann)、拉伊（Lay）和梅斯麦（Mesmer）的著作就会深信，新方法的发展在德国和在其他地方一样，也是和心理学有密切联系的；对于儿童发展的探索、把意志与思维作为动作的研究、对于知觉的分析，所有这一切都曾为德国的革新家们所利用。

然而，把游戏当作一种准备性的练习，从而显示它在机能上的重要性，这个著名的格鲁斯（Karl Groos）的学说乃是在瑞士第一次在教育上加以应用的。人们懂得格鲁斯理论在教育上的重要性，事实上，首先要感谢克拉帕雷德，他在他的最早的工作中就已经开始反对联想主义，并为动力的与机能的观点做辩护。由于明白了这一点，日内瓦的幼儿之家才发展了教学方法与教育游戏，同时也由于明白了这一点（在建立了卢梭研究所以前和以后），才在他的领导之下进行一种同时研究儿童和教育技术的活动：教师应向儿童学习。① 这就是他和波维所创建的这个机构的座右铭。

最后，如果不回顾一下 20 世纪早期的儿童心理学家中最富于创造性的比奈的工作的巨大重要性，是不可能结束这一段概述的。

① 这句话的原文是拉丁文。——译者注

虽然他并没有在法国发起过任何当地的和典型的教育运动（也许因为他不想亲自从事教学），但他的研究工作直接地或间接地产生了最深远的影响。特别是他在编制智力测验方面的实际成就已经引起了无数涉及心理发展与个人才能的研究，虽然这些测验并没有产生所预期的一切结果，但人们对由它们所引起的问题产生了在开始使用它们时所预见不到的广泛兴趣。或者有一天我们将发现一些好的测验，否则，智力测验将作为一个错误很大的典型载入史册。然而，除了这些测验以外，比奈的智力说及《关于儿童的现代观点》一书对新教育也做出了很多贡献。

二、教育原理与心理学的论据

教育就是使个人适应周围的社会环境。但是，新方法利用儿童期固有的倾向以及心理发展必然具有的自发活动，力图促进这种适应，而这样做意味着使社会因此变得更加丰富。所以，只从它的方法及其应用方面是不能理解新教育的，除非至少从以下方面注意细致分析它的原理并且检查这些原理在心理学上的价值：儿童期的意义、儿童思维的结构和发展的规律，以及幼儿社会生活的机制。

传统学校把它的工作强加于学生，学校“促使学生工作”。无疑，儿童对于这种工作产生多少兴趣并做出多少努力，是可以随便的。因而只要教师是一位优秀的教师，学生与教师之间就会产生协作，这样就会有相当真正活动的余地。但是，在这个体系的逻辑中，学生的智力活动与道德活动始终是受外界支配的，因为这种活动和教师不断的限制是不可分的，即使这种限制是学生觉察不到的或自愿接受的。相反，新学校是以个人的需要与兴趣为基础来进行真正的活动和自发的工作。克拉帕雷德说得非常好，这并不意味着活动教育要求儿童做他所想做的事情。“它首先要求儿童愿意做他所做的事情；他们活动，他们不是被动的。”（《机能教育》，第252页）

需要和作为需要结果的兴趣，“是把反应变成真正动作的因素”（第195页）。因此，兴趣的规律乃是“整个体系随之运转的唯一轴心”（第197页）。

这样一个见解十分明确地指出了儿童期及其活动的重要性。因为，重复杜威和克拉帕雷德的话说，强迫的工作是一种违反心理学的反常活动，而一切有成果的活动都以一种兴趣为先决条件。这就冒有一个危险，似乎只是在重述伟大的经典教育家们所常常肯定过的东西；另外，如果认为儿童具有亲自从事持久工作的可能性，那么我们所要求的正是要证明的东西。儿童期能够从事最高形式的成人本身的行为所特有的那种活动——由自发的需要出发，从事持续的探索活动吗？这是新教育的中心问题。

克拉帕雷德的一个果断的意见有助于我们弄清楚问题。如果我们以思维的结构与心理的运行为一方面（换言之，从心理学的观点看来，是一切符合有机体的器官与解剖的东西），以它们的机能为另一方面（换言之，一切符合生理学所研究的机能关系的东西），并将两者加以区别，那么我们可以说，传统的教育学曾赋予儿童以和成人完全相同的心理结构，但有一种不同的机能，即“它很自然地把儿童看成……可以掌握一切在逻辑上明确的东西，或者可以理解某些道德法则的深刻意义；但是，同时又把儿童看成是在机能上不同于成人的。这就是说，成人行动需要一种理由，一种动机；儿童则能够没有动机而从事工作，能够强制获得最不一致的知识，能够做任何工作，只是因为学校要求他这样做，而不是因为那种工作可以满足来自儿童本身、来自儿童生活的需要”（《机能教育》，第246—247页）。

然而，真相刚刚相反。儿童的智力、道德结构和我们的并不一样；结果，新的教育方法努力按照儿童的心理结构及其发展的各个阶段，用可以为不同年龄的儿童所能同化的形式，把教材教给儿童。至于心理的机能，事实上，儿童和成人是完全相同的；像成人一样，他们是能动的动物，他们的动作是受兴趣和需要的规律所支配的，如果不依靠这种活动的自动的动力，这种行动就不能充分发挥它的作用。正像蝌蚪早已在呼吸，虽然它的器官不同于青蛙的器官，同样，儿童也像成人一样动作，不过他们所使用的心理结构是随着心理发展阶段的不同而不同的。

那么，儿童期是什么呢？我们怎样使我们的教育方法适应于这些既像我们而同时又不像我们的儿童呢？根据新学校理论家的看法，儿童期并不一定是一种缺点，从生物学的观点来看，它是一个有用的阶段，它的意义在于渐进地适应自然环境和社会环境。

不过，适应乃是在同化与顺应这两个不可分离的机制之间的一种平衡状态。这种平衡状态是经历了整个儿童期和青少年期而完成的，它并且规定了与这些生存时期相适应的结构的组成。例如，我们说，当有机体能够通过同化从外在环境所取得的营养来维持它的结构，同时也使它的结构去顺应那个环境所具有的各种不同的特点时，我们就可以说，这个有机体很好地适应了它的环境。生物的适应就在于把环境同化于有机体和有机体顺应于环境之间的一种平衡状态。同样我们可以说，当思维成功地把现实同化于它本身的结构，同时这个结构又顺应于现实所出现的新的环境时，思维便很合适地适应特定的现实了。因此，智力的适应就是在把经验同化于推论的结构之中和使这些结构顺应于经验的论据之间达到平衡的过程。一般来讲，适应以主体与客体之间一种交互作用为条件，因而主体能够把客体吸收到主体中来，同时又考虑到客体的特点；同化作用与顺应作用越是更加分化，越是相互补充，适应就越彻底。

因此，儿童期的特性是：它必须从主体与客体混沌不分化的状态出发，通过一系列独特的练习或行为，通过不断构成结构的活动，去求得这种平衡状态。事实上，儿童在心理发展的开始，就受两种方向相反的倾向牵引着，当这两种倾向彼此还没有获得平衡时，它们彼此之间还不是互相协调的，并且还未充分分化。一方面，儿童得把他们的感觉运动的或智力的器官顺应于外在现实，顺应于事物的各种特性，儿童得学习所有这一切。当这种继续的顺应过程——主体的运动足以作用于客体的特征时，便扩展成为模仿，就构成了儿童动作的最初需要。但是另一方面，为了使活动顺应于事物的特性，儿童就必须同化它们，而且从真实的意义来讲，儿童必须使自己结合到事物之中。对于这一事实，除了新学校的实践家和理论家以外，一般还很少为人们所理解。在心理活动的开始，儿童对于东西并不发生兴趣，除非它们激起儿童的活动，而这个继续把外在世界同化于自我的过程，虽然和顺应本身的方向是相反的，但和顺应的过程在最早阶段上是融合在一起的，以至儿童最初在他的活动和外在现实之间，在主体与客体之间不能建立任何明显的界限。

不论它们看起来多么具有理论的性质，这些想法对学校来说都是根本性的。最纯粹形式的同化作用，就是说，当它还没有和顺应于现实的过程取得平衡的时候，实际上就是游戏，而游戏是幼儿特有活动中的一种活动；这种游戏活动在教育幼儿的新方法中已经加以运用。如果我们不把游戏和儿童的整个心理生活及其在智力上的应用联系起来，说明这种功能的重要性，那么，为什么在教育方法中要运用游戏就无法得到解释。

游戏

游戏是传统学校忽视的行为的一个典型事例，因为游戏似乎在功能上没有什么意义。对当前教育学来说，游戏只是一种娱乐或由于精力过剩的一种精神发泄。但是，这种过于简单的看法不能解释幼年儿童赋予他们的游戏的重要性，尤其不能解释儿童游戏所具有的不变的形式，例如，象征性与虚构性。

在研究了动物的游戏之后，格鲁斯对游戏得出了一个完全不同的想法。根据这个想法，游戏是对有机体身体的发展有益的一种准备练习。正像动物的游戏乃是练习它的精确本能，如战斗的或猎捕的本能一样，当儿童游戏的时候，他们也是在发展自己的知觉、自己的智力、自己要进行试验的倾向、自己的社会本能等等。这就是游戏之所以是幼儿学习中如此强有力的一个杠杆的原因，因而每当人们能够成功地把儿童的阅读、算术或拼法的基础知识的传授转变成为游戏时，人们就会看到，儿童会热衷于通常视为劳役的这些工作。

然而，格鲁斯的解释只是一种机能上的简单描述。只有当这种解释为同化这个概念所加强时，它才充分地获得它的意义。例如，在头一年里，儿童有适应行为，在这种行为中，儿童力图抓住他所看到的东西，从事摇晃、抖动、摩擦等等。除此之外，我们很容易观察到简单练习的行为，其特征是儿童对活动的对象本身并没有任何兴趣，而只是把它们作为功能粮食同化到这种活动形式本身之中。应在这样的情况下寻找游戏的起点，即在这种情况下，行为是发生作用——这和功能上的同化作用的普遍法则是一致的，而这种行为所涉及的客体对儿童来讲仅仅是有利于这种练习，而不再有别的意义了。在儿童的感觉运动的根源上，游戏只是单纯地把现实同化到自我之中。这要从两种意义上去理解：在生物学的意义上，这是一种功能上的同化，说明这些游戏的练习确实发展了器官和行为；而在心理学的意义上，它把事物吸收到活动本身之中去了。

至于高级的游戏和象征性的想象游戏，无疑，格鲁斯就不能解释了，因为虚构远不只是某些特殊本能的事先练习。玩玩偶不仅有利于发展母性本能，而且系统地再现了儿童曾经体验过但还没有加以同化的整个现实，所以能根据需要变化它们，使之重新出现。在这方面，象征性的游戏仍可解释为把现实同化于自我。它是纯粹形式下的个人的思维。在它的内容方面，它是自我的开展和欲望的实现，而不同于社会化的理性思维，社会化的理性思维使自我适应于现实并表达共同的真理；在它的结构方面，游戏中使用的符号对于个人，正像言语标志对于社会一样。

因此，从感觉运动练习与符号这两种主要的形式来看，游戏乃是把现实同化于活动本身，给活动提供必需的粮食并根据自我的多种需要改变着现实。这就是幼儿教育的活动法之所以要求为儿童提供适当的设备的缘故，因而，儿童就可以在游戏中同化这些理智现实。没有这些设备，它们就处在幼儿智力之外。

虽然同化对于适应来讲是必要的，但它仅构成适应的一个方面。儿童期应达到的完全适应乃是在同化与顺应之间不断进行综合的过程中实现的。这就是幼儿的游戏，在其本身内在的发展历程中，之所以逐渐转变成为适应的建构的缘故，这种适应的建构要求日益增多的实际工作，因而在活动学校的幼儿班里面，我们可以观察到游戏与工作之间以各种方式自发地交换进行。但是，首先从儿童生存的最初几个月开始，同化与顺应之间的综合总是通过智力本身的作用进行的，而智力的综合工作随着年龄的增长而增加，而且现在是充分强调智力真实活动的时候了，因为新教育就是建立在这个概念上的。

智力

对经典心理学来说，智力或者被认为是一次就具有的、能认识现实的一种能力，或者是在物体的强制下获得的一种机械的联想系统。我们曾经说过，从这里，旧教育学认为接受与充实记忆很重要。相反，今天最先进的实验心理学认识到，存在一种超越联想与习惯的具有真正活动的智力，并不仅仅是认识的能力。

有些人认为，这种活动是由尝试与错误所组成的，开始是实践性的和外在的，然后内化而形成一种假设的心理建构和在再现本身引导下的一种探究的活动（克拉帕雷德）。有人认为，这种活动包含一种知觉场的不断重新组织和一种创造性的结构活动（苛勒等人）。但所有这些心理学家都同意，智力开始是实践性质的或感觉运动性质的，然后逐渐内化成为严格意义上的思维，并且也认识到智力活动乃是一个连续建构的过程。

对1岁儿童智力起源的研究表明，智力的作用既不是采取尝试错误的方式，也不是采取内部生长的纯结构化的方式，而是一种结构化的活动，这种活动同时既包含主体的加工形式，也包含把这种形式不断和经验材料相协调的作用。换言之，智力乃是一种最高形式的适应，乃是在把外物不断同化于活动本身和把这种同化图式顺应于事物本身之间的一种平衡状态。

因此，儿童在实践智力的阶段上对于各种现象（如空间关系、因果关系等）并不理解，除非把这种种现象同化于他们运动性的活动之中，但是反过来又把这些同化的图式顺应于外在事实的细节。同样，儿童思维的早期阶段表现出经常把事物同化于主体的动作，同时又把这些图式系统地顺应于他们的经验。于是，随着同化越来越密切地和顺应结合在一起，同化便归结为推理活动本身，而顺应则归结为实验活动。这两者的结合，就变成了理性所特有的在推理与经验之间不可分割的关系了。

按这种想法，幼儿智力和成人智力一样，不能单纯用接受的教育方法去处理。所有智力都是一种适应，所有的适应都意味着把事物同化到心理之中，相辅相成的顺应过程也一样。所以，所有智力的工作都建立在一种兴趣之上。

实际上，兴趣就是同化作用的动力方面。正像杜威十分深刻地指出的那样，当自我和观念或对象合而为一的时候，当自我把观念或对象当作表达的手段，并且它们又变成了激起自我活动的必要因素时，便出现了真正的兴趣。在活动学校要求学生的努力应该出自学生自己而不是外力强迫的情况下，在要求他的智力从事真正的活动而不是接受外来现成的知识的情况下，这只是要求尊重整个智力的规律。甚至就成人而论，智力不能有效地发挥作用，不能为整个个性提供努力的机会，除非对象已经同化于个性而不停留在外边。

就儿童而论，这一点尤为真实，因为在儿童中，同化于自我并非一开始就和顺应于事物处于平衡状态，随着严格意义的适应，还需要一个连续的游戏练习的过程。

所以，支配着成人智力作用的兴趣规律，对儿童则更不必说了。儿童的兴趣并不是与我们的兴趣一样协调和统一的，因而和我们比较起来，就更加没有把工作从外边强加于心理的可能性。所以，克拉帕雷德便提出了功能上自主的规律，即“在发展的每一时刻，动物构成了一个功能上的整体，也就是说，它的反应能量是适应于它的需要的”(《功能教育》)。

正如我们已经看到的，虽然心理的功能作用在一切年龄段都是一样的，但是特殊的心理结构是变化的。心理实在也和有机体一样，基本的功能是恒常不变的，但这些功能可以由不同的器官去实现。而且，虽然新教育要求我们从儿童工作的功能条件的观点，把儿童看作一个自主的人，但另外它也要求我们应该从结构的观点来考虑儿童的心理。这是新教育的第二个令人注目的创见。

实际上，传统的教育理论总是把儿童当作小大人，说他们和我们一样地推理，有一样的情感，只是缺乏知识和经验。因此，既然儿童只是无知的成人，那么教育工作者的任务就不是培养思维而只是灌输知识，认为从外边提供的材料就足以使心智得到训练了。但是，当我们从结构变化不同的假设出发时，问题就十分不同了。如果儿童的思维在性质上和我们的不同，教育的主要目的就是要形成儿童智力的与道德的推理能力。而且，既然那种力量不能从外边去形成，那么问题就在于找到最合适的环境与方法去帮助儿童自己构成他的力量。换言之，在智力的方面能达到协调与客观，而在道德方面则达到互利。

所以，了解儿童思维的结构以及儿童与成人心智之间的关系，这对于新学校来讲具有根本的重要性。所有活动学校的创始人对于儿童心理学的特殊论点，对于儿童与成人在结构上的差别，都有过总的直觉或正确的知识。卢梭曾肯定每个年龄都有它自己的思维方式，但是他的这个概念并未变成肯定的理论，一直到 20 世纪的心理学，由于对儿童本身的研究，并且部分地也由于比较心理学与社会学的一些见解，才变成一种肯定的理论。因此，在美国，一方面由于霍尔及其学派，另一方面由于杜威及其合作者［如金(I. King) 等人］研究的结果，鲍德温这位深刻的理论家才能建立“发生逻辑学”的纲要（可惜是以一种不充足的实验的方式进行的)。现在这门学科的这个观点本身就有充分的意义，它表明，与 19 世纪实证主义者与唯理论者的信念相反，我们已经多么习惯于认为：理性经过了其结构本身的发展，它在儿童期所经历的这个过程乃是一个真正的建构过程。在欧洲，德可乐利与克拉帕雷德关于儿童知觉的研究工作，斯腾（Stern）关于幼儿语言的工作，格鲁斯关于游戏的工作，以及其他从某些原始心理的著名研究和弗洛伊德对于象征思维的分析中所派生出来的理论，最后都归结到类似的见解。而且在我看来，有必要在这里简要地讨论这个问题，因为它对新教育方法所做的判断具有很大的影响。

成人逻辑，儿童逻辑

就智育而论，关键问题就是儿童逻辑的问题。

如果儿童的推理方式和我们的一样，那么传统学校用向成人讲课的同样方法把教材教给儿童，就是正确的了。但是，我们只要一个年龄一个年龄地分析一下小学教算术或几何的结果，从一开始就可以看出成人的理论（即使是基本的）和十一二岁以下儿童对它的理解之间存在着巨大的距离。

第一个强调指出的差别是关于真知的或反省的智力与实践的、感觉运动的智力之间的关系上的差别。这个差别本身就足以说明活动学校的努力是有道理的。当心理发展达到足够高的水平时，人们就把实践看作是对理论的应用。因此，我们的工业长时间以来已超过经验的阶段，每天都从科学的应用中得到好处。同样，就正常的个人而论，实践智力问题的解决或者来自理论的清晰再现，或者来自经验的探索，而在这个探索过程中，不难不断找到过去经过思考认识的影响。这就是传统教学偏重于理论原则的缘故。例如，在练习说话之前先教儿童语法，在解答问题之前先教计算规则，等等。

然而，在所有语言之前，从而在有任何概念的或反省的思维之前，婴儿就已发展了一种感觉运动的或实践的智力，它能独自在征服现实的道路上前进，走得如此之远，以至构成了关于空间与客体、因果与时间的主要部分。总之，它已能在动作的水平上组成一个坚实的和连贯的整体宇宙（皮亚杰：《儿童智慧的起源》与《儿童的现实建构》）。甚至儿童到了学龄时期，还可找到实践智力作为概念智力的一个基础，而且这种实践智力的机制看起来是独立于概念智力的，并且完全是原始的［雷伊（André Rey）：《儿童的实践智力》］。

在细节上，这两类智力之间的关系还没有弄清楚，但是我们能够肯定地说，对幼儿来说，实践智力先于反省智力，在很大程度上，反省智力是有意识地去掌握实践智力所取得的结果的。至少我们能够断言，如果反省智力的建构不是坚实地建筑在实践智力的基础之上，它就不能在其本身的符号和概念的水平上创造新的东西。

例如，在儿童自发的物理领域中，儿童在能解释现象之前，就能预测它们的来临（在掌握因果关系之前，儿童就能用实践智力知道规律的存在，这就必然导致反省智力），但正确的解释在于逐渐地意识到指导过这种预测的动机（皮亚杰：《儿童的物理因果关系》）。

总之，我们因而觉察到，儿童的实践适应并不是概念认识的应用，相反，是认识本身的第一阶段，并且是以后一切反省认识的必要条件。

这就是教育儿童的活动方法在算术与几何学这类抽象学科的教

学中，之所以比其他方法较为成功的道理。可以说，当儿童在通过思维认识数目和平面之前，事先已经玩弄过这些数目和平面的时候，儿童后来从这些玩弄过的数目和平面中获得的概念，乃是真正意识到已经熟悉的动作图式，而不是像通常的方法那样，从一种口头的概念中，再加上一些形式上的练习。那既是无趣的，又没有经过经验的基础。所以，实践智力乃是活动教育所依赖的一个心理学上的主要论据。但是为了避免误解，我们应该附带地指出，这里所用的“活动”一词是具有特殊意义的。如克拉帕雷德已经说过的一样（《功能教育》，第 205 页），“活动”一词是含糊不清的，它既可以从功能的意义上讲，指建立在兴趣上的行为，也可以从执行的意义上讲，指某种外在的运动性质的操作。然而，作为各级活动学校特征的活动，是属于第一种活动（因为从第一种意义上来讲，即使在纯思维中一个人也在活动），而第二种活动只有在婴儿时期才是特别必要的，但随着年龄的增长，其重要性逐渐降低。

然而，实践的或感觉运动的智力和反省的智力之间的关系的这种反向，远不是儿童思维与我们成人思维在结构上的唯一差别。在概念的领域里面，从教育实践的角度上看，也有几个同等重要的显著特点值得我们注意。这些特点在思维的逻辑结构中至少有三个主要的方面：形式的原理、类或概念的结构、关系的结构。

就这三方面而论，我们可以从一件观察到的事实开始讨论，即在 10 岁或 11 岁以前，儿童不能有任何类型的形式推理，也就是说，不能只根据假定的论据而不根据观察到的事实进行推理（皮亚杰：《儿童的判断与推理》）。

例如，儿童对通常的数学问题感到的困难之一就是，坚持问题的各个项目而不求助于个人经验的具体记忆。一般来讲，儿童在约 10 岁以前不可能理解数学真理的假言演绎及非经验的性质。另外，令人惊异的是，经典的教育学在这个领域内却把希腊人经过几百年在算术与几何方面经过伟大的斗争所达到的一种推理方式强加于学生。另外，我们对于纯粹语言的推理所进行的分析也证明，10 岁或 11 岁以前的儿童的形式推理也有同样的困难。因此，我们似乎有理由扪心自问，儿童是否仅仅没有和我们一样的同一性原则、非矛盾的原则、演绎的原则等，并像勒维-布鲁尔（Lévy-Bruhl）研究未开化民族时那样对他的对象提出同样的问题。

我们的回答似乎应该考虑上述功能与结构之间的区别。无可置疑，从功能的观点来看，儿童已力求达到一致性。这是一切思维的情况，而且儿童的思维和我们的一样，服从同样的功能的规律。但是，儿童所满意的思维一致的形式和我们的并不一样——如果是有关那种特殊结构所必需的明确概念，那么思维就要具有形式上的一致性，而这一方面我们可以说它不是一下子就能达到的。在我们看来，儿童经常的推理方式是自相矛盾的。

这就引导我们考虑儿童的类或概念的系统了。为了对学生发生作用，传统教育几乎只是利用语言，这就是说，儿童像我们一样构成他的概念，因而在教师和学生的概念之间便产生了一种词对词的对应现象。然而，这种咬文嚼字，这种可悲的教学现实——这种缺乏真实意义而由一连串的字词松懈地连接在一起的假概念的增加，就足以表明，这种方法发挥作用是有困难的，而且也成了活动学校反对被动接受的学校的根本理由之一。

这种事情是容易理解的。成人的概念是用理智的语言表达出来的，而且是由口头叙述和辩论的专家制定的。这种概念构成了心理的工具，主要用来一方面把已获得的知识整理成体系，另一方面用来促进个人之间的交际和思想交流。然而，在儿童时期，实践智力仍然比反省智力大大地占优势，探究活动超过已形成的知识，而且，尤其儿童的思想是长时期不能交际的，比不上我们的思想那样社会化。所以，从儿童的观点出发，儿童的概念的起源依赖于感觉运动图式，而且在很多年内受这种把现实同化于自我的过程的支配，而不是受社会化的思想的推论规则所支配。因此，概念的形成是由于合并式的同化作用而不是由于逻辑的概括。如果我们试图要求10岁或11岁前的儿童从事逻辑学家称作逻辑的加法和乘法的这种概念组成的运算的实验，我们将发现，受试者从事这些运算时经常要遇到困难。另外，对儿童言语理解的分析也显示出德可乐利和克拉帕雷德在知觉领域内所观察到的同样的那种整体与综合的合并过程。总之，儿童长期不知道界限清楚的概念的等级系统，长期不知道明确的包含和选择的关系。因为这种既没有概括又没有真正必然性的没有规律的演绎，所以儿童不能一下子就达到形式与推理的协调，这是斯腾称作的转导推理。①

至于逻辑学家称作的“关系逻辑”，在这方面儿童的思维和形式推理之间的差别就更加突出了。

据我们所知，除叙述判断之外，还存在一些判断，它们之间所包括的各项并不是互相包含的，这种关系系统比概念系统更要根本一些，因为关系系统是用来构成概念系统的。

然而就儿童而言，在发生的顺序上，关系看来是比较原始的，关系早在感觉运动阶段就发生作用了，但是在反省智力阶段，有很长一段时间难以运用这些关系。实际上，个人思维一开始是从他自己的观点来判断所有事物的——一开始是把后来认知为相对的东西看作具有绝对的特征。给几个幼儿三个样子相同的盒子，其中第一个轻于第二个而重于第三个，然后问他们哪一个最重。儿童经常是这样推理的：头两个都是轻的，而第一个和第三个是重的，所以第三个最重，第二个最轻。

儿童的思维像我们的思维一样发挥作用，并表现出一致性、归类、解释、关系上的排列等同样特殊的功能，但是执行这些功能的特殊逻辑结构是可以发展和变化的。所以，新学校的实践家和理论家认为，有必要按照不同于成人思维的规律把教材教给儿童，成人

① 或译为误推，从个别到个别，没有归纳或演绎的推理。——译者注

的推论与分析的思维总是强调规律清楚与简单。我们可以找到很多事例，特别是在德可乐利的方法中，这种方法是建立在概括或混合的概念之上的。

智力发展的阶段

这里提出一个根本的问题，关于心理发展的机制本身的问题。让我们假定，儿童思维的结构变化是按照一种不变的连续的顺序和不变的年龄顺序由内部决定的，每一阶段在确定的时刻到来，并在儿童的生活中占有一个明确的时期。总之，个体思维的发展可与服从严格的遗传规律的胚胎发展相比。这在教育上的后果是不可估计的。教师试图加速学生的发展，这只是浪费时间和精力。问题只在于发现符合每个阶段的知识，并用有关阶段的心理结构所能同化的方式教给学生。

反之，如果推理作用的发展仅仅依靠个体的经验和自然环境与社会环境所施加的影响，那么，学校虽然仍要考虑最初意识的结构，但能很好地加速这种发展，缩短这些阶段，在尽可能短的时间内使儿童变为成人。

关于心理发展的机制，曾提出过各种意见，不过每种意见都没有在教育上得到持久的应用。这显然是因为学校生活是一个系统的实验，它使得人们有可能研究环境对心理成长的影响，从而也有可能抛弃过于轻率的解释。

例如，有人曾经认为，儿童的心理发展是受遗传所决定的一连串连续的阶段，并且符合人类历史的各个时期。这样，霍尔在19世纪末期流行的某种生物学的见解的影响之下——假定一种个体与种族平行发展的理论或从遗传中获得特性的假设，把儿童游戏的演化解释为祖先活动的有规律的重演。这种理论曾影响几位教育家，但未产生任何值得注意的应用；从心理学的观点看来，也没有留下什么东西。美国近来对于游戏的继承与年龄的关系所进行的研究表明，美国的儿童越来越不关心祖先的活动，而日益从当代环境所提供的情景中获得游戏的启发［柯蒂夫人（Mrs. Curti）：《儿童心理学》］。

相反，有一种观点认为，智力的发展在相当大的程度上是由于内部的成熟，与外界环境无关。它正在获得人们的支持。在有关的神经中枢成熟以前，要学习行走，需要长时期的练习；但在最适当的时刻之前，通过各种尝试阻止婴儿走路，而到了最适当的时刻，儿童几乎立刻就获得了走路的能力。同样，格塞尔（Gesell）关于孪生子的研究，彪勒（Bühler）用阿尔巴尼亚婴儿所做的实验工作，即把婴儿包在襁褓之中很久，一旦从束缚中解放出来，他们就快速发展，这些事实表明，即使所习得的东西最明显地受个体经验与外部环境影响，神经系统的成熟仍然起着根本的作用。的确，彪勒甚至承认，她所建立起来的心理发展阶段乃是一些必须经过的阶段，而且也是和不变化的年龄相符合的。现在不是辩论这种见解是否有所夸张的时候，因为据我们所知，它并没有在教育上得到任何系统的应用。

另外，有些人认为，儿童智力的发展只是由于经验。按照英国经验主义方面的一位著名的继承者艾萨克斯夫人（Mrs. Isaacs）的意见（《幼儿智力的发展》），儿童遗传的心理结构只是把现实的教训记录下来，或者宁可说（因为即使经验主义今天也相信心理的能动性）儿童受自己固有的倾向的驱使而不断组织经验，并保留其结果以备日后之用。

这里不打算论证从心理学的观点看，这样一种经验主义在多大程度上仍然包含随着年龄的增长而发展的同化结构这样一个概念。我们仅指出，在教育的应用上，这个学说达到的乐观程度和那种主张发展完全受内在成熟的因素所决定的学说没有什么不同。事实上，在剑桥的马尔廷·豪斯（Malting House）小学里，艾萨克斯夫人和她的同事们根据妨碍儿童工作的是成人的教诲及其笨拙这样一种观点，已完全克服了成人的一切干预。他们只给学生提供真正的实验设备，以便让学生自己组织他们的实验。从 3 岁到 8 岁的儿童有尽可能多的原料与工具供自己自由支配：试管、烧杯、酒精灯等等。此外，不用说还有自然史的全部设备。结果是有兴趣的，即使年龄最小的儿童，在这样一种适宜于研究的环境里，也不是消极被动的，而是沉湎于各种操作，他们对此显然具有强烈的兴趣；当他们单个地或共同地进行观察的时候，真正学会了观察和在观察中推理。但我参观的这所令人惊奇的实验学校给予我们的印象是双重的。一方面，即使这些非常有利的条件，也还不足以抹掉儿童心理结构的不同特点，仅足以加速其发展；另一方面，有些来自成人的系统对于学生也许不完全是有害的。不用说，为了求得结论，应该把实验进行到中学结束，但是，结果很可能证明：远非这些教育家所希望的，为了给科学实验一种意义，还需要一种理性的、演绎的活动，并且为了培养儿童的这种推理的活动，需要有一种周围的社会结构，不仅要求有儿童之间的合作，也要求有儿童和成人之间的合作。

至于这些新的教育方法，它们已经取得了最持久的成功，并且无疑地奠定了明日的活动学校的基础，它们在一定程度上都受到了一种中庸之道的启示：一方面承认结构的成熟，另一方面也承认经验以及社会与自然环境的影响。和否认第一个因素的存在、一开始就把儿童和成人等同起来的传统学校相反，这些新方法考虑到心理发展的阶段；但是与那些建立在纯遗传成熟的观点上的理论相反，这些方法又相信这种发展有受到影响的可能性。

阶段在教育学中的价值

怎样用学校的观点来解释智力发展的规律和阶段呢？让我们以儿童因果关系的发展为例吧（皮亚杰：《儿童关于世界的概念》和《儿童的因果概念》）。

当我们问不同年龄的儿童关于他们自发地感兴趣的主要自然现象时，所得的回答随所询问的儿童的年龄不同而大不相同。我们在很小的儿童中发现的各种概念，随年龄的增长而大大减少了其重要性：事物都是有生命的和有意向的，它们能够自己运动，而这种运动既是为了保证世界和谐，又是为人类服务。在年龄大的儿童中，除了前一个阶段遗留下的少数痕迹外，我们见到的东西就和成人对秩序与因果关系的描述不再有什么差别了。在这两个极端之间，相反在 8 岁到 11 岁，我们发现许多介于幼小儿童的人为的泛灵论与年龄大的儿童的机械论之间的中间解释形式。这种情况的一个特殊事例就是一种相当系统的动力论，它的表现使人想起亚里士多德的物理学，它把儿童的原始物理学加以引申，为更加理性的联系做准备。

这样一些回答的发展证明了思维的结构似乎是随着年龄的增长而转变的。当然，人们在各处并没有找到一样的结果，而这些回答的不一致本身必须仔细记录下来，以供对这一过程做出最后解释。但是，如果我们大体上把幼小儿童的反应和年龄较大的儿童的反应做比较，我们就不能不承认成熟的存在。科学的因果关系不是天生的，而是一点一滴建构而成的，在这个建构的过程中，除了心理要适应事物外，还必须纠正思维的最初的自我中心状态（即上面讨论过的那种把事物同化于自我）。

不过，从这种一般的观察到接受那种有年龄限度和以持久的思想内容为特征的固定阶段的观点，的确是一条漫长的道路。

首先，即使在我们的研究中包括了大量的儿童，我们所得到的特有年龄也只是一种平均年龄，因此，各时期的连续顺序虽然总的来讲是正确的，但并不排除伸缩性，甚至还有个别短暂的后退现象。其次，当人们从一个特殊的测验过渡到另一个测验时，还存在各种差异：就某一特殊的因果关系问题来讲，一个儿童是属于某一特殊年龄阶段的，但在某个相邻的因果关系问题上，他很可能已经进入下一阶段了。正像在科学中一样，一个新的概念可能在一个领域内出现，而在若干年内却没有渗透到其他的科学中去。同样，一种个别的行为或一个新近的概念并不是一开始就泛化了的，而每个问题都有它本身的困难。这种外延上的差异，如果可以这样表述的话，也许就不可能建立普遍适用的阶段，除了出生后的头两三年以外。再次，可以这样说，还有理解上的差异：在成为一种意识到的或反省的对象之前很久，同样的一个概念就能够在感觉运动或实践的水平上出现（如上述的关系逻辑）；动作和思维的不同水平没有同步性，这使阶段的情景更加复杂了。最后，特别是（不可能不强调这一点）每个发展阶段并不是以一种固定的思想内容为其特征的，而是以某种能力、某种潜在的活动为其特征的，根据儿童生活的环境，它们可以达到这样或那样的结果。

在这里我们触及一个重要问题，不仅对新教育和心理教育学，而且对一般的儿童心理学都是重要的。它所引起的困难和发生生物学的困难是类似的。

众所周知，在动植物的变异中，在把遗传型或内源遗传变异与表现型或有关环境的非遗传的变异之间的区别弄清楚之前，关于遗传的许多问题都始终是模糊不清的。目前，我们直接测量的只是属于表现型方面，有机体总是生活在某种环境之中的，而遗传型只是属于同一纯种的一切表现型所共有的不变因素。这个不变因素虽然是经过了一种智力的抽象，事实上却正是能够了解变异机制本身的东西。同样，在心理学中，儿童的思维（也和成人的思维一样）本身不能离开环境而为我们所掌握。

某一阶段的儿童，根据他们的家庭或学校环境，根据是谁向他们提问，将做出不同的工作成果，并对类似的问题做出不同的答复。因此，从实验里我们只能得到各种心理的表现型，要把某种共同的反应看作某一年龄阶段的绝对特征或永恒不变的内容，则总是一种错误。但是，如果我们把同一年龄组的儿童在不同的环境中的回答和另一年龄组的儿童在相同的环境中的回答进行比较，显然就能够确定出他们的共同特点，而且，这些一般性的特征正是区分各个不同年龄阶段的潜在活动的指标。

虽然我们现在还不能肯定地把心理结构的成熟的作用和儿童个人的经验或自然与社会环境对他们所发生的影响的作用之间的界限固定下来，但是，看来我们应当承认这两个因素都是经常起作用的，发展是这两个因素不断地相互作用的结果。从学校的角度看，这意味着，一方面我们必须承认有一个心理发展过程的存在，一切智力的养料并不是所有年龄阶段的儿童都能够吸收的，我们应该考虑到每个阶段的特殊兴趣和需要；另一方面，这也意味着，环境在心理发展中能够起着决定性的作用，在年龄与思想内容方面，阶段的进展并不是固定不变的，所以良好的方法可以增进学生的效率，乃至加速他们的心理成长而无所损害。

儿童的社会生活

环境对发展的影响问题，以及各个不同阶段所特有的反应，总是既与特殊的环境有关，也与心灵的机能成熟有关。这个事实正引导我们在接近结束这个简要的陈述时，来考察一下儿童期所特有的社会关系在心理教育学上的问题。这是最能说明新学校与传统学校对立的一点。

传统的学校只有一种类型的社会关系——教师对学生所起的作用。无疑，同一班级里的儿童，不论所采用的工作方法是什么，总能构成一个真正的集体，而且学校总是赞同在这样的社会里所建立起来的同伴关系、互助与公正的规则的。但是，在儿童之间的这种社会生活，除了运动与游戏时间外，从未在教室内实现过。误称为集体的练习实际上只是在同一个地方各个人并行从事的工作罢了。所以，教师对学生所起的作用就是一切了。既然教师既具有智力上的权威，又具有道德上的权威，而学生只有服从教师的义务，那么，这种社会关系就产生了社会学家所称的约束的非常典型的事例。不用说，这种约束的强制性只有在学生不服从的情况下才显示出来，而在这种约束正常发生作用时，它可能是温和的、易为学生所接受的。

相反，新的教育方法一开始就给儿童之间的社会生活一种主要的地位。早在杜威和德可乐利最初的实验中，儿童之间就是自由地工作的，在智力的探究中和道德纪律的建立中，就是互相协作的。这种集体工作和这种自治在活动学校实践中已成为主要的东西了。讨论一下由这种儿童的社交生活所产生的问题将是有价值的。

从遗传行为的观点来看，因为这是和有机体的心理生物的结构相联系的，所以，涂尔干（Durkheim）说社会是在个体内部的，也就是说，个体具有社会本能，几乎从出生的第一天起就具有社会性。在出生的第二个月，婴儿就对人微笑，试图与人接触。我们都知道，婴儿在这一点上已经有了什么样的需求，多么需要伴侣，似乎不习惯于规定的单独活动时间。与这些内在的社会倾向同时存在的，还有外在的社会，即在儿童之间从外面建立起来的关系的总和：语言、知识的交流和道德法律行为。总之，那些代代相传并构成人类社会的主要东西，不同于建立在本能上的动物社会的一切东西。

然而，从这个观点来看，尽管儿童一开始就具有同情与模仿的本性，儿童总是要学习一切的。实际上，儿童从一个单纯的个体状态开始——在出生的头几个月里完全没有和别人交往的可能，要经历一个继续前进的社会化过程，这个过程是没有终止的。儿童一开始既不懂得规则，也不认识符号，而要通过一个逐渐适应的过程，把别人同化于自我，又使自我顺应于别人。这样，就能够掌握外在社会的两个基本性质了，即以言语为基础的彼此理解和以互惠准则为基础的共同纪律。

因此，从这个观点来看（虽然仅仅从这个外部社会的观点来看），我们可以说，儿童是从不自觉的自我中心的最初状态出发前进的，是与其尚未和集体分化出来的状态互相关联的。

一方面，幼儿实际上不仅试图接触别人（这是从第一年的下半年开始的），而且还不断模仿别人，而这就证明了在这方面他具有高度的感受性。这就是上述顺应观点在社会方面的表现，而在自然界方面，它就相当于现象学派①所接受的经验的外向方面。但是，另一方面，儿童也同样不断地把别人同化于自己，这就是说，由于儿童对于别人的行为和动机还做不到由表及里地深入了解，他除了把一切都变成他自己的观点并把自己的思想和愿望投射到别人的身上以外，就不能了解别人了。由于儿童还没有掌握交换意见或互相理解的社交工具，也没有懂得使他自己服从互惠的纪律，十分明显，儿童只能相信自己是社会与自然的中心，以及通过自我中心的同化作用把一切同化于自己并判断一切。相反，当儿童逐渐能够像了解自己一样了解别人，并使其意志与思想服从于各种规则，而这些规则的一致性足以使这种艰巨的客观性成为可能的时候，他就既能够成功地从自身中摆脱出来，又能够意识到自己，就是说，能够从外边使他自己置于别人之中，同时又能发现他自己的个性和别人的个性。

总之，儿童的社会发展是从自我中心状态到互相作用，从不自觉地把外界同化到自我到互相理解，导致个性的形成，从整个混沌的未分化状态到建立在有纪律组织上的分化状态。

最初自我中心状态的作用

让我们首先考察最初的自我中心状态的作用。它们是首先在幼儿的行为中被注意到的东西。

---

① 现象学是哲学上主观唯心主义的流派。在该派学者看来，人类只能认识事物的现象，真实的存在和事物的本质都是不可认识的。——译者注

在游戏中，在让儿童单独地或共同地自由活动的学校里，幼儿表现出一种很有特点的行为。他们喜欢集中在一块儿，而且常常寻求两三人为一组，但是，即使如此，他们一般并不试图彼此协作，每个人单独行动，有时互相同化，有时也不互相同化。

例如，在像打弹子的集体游戏中，甚至迟至五六岁的时候，每个儿童还是按照他自己的方式使用规则，而且同时每个人都打赢了。在象征性的游戏或建筑游戏中，甚至混合着接触、粗浅的模仿和无意识的孤独。这就是集体工作的方法用到很小的儿童身上总是失败的原因。

在这种情境中，儿童的语言往往也是重要的。在日内瓦的幼儿之家里，在 3 岁到 6 岁的儿童中，我们观察到大量的集体独白，每个儿童都为自己而讲话，而不真正听别人讲话（皮亚杰：《儿童的语言与思维》）。在别的环境中，则很少观察到这种自我中心的语言，或者相对地来讲，没有这种表现［德拉克鲁瓦（Delacroix）：《儿童的语言》］。但是，我相信，幼童的自言自语或集体独白构成了一个阶段的这种表现型特征的典型。这就是说，它们不仅和儿童有关，也和儿童活动的环境有关。一方面，这种种现象实际上只能在七八岁以下的儿童中观察得到，而在年龄较大的儿童中就没有观察到，这就足以证明这种特征是早期阶段才特有的；另一方面，这种特征只在一定的环境中才表现出来，它可以随学校或家庭的气氛，也就是说根据成人所施加的影响而缩短或发展。

然而，尤其从智力的观点看，自我中心状态是值得注意并且是具有普遍重要性的一个现象。我们已经看到，这种不断把外界同化于个体的活动的作用对游戏做出了解释。

如果没有这种把现实同化于思想的作用，尤其是象征性的游戏就是不可理解的，因为它既说明了想象特有的愿望怎样在游戏中得到满足，也说明了游戏的象征性结构怎样不同于社会化思想的概念结构与语言结构。因此，游戏是自我中心思想最特殊的典型。从这种思想来看，外在世界就不再有任何客观重要性了，从而变成了完全顺从于自我的兴趣的东西了，仅仅用作自我发展的工具了。如果象征性的游戏只是通过把事物同化于活动本身以求得自由自在地满足个体的思想，那么自我中心状态就在适应过程本身显示出来了。此外，因为适应是一种同化与顺应之间的平衡，而且这种平衡意味着在这两个过程能够相辅相成之前要经过一个长时期的结构化，那么，上述情况就是十分自然的了。

因此，我们在上面描述了作为发展最初阶段心理结构的特征的儿童逻辑的两个方面和自我中心状态是紧密地互相关联的。如果儿童感到难以处理思维水平上的关系，而他的感觉运动活动又已经适应于事物之间的关系，那就是因为相对性包含着观点的相互性，而且因为在个体习惯于通过个体间的交流与合作而互相交流观点以前，个体依然还是他自己的观点的奴隶，自然认为自己的观点是绝对的。此外，如果儿童如此难以构成真正的概念和难以对于类的逻辑进行运算，那是因为讨论与知识交流的推论的必然性，对培养分析的头脑和使心智认识确定的定义与清晰的概念的价值是必不可少的。一般来讲，逻辑的形式的法则是思维的一种品质，而这种品质只有经过合作与合作所包含着的对真理的尊重才能建立起来。

社会化的过程

因此，在一切领域内，儿童停留于自我中心状态，甚至还不适应外在的社会现实，从道德的角度比从智力的角度来看，更容易证实这一点。这种自我中心状态构成了每个儿童心理结构的一个方面。那么，儿童是如何适应社会生活的呢？或者换句话说，这个社会化的过程是怎么样的呢？

在这里，新教育方法的创造性就十分明显了。传统的学校无论在智力方面还是道德方面，把一切社会化的过程都归结为一种约束的机制。活动学校则与此相反，在它的几乎一切成就中，都审慎地区分各自截然不同结果的两种过程，只有十分小心机智，才能使它们互为补充。这两个过程是：成人的约束和儿童之间的合作。

成人所施加的约束，如果是符合儿童心智中十分深刻的倾向的话，就会产生较大的效果。

实际上，儿童对于一般成人，尤其对于其父母体验到一种畏惧和喜爱交集的基本情绪，这就是尊敬；而且，正像波维所指出的（《良心义务的条件》，见《心理学年鉴》，1912 年版），尊敬既不像康德所想的来自法律本身，也不像涂尔干所说的来自个体中所体现出来的社会集体，它是婴儿与周围成人的感情关系中的一个基本事实，并且既说明了儿童的服从，同时也说明了强制性规则的形成。事实上，一个受到儿童尊敬的人，他的命令和教诲使儿童感到的是必须执行的义务。因此，责任感的发生是要用尊敬来解释的，而不能倒过来解释。这充分表明了成人对儿童所起的作用的重要性。

但是，假若从发展的开始，成人就是这样成为一切道德和一切真理的源泉，那么这种情境就难免不发生危害。例如，从智力的观点来看，成人在儿童心目中的威望，就意味着儿童把教师所做出的所有断言都当作无可怀疑的东西而加以接受，也就是说，对权威不必反省思考了。既然儿童的自我中心状态驱使他向往这种不受控制的断言，那么，儿童对于成人的尊敬往往仅以信仰权威代替相信自我，加强了自我中心状态，而不是对它加以纠正——但不会导致那种有助于构成推理能力，并且只有通过合作与真正交换意见才能得到发展的反省思考和批评的讨论。从道德观点看，也存在着同样的危害。有一种道德上的现实主义和这种智力上的顺从的说法是相对应的：行为的好坏要看它是否符合成人的规则。这种主要来自对外部的服从的道德导致了种种曲解。既然这种外部服从的道德不能培养儿童具有个人良心的这种自主性，而只有这种自主性才能构成善良的道德而不是纯粹的义务，那么，它就不能培养儿童去接受当代社会的主要价值。

这说明了新教育学为什么要努力用建立在儿童本身的社会生活上的内在纪律去弥补外来纪律的不足。

因为儿童不仅在他们自己的社会，特别是在他们的集体游戏中，能够使他们自己服从一定的规则——他们对这些规则比对于成人所发出的命令更加自觉地和坚定地加以尊重，而且，每个人都知道，还存在着一整套和他们的教室纪律并行的、多少带有一点儿神秘性的、以“特别的了解”和独特的正义感为根据的互助制度。新方法都倾向于利用这些集体的力量，而不是忽视它们，或容许它们变成敌对的力量。

在这个方面，儿童之间的合作和成人的作用是同样重要的。从智力的观点看，这种合作最利于鼓舞儿童真正交流思想和进行讨论，这就是说，最利于培养批判态度、客观性和推理思考的行为。从道德的观点看，这种合作能使儿童真正执行行为的原则，而不仅是顺从于外在的约束。换言之，通过学生间的有效协作和集体的自觉纪律贯穿在教室里的社会生活，就是我们曾经描述过的新学校所特有的那种活动的理想本身，它是在行动中的道德，正如“活动的”工作就是活动中的智力一样。除此以外，合作有助于形成一整套特殊的价值，如以平等为基础的公平和“有机的”互相依赖。

当然，除了一些极端的事例之外，这种新教育的方法不倾向于减少教师的社会活动，但是要在成人的尊敬与儿童的合作之间求得协调，并尽可能地减少教师的约束，把它转化为高级的合作。

本文译自皮亚杰法文原著：*Psychologie et Pedagogie*，Paris，1969，pp. 197-264。译时参考了本文的英译本（Derek Coltman 译：*Science of Education and the Psychology of the Child*，Grossman，New York，1971）和英译中文本（傅统先译：《教育科学与儿童心理学》，文化教育出版社 1982 年版）。

现实世界中的教育权利①

一、人人都有受教育的权利
二、教育应该是免费的
三、父母有为自己的孩子选择所受教育的优先权
四、教育应该指向人的个性的充分发展，并加强对人权和基本自由的尊重
A. 智育
B. 德育
五、教育应有利于增进一切国家、种族和宗教团体的理解、宽容和友谊，并促进联合国维护和平的活动

联合国表决通过的《人权普遍宣言》第26条条文如下。

1. 人人都有受教育的权利。教育应该是免费的，至少在初等和基础阶段是这样。基础教育将是义务教育，技术和职业教育应该普及，在成绩基础上，人人应有受高等教育的平等机会。

2. 教育应以人的个性的充分发展以及加强对人权和基本自由的尊重为目的。它应促进各个国家、各种民族或宗教集团之间的了解、宽容和友谊，并促进联合国维护和平的活动的开展。

3. 父母有为自己的孩子选择所受教育的优先权。

4. 教育应该指向人的个性的充分发展，并加强对人权和基本自由的尊重。

5. 教育应有利于增进一切国家、种族和宗教团体的理解、宽

① 本文发表于1948年。——译者注

容和友谊，并促进联合国维护和平的活动。

这就展示了社会对教育个体的职责，同时也着重强调了一些教育的社会目标，特别指出把个人的发展和对别人的尊重结合起来的职责。最后提高了父母的作用。我们荣幸受权说明这一文献，并将对上述各种观点依次做出解释。① 本文的作者不是专业的教育家，而是研究人的成长问题的心理学家。这样，作者以最客观的心理学和社会学的研究精神，想强调当前教育的实际状况所引起的问题的紧迫性。

一、人人都有受教育的权利

人类的发展随两种因素而变化：遗传和生物适应因素，这是神经系统和基本心理机制所赖以发展的基础；传递因素或社会的相互影响，它从婴儿时期开始，在发展过程中，在行为和心理生活的形成中，越来越起重要的作用。谈到受教育的一种权利，这就首先要看到社会因素在个体形成本身中的必不可少的作用。

只有一些低等的动物群完全由本能作用所支配，也就是说，遗传的装置仍保留在个体本身内部。在高等动物中，除了本能或貌似先天的行为外，已完善的某些行为需要以模仿和训练的形式的外部社会传递的介入。简言之，受到母亲或父亲的幼年教育。例如，一位中国心理学家已证明，与母猫分开了的小猫的捕猎本能，不如有母猫的激励和榜样强化的同样的行为发展得好。但是，在动物中，家庭生活是短暂的，它所引起的教育的开端仍然是很有限的。在天赋较好的类人猿的黑猩猩中，父母与其幼崽之间的关系几个星期之后就停止了。在头一年之末，五个母亲中只有一个能认出它的子女。

① 我们仅颠倒了第二点（见四和五）及第三点（见三）的顺序。

人类社会和动物社会的根本区别，在于人类的社会条件的主要特点——生产的技术手段，语言及由其组合而可能产生的思想体系，各种道德和法规——这些行为不再由内在的遗传机制所决定，不是早已准备好的，只要与物体和近亲接触就被激发，而是通过一代一代的外部传递，也就是说，是通过教育而获得的，并经过多种分化的社会相互影响而得到发展。例如，自从人类会说话起，没有什么方言是因遗传而固定不变的，而是通过家庭环境对年幼儿童的外部教育作用使之学习他们的语言的，所以，称之为“母语”。无疑，人的神经系统具有获得语言的这种潜能，而类人猿则不具有。而且具有“符号功能”乃是内部倾向的一部分，而不是社会创造的，社会仅加以利用。然而，没有外在的社会传递（就是说，首先是教育的传递），集体语言的延续事实上是不可能的。这样一种事实表明，从一开始这种培养条件的作用虽然是不充足的，但对心理发展是非常需要的，这就是教育。

不过，从两种以后对个人适应环境最重要的逻辑和道德的价值和规范的系统开始，适合于语言（表达集体价值的手段）的，也适合于这些价值本身，并同样适合于它们所决定的法规。长期以来，人们相信逻辑是个人天生的，而且理所当然地是属于从常识上所认为的先于社会生活而存在的“人性”。从这种 17、18 世纪流行（至今一般见解仍如此）的观点出发，人们认为，“逻辑官能”是“天赋”的，甚至和集体生活的人为的产物比起来，是唯一“自然的”。笛卡儿认为，“理性”即逻辑推理官能，是世界上最普遍的东西。卢梭是通过对比天生完美的个人和后来由于社会生活而堕落的个人而建立了他的整个教育学体系的。就是这种观点激发了传统学校的学说：成人是幼年时期就形成了的，即个人的发展只是先天官能的实现，教育的作用被降低为简单的讲授，只是充实或培养早已完成了的官能，而不是形成它们，归根结底，只要在记忆中积累知识就行了，而不是把学校当作共同进行真实活动（和实验）的中心，以便逻辑智慧可以通过动作和社会交往而得到发挥。

然而逻辑绝不是儿童天生就有的。许多研究不仅包括对幼小儿童的语言思维的研究，而且还包括对实践智慧和具体运算的研究，通过这些阶段，儿童建构了他们的分类、数学、空间、序列、数量、运动、时间和速度等的观念。这些研究的最清楚的结果证明了这一事实：逻辑上被认为必需的推理，开始于智力发展的一定水平，与早期的智力结构无关。

举一个具体的例子。一切正常的7—8岁儿童都会承认，如果两个不同形状的杯子A和B装同量的水，又假设两个杯子B和C也装同量的水，那么，即使杯子A和C的形状比A和B或B和C更不相同，A和C中的水量也是相等的。相反，4—5岁儿童当证明了A等于B、B等于C的时候，他们就没有理由来承认A和C的水量是相等的，而且也没有明确的理由承认变换了容器的水仍然相同。① 在7岁到10岁或11岁的儿童中，当仅仅涉及简单的水量问题时，他们就能接受A等于B，B等于C，则A等于C的推理；但当涉及复杂概念（如质量）的问题时，② 更不必说完全口头的推理（即没有摆弄物体）时，他们就怀疑了。作为一般成年人的形式逻辑［我的理解指的是按这种逻辑进行推理的能力，正如乔丹(Jourdain)先生写散文而不知道这种逻辑，也没有这种学科的知识］要从11—12岁才开始形成，直到14—15岁最后完成。

这样一些事实深深地改变了传统教育学问题的词语，其结果也改变了受教育权利的意义：如果逻辑本身是建构起来的，而不是天生的，那么，教育的第一个任务是培养推理能力。第26条的开头庄严地声明："人人都有受教育的权利。"这一建议首先意味着每个

① 皮亚杰和赛明士卡：《儿童数的起源》，第1章。

② 皮亚杰和英海尔德：《儿童数量概念的发展》，第2章。

人在成长期间，有权置身于一种学校的环境之中，使他能够建构直至完成逻辑运算所必需的适应工具。不过这种形成比看起来的要更为复杂，领会它并不需要特别的洞察力。考察一般正常的中等水平的成人个体，就会发现真正掌握逻辑推理能力的人，就像全力培养具有良知的真正有道德的人一样少见。

以上说明，一切推理技能比道德的形成更容易，至少在理论上是这样。每个人都会认为，如果某些天生的倾向使人类能构成道德规则和道德感，则这种转化设想就有一整套确定的社会关系的干预，首先是家庭的，然后是更一般性的。由此，每个人都认识到，道德教育的形成作用与单纯的遗传倾向，只有在某一点上才是相反的。但是，根据分析，经常较明显地看出，在个体的道德形成与智力形成之间存在一种相似。这里又提出了一个问题：教育对天生的或获得的个人倾向的形成与完善的外部影响是否仅限于规则和现成知识的简单传授？这岂不是和智育上的记忆和背诵某些功课一样，把某些义务和准则灌输给学生？或者说，道德教育的权利是否正像心智的形成一样，意味着实际建立或者至少是参加设计一些强制人们所遵守的纪律的守则？因此，在德育上就存在一个自我管理问题，这和探究集体中的心智的自我形成是相似的。在任何情况下，一开始就应该强调智育和德育权比获得知识或倾听、比服从强制的含义要大得多。这涉及在每个人身上陶冶某些高尚精神工具的权利，它要求一个特定的社会环境，而不只是造成服从。

这样说来，教育就不仅是一个形成过程，还是对自然发展本身的一种必需的形成条件。所谓每个人都有受教育的权利，不仅像个体心理学从常识推论那样，主张每个人按其心理生物学本性达到很高的发展水平，并且具有从社会文化和道德传统中接受知识传授的权利，更深刻的是要肯定，没有从外部提供必要的培养性的社会环境，个人将无从获得他的最基本的心理结构，并且在各种水平上

（从最低的到最高的），社会的或教育的因素构成了发展的一种条件。毫无疑问，在三四岁或六七岁以前，根据各国情况，发挥教育作用的不是学校而是家庭。人们也许会争辩说，既然承认早期社会交往的教育意义，儿童在家庭环境中已经受到培养，其教育权就是准备接受学业教学，而不再是教养问题了，而是教学问题了。但是，用这种方式把教育过程分解为两个时期，或区分为两种势力范围，认为只有第一种是培养性的，第二种则只限于传授特定的知识，这就再度降低了教育权的意义；不仅缩小了后者的范围，而且把学校与生活分离开来。基本问题是要使学校成为培养人的环境，这是家庭想实现而又总不能充分达到的，它构成了感情和智力充分发展的必要条件。

肯定一切人的教育权，这意味着承担一个较之简单地保证每个人具有读、写、算的能力要远远大得多的责任，就是切实保证每个儿童心理功能的充分发展和获得知识，以及获得和这些功能训练相应的道德价值，直到适应实际的社会生活。因此，尤其是承担义务——记住区分每个人的体质和才能，不要损坏这些造福于社会的可能性，否则就会使重要的部分受到损失，或使别的能力遭到扼杀。

这就是为什么教育权的宣言包含（假若人们愿意在宣言的文字意义上加深其重要性的话）应用有关心理发展的规律的心理学和社会学的知识，以及这些学科给教育工作者所提供的适应于无数论据的方法和技能的设计的知识。因此，就出现一个问题：根据什么方式来确定这一社会环境，也就是说，使学校得到最好的培养结果。假如这种培养包括的只是知识和规则的简单传授，这是一种情况；假如像我们已经讨论过的，包含着教师和学生之间、学生和学生之间的复杂关系，这又是另一种情况。我们将回到我们著作的关于“人的个性的充分发展”这一论题上来。

目前，我们将限于社会对儿童的职责的观点来提出原则，并探求其结果。这个原则就是说，教育不只是一种外加于由天生的方式所调节的，或单独由家庭的影响所实现的个体发展上的东西；从出生到青少年期结束，教育是一个整体，并且是智力和道德成长的两个根本的必要因素之一。因此，学校对于个体潜能的实现和社会生活的适应方面的最终成败负有重大责任。总之，根据各人的天赋，个体内部的演化只提供一些可以被发展的、被毁坏的或保持原状的粗略的轮廓。但这仅是粗略的轮廓，只有通过社会和教育的相互作用，才会使之变为有效的行为，或完全加以毁坏。因此，教育权就是个人依照他所具有的潜能正常得到发展的权利，而社会的职责则是将这些潜能转变为有效的和有用的现实。

二、教育应该是免费的

现在的教育与教育权所指的教育之间仍然有差距。假如接受我们刚才讲到的道理，则只能一步一步地填补这种差距。首先，要区分初等教育权与中等教育权。初等教育权是每个国家都承认的，但由于难以克服的困难，实行起来仍有障碍。中等教育权则尚未被所有国家所承认。其次，要区分能够进入一个有组织的学校的权利与每件事都包含着“人的个性的充分发展”这一条文规定的权利。

这样，我们将从讨论现有的学校并从这种学校接受初等教育的权利开始。“教育应该是免费的，至少在初等和基础阶段是这样。初等教育是义务教育。”

现在，几乎在所有国家，初等教育在法律上都是义务教育。但绝不能产生错误认识，这样立法的事实并不意味着这条法律的普遍实施，因为比起学龄儿童的数目来，学校和教师数目都是不够的。在好些国家里，每年都有一批年轻文盲加入数目已相当可观的成人文盲队伍之中。这就是为什么联合国教科文组织承担的首要的教育任务之一就是和文盲做斗争。实现基础教育的巨大战役是在世界上现代文明刚刚触及的地区（如亚洲、非洲的某些地区）开展的。还有很多文明史较久的国家尚未解决在学龄期扫除文盲的问题。此外，在一些地区，基础教育问题只涉及成年人本身，在几个国家里，在和这一类型的文盲做斗争方面，以及在完善用于这一特殊目标的新教学技术方面，都取得了卓越的进展。例如，尽人皆知的在墨西哥建立的“学校使团”［在联合国教科文组织主席杰姆·托里斯·博代特（Jaime Torres Bodet）督促下建立的，当时他是这个国家的公共教育部部长］，把初等教育普及到遥远的农村和山区。

但是，强迫的初等教育问题也是社会公平问题，或者更准确地说，教育公平是社会公平问题的一个特殊例子。强迫初等学校教育（及其对成年文盲层的引申）必须免费，否则就没有意义。所有实行强迫初等教育的国家都接受免费的原则。但是免费不限于消极地不交注册费。还存在别的一些问题，有些可以说是外在的（免费接送居住较远的学生，① 免费食堂以至衣着的安排等），另外一些对学校本身是必不可少的。在后一类问题中应该把免费供给教学用品放在首要地位。② 所有教学工作都需要一定的物品，教学方法越是活动的，所使用物品的重要性就越大。很清楚，如果给学生提供工作的工具，尤其学生努力的成果能归学生所有，学生就更愿意从事他们的活动。在传统的教育制度中，只涉及教科书、笔记本、纸张或图画和手工的一些物品。但若是在采用活动方法的情况下，教科书的作用就减少了；相反，校内印刷、档案和收集品的制作、各种类型的建构（制图和其他）都必须以充裕的物品为前提。当学生自己工作的成品是属于自己财产的时候，他们所做的努力就总是更好的。学校免费供应的思想还未充分传播，尽管各地在减免所有费用的意义下，都日益肯定这一倾向。但这里存在着一个对教学也像注

① 第二届国际公共教育会议，建议第 21 条，条文第 6。

② 联合国教科文组织和国际教育局。

册入学一样重要的问题："免费供给教学用品的原则必须被认为是义务教育的自然的和必然的结果。"①

如果说在许多国家已经隐约看到了这些问题的解决办法，不幸的是，强迫的和免费的中等教育的情况就更不同了。自从国际教育局1934年召开第三次公共教育会议以来，"延长义务教育"和"准许入中学"的国际性研究，促使我们认识到教育公平或"教育权"的根本问题与劳工组织或职业结构相联系的社会问题之间存在的一些障碍，简言之，社会分裂为参差不齐的阶级。

事实上，情况如下：或者通过规定统一的低限和高限的学习年龄，并给家庭提供履行这种义务的资助，而保证所有学生都有受中等教育的权利，这又存在各种可能的中等教育类型和学生的各种志向的定向问题；或者使中等教育不具有义务的性质，把某些类型的学生输送到高等学校学习，或仅仅在中级结业时获得中学文凭，而容许另一些学生放弃正式学校的学习，直接做学徒，但是，这里有一个要弄清楚根据什么标准进行选择的问题，并且还有一个什么是确定这些不同志向的指导程序问题。在这两种情况下，都同样或多或少、或近或远存在着选择一种职业学校的定向问题。在这两种情况下，问题的解决都取决于两个同样的因素：学生个人的才华和家庭的社会的或经济的条件。

在什么条件下才能谈得上中等教育的权利？给予这种权利的意义是什么？我们的第26条的第一段就是解释这一点的。即使由于有关国家经济上的原因，免费教育暂时限于初级阶段，但是，"技术和职业教育应该普及"，而且，尤其重要的是，"按才华，高等教育应该人人平等"。换句话说，确实存在中等教育的权利问题，不管学生最后的职业是什么，这种权利包括为一切行业做职业准备，通向种种自由职业。也就是说，进入大学和其他高等学府取决于学

---

① 第二届国际公共教育会议，建议第21条，条文第1。

生的才华，而不是根据学生的阶级或种族条件。

我们立即可以看到这样的宣言所提出的问题的复杂性和严重性。可以按三个原则把它们加以归类，每一类都以自相矛盾的形式表现出来。一是从社会和经济观点看，问题在于保证不依赖于家庭经济状况延长学业，因为学生的才华和才能可以和其物质状况不一致。二是从传授集体价值的观点看，涉及协调足够的一般文化教养和及时实现的职业专业化的问题，因为这两者之间的矛盾随着科学技术的进步而日益加剧了。三是从学生个性形成的观点看，就出现一个在使学生按照其才能发展的同时，保证其在体、智、德诸方面尽可能地得到全面发展的问题。这些才能（按定义，其意思是把同样智力水平的个体彼此区别开来）随年龄的增长越来越不相同。

有一个制约着这三个问题解决的基本事实：在许多较文明的社会里，正常的智力和道德的发展要到 15 岁才能完成。只有到了这个年龄才有可能显露出各人才能的准确差别，而在这个年龄之前，一切定向都只具有偶然性，并会冒忽视重要潜能的危险。因此，如果我们从学生和社会的利益着想，就必须保证直到这一平均年龄的中等教育，撇开职业渠道的开辟问题，让每个学生获得足够的知识，并在这段共同的学习期结束时，帮助他们决定自己的志向。

有时，这一问题被称为“单一学校”问题。这一问题引起了大量多余的讨论，因为某些国家的政党接受了这一概念，自然要激起其他敌对政党的反对。可以看到，在邻近的国家里，同样一个原则在不同时期受到同样一些政党的维护或反对，党派斗争常常属于口头上的，并非观念上的。因此，我们将撇开字面不谈，而只注意教育家们越来越同意的原则。不论为十一二岁至十四五岁的儿童开办的学校类型（从古典的、科学的或技术的教学和它们的各种混合教学开始）怎样不同，重要的是这些学校的整体构成了一个单一的系统或制度，使得有可能根据学生在进展中成功和失败的情况，以及后来显示出来的才能（尤其是中学开始时尚不能发现的才能），从一个学科转到另一个学科。最重要的是不能认为，这样从一个学科到另一个学科的转移是一种例外的办法，而是良好定向的状况。

如果同意这一原则，其实施就必须以上述三个问题的解决为条件。这样，国家各种组织形式的差别，以及现实和所期望的理想之间存在的距离就变得明显起来。

首先，有一个支配其他一切的经济问题。中等教育在好几个国家已经是免费的了（除了寄宿费用外，很少例外），但并不是所有地方都如此。除极少数外，不包括教学用品的免费供给。另外，到中学教育免费的时候，不言而喻，仅免学费是解决不了家庭承担的经费问题的。还存在着维持儿童生活，儿童无力赚钱，住地离学校很远的学生的车费，尤其是定居在特定城市的膳宿费用等问题。诚然，每一个这样的困难都会在大学阶段在更大的程度上重新出现。

一般的解决办法是奖学金制度。人所共知，这一办法已经并且正在对很多有才能的学生有巨大的帮助，但是很明显，这种制度仅仅是一种治标的办法，因为尚未十分普及，而且也未成为认可中等教育权的永久性的集体保障。在这方面，还可提出许多不同的方案。通常，奖学金的数额是同时由学生的才能和家庭经济状况决定的，因而用了很多方法来查找有才华的学生，甚至有时用来刺激某些难以启齿的家庭的要求，奖学金的授予仿佛是一种例外的补助，甚至是布施行为。因此，一方面，还有很长的路要走，直到人们承认奖学金不仅限于有特殊才能的学生，而且应该有助于实现所有人都能享受中等教育；另一方面，奖学金绝对不是表现国家的慷慨，而是对一种社会的明确职责做出反应。

这种状况的影响已在不同的地方产生了一种中等教育的真正平等，或者“普及中等教育”① 的普遍运动。无疑，这里明确地强调了一个今天最紧迫的教育公平和社会公平的问题。

---

① 联合国教科文组织和国际教育局：《中等教育平等》。

不用说，普及中等教育并不意味着一种单一的和一样的方向，以至引导每个学生都参加中学毕业会考并上大学，而是要在普及的范围内分化中等教育，使未来的手工工人、未来的农民或未来的小商人像未来的技术人员和知识分子一样，都可以按中等水平找到对今后工作有用的技能，尽管这些工作技能可能很不相同。这里提出了前面看到的三个问题中最后的两个问题：怎样协调一般文化和专业化，以及使青少年按照他们自己的才能得到完全的发展。这一方面涉及集体价值观的发展，另一方面又涉及人本身的发展。从这个意义上说，这是一个问题的两个方面。

从集体价值观的传授的观点看，人的各种活动构成一个不可分割的整体，这一点总是清楚的。例如，不承认技术和科学思想的深远的相互依存的关系，就不可能分析一个社会的真实生活。哪一个先出现并没有关系，因为在连续的历史过程中，它们是相互依存的。文化上的不同方面，甚至文学，也不同程度地同它们相互联系着（以对立的或抵消的形式以及直接的依赖）。中等教育传授给学生的一般文化知识，不能像通常想象的那样总是限于抽象训练（文学的、科学的或混合的），没有扎根于视为整体的社会的结构和现实生活之中，而是必须把社会生活的实用的或技术的、科学的及艺术的不同方面，更有机地合并为一个整体。必须把这个整体和最广义的文明史的思想联系在一起，而不单单是从属于政治和军事的历史事件（确切地说，是有关集体事件的原因，而不是其结果）。因此，这是不确实的，把中等教育扩大到准备从事完全属于体力的和完全属于脑力劳动的各种职业的学生，从分别需要的一般文化和专业化的角度看，就势必通向一个死胡同。相反，这种一般文化可以得到很多好处，在实际生活中可以得到锤炼，可以把自己建立在社会生活不同方面的相互作用之上。简言之，可以发现和研究人现在是什么样，一直是什么样，而不限于传统教育所教的人过去是什么样。这就很容易理解，从中等教育开始，所有不同学科的某些共同的教学，同样也是其他纯专业化学科所共同的。

谈到第三个问题，它无疑是最难处理的，即协调一般教养与专业化。这就涉及教育一个特定的个体而不再是对整个一代人传授某些普遍的或特殊的集体价值。由于不存在两个完全相同的个体，这就成了一个十分困难的工作。实际上，学生未来的志向是基于家庭传统和经济地位的考虑。显而易见，出身于自由职业家庭的儿童怕失去社会地位，将选择同样的职业；而农民的儿子除非有卓越才能，否则仍将是农民。但是，如果像新的《人权普遍宣言》第 26 条庄严宣告的那样，和文明社会日益增加的普遍倾向相协调，进入大学应该只是凭成就，而中等教育则应在其他所有的职业系统普及，那么，学校担负着特别的、新的、繁重的和决定性的任务就是很明显的了，即不仅为高级学校选送专门人才，也为同样受尊重的所有职业活动输送人才。因此，学校负有发现和发展各式各样的个人才能的责任，而不应只从今后的学业成就来评价学校，也就是说，不能仅作为通向这唯一目标——大学的一个台阶。

那么，先决问题是定向问题：怎样在学生的才能还不很显露的年龄就能够用足够客观的办法来判断它呢？怎样能确认这种会涉及学生的职业生涯和全部生活的诊断呢？暂时撇开家长的作用不说，只有两种方法：严格意义的考试和分析在校期间完成的作业。这两种方法各又可再分为两种。事实上，考试可以包括学业考试，又可包括在专业人员指导下的心理学鉴定（教学人员经过必要的心理学学习也能成为专业人员）。另外，作业分析可以由狭义上的学业成绩来测定，这就涉及一些考核（按周的，按月的，等等），简单地概括为上述考试法。这种分析可以应用到学生的本义的活动和部分的自发活动中去。通过这一途径，可以找到表明学生普通的智力行为的心理考试方法（和“测验”不同）。

关于学校考试的价值的所有方面都讲过了，但这种对各级教育的真实祸害（这些词并不大强烈）继续破坏着正常的师生关系，危害了师生的工作乐趣和相互间的信任。一般来说，考试的两种主要弊病就是：事实上得不到客观的结果；为考试而考试（另外，甚至还经常把入学考试看作目的考试：升入中学的入学考试变成了小学教育的目的等）。学校考试不客观，首先因为它总是含有一定的侥幸成分，尤其是因为它依赖于学生的记忆而不是创造能力（似乎判定学生一旦离开学校就不再使用他的课本了）。任何人都能证实，从考试结果中所评定出的等级，很少符合一个人今后一生工作的成就。学校考试以考试本身为目的，因为它主宰了教师的注意力，教师不是尽自己的职责去启发学生的觉悟和智慧，也不是注意学生的实际活动和个性，而是把学生的全部工作引向最后考试的成功这一人为的结果。可以在社会的保守主义，有时甚至在竞争因素中，找到主张考试的唯一的解释：在高等学校施行这种保护性措施，所以不得不推广到初级、中级阶段。例如，当人们发现一些国家的医务职业要求以古希腊文为未来医生的必考科目，以此作为竞争的关卡时，就产生了不能用能力代替学校考试的想法。这种见解还不足以解释考试的起因，用残存的“升级惯例”或入社仪式，其次用社会习俗中经常存在的手段及其作用之间的不一致等，更能较简单地加以说明。但是为了了解为什么这样一种制度被保持下来，人们对其价值没有任何错觉，就必须寻找人的无意识中的原因。

这样，求助于考试的心理学方法就成了使中等教育权完全公平的一个问题和必然的结果了。这一点已经被越来越多的国家认识到了，而且目前正出现一个组织学校心理学服务的运动，① 并对教师本身进行心理学训练。② 心理学家从他们那一方面，在心理发展、能力差异以及研究方法上已提供了大量的资料，可以用来确定发展

① 联合国教科文组织和国际教育局：《学校心理学顾问》。

② 联合国教科文组织和国际教育局：《教师培训中的心理学问题》。

的水平和才能。这类方法可能包括用“测验”进行考试（此外可能包括许多变式，而主要是在它们之间确定相关），或更灵活、更精细的分析程序。① 正如所有的科学方法一样，它们也不很完善，有待于继续修订和改善。它们无论如何不能代替对学生在学习期间所获得的实际结果的分析（在这种分析和学校考试有所区别，而且是和实际工作而非记忆性知识相同关系的情况下）。但它们确实比简单的学校考试要好（并且一般说，很不同于学校考试），它们越来越多地被用来代替学校考试而作为入学考试的方法。

第二种定向程序是建立在学生在校期间所完成的实际工作之上。中学第一阶段（12—15 岁）的课程主要应该是定向课程，也就是说，课程的组织使分科和从这一种分科过渡到另一种分科成为可能（在入学 3 个月、6 个月或 12 个月之后）。最可靠的诊断和预测方法确实是建立在对学生及其实际工作的观察之上。在我们看来，这是一种精细的方法，它以教师和学校心理学家的长期合作为先决条件。前者负责教学，后者的任务是追踪个别学生的成功和失败的情况。不用说，只有同其他教育方法联系起来才有价值。假如教学仅是授课，要学生在“背诵”或“考试”中加以重复，并在事先确定好的练习中加以应用，那么，从学生那里得到的结果，很难会比从任何一种不考虑运气成分的学校考试中得出的结果更有什么意义。只有教学方法是“活动的”，也就是说，学生的主动性和自发努力的比重越来越大，所获得的结果才有意义。可以说，后一种情况是一种最可靠、更扎实的方法，几乎可称之为一种连续的心理学考试。这与那种仅建立在一时性取样、不考虑其他一切的考试形式大不相同。然而，应该重申的是，要获得最满意的结果，只有通过教育学分析和心理学分析（心理学分析是由学校心理学家或受过充分的心理学技术训练的

① 英海尔德：《弱智儿童推理的诊断》，Delachaux 及 Niestlé 书店。

教师来进行的）的紧密结合，才能获得。

一旦把这些心理测验和对个体活动的跟踪结合起来进行定向，就有可能明确地指明学生在不同的中学分支中完成他的中学学习，完成不同的职业课，以及为高级学校做准备。

三、父母有为自己的孩子选择所受教育的优先权

我们刚刚阐述的学校指导方针，根据我们的第 26 条第 3 节，取决于一个不言而喻的限制条件：得到家长们的认可。然而指出整个人类社会历史所显示的一种家庭的范围和权利的不断减小（从“氏族”到父系氏族，再到族长家庭，等等），以及国家的权力的相应扩张，这是有益处的。在教育方面，这也同样是确实的，首先是宗族年长者的绝对权利，然后是一家之长的权利，最后是近几个世纪以来的父母的权利，这些权利越来越受到并不总是不利于儿童的教育规章的限制。因此，在目前形势下，分析一下对国家和家庭同时提出的一些新方法的实际情况是有益处的。

家长也像其他所有事情一样，有优秀的，也有并不是很好的。反抗后者的愿望，对保护儿童是有用的。有聪明而又见识广博的家长，也有才能低下而又落后的家长，例如，患了疾病还不找医生或遵照医嘱治病的家长，对他们来说，在教育方面就谈不上心理学家和新的教学法……。最重要的问题是知道怎样和这一类型的家长打交道。他们是善良的人，一心想为自己的孩子们好，但由于无知或因循守旧，他们反对真正对孩子们有用的东西。

大多数的新教育实践者们都有同样的经验：家长们经常是使用活动法的最大障碍。这里有结合在一起而又易于理解的两个理由。第一，如果某个家长相信习用已久、广为人知的教育方法，他便会对这一观点深感不安，按日常的说法，他会认为自己的孩子也许充当了试验品或“豚鼠”（似乎传统学校里的课程、课本或教师的变

化并不是一种“实验”)。第二，家长们最主要的忧虑是：在所有的教育阶段，甚至在学前家庭教育的阶段，他们的孩子不能表现为“落后”，即便冒膝关节受伤的危险，婴儿在 X 个月时也应该会走路，幼儿园的儿童在 X 岁时应该知道读书和会数到 20。而对不要拔苗助长，要把对每个人可贵的起始阶段建立成为最可能牢固的基础的所有告诫都未接受。于是，对保证为今后整个学习奠定实际基础所必需的摆弄和建构性的多种多样的活动，在家长们看来，就成为无用的浪费和时间的损失，认为这只是在整个社会期待这个初涉世者要知道如何读和会数到 20 的时候被耽误了严肃的时刻！而且在每个新阶段都是如此……

关于中学生的定向，自然会出现教师或指导心理学家的建议与家长的愿望之间可能发生的冲突。这也完全不意味着，家长总是对定向分类的实验者和能力诊断的专家帮助他们、给他们的孩子提供建议的努力无动于衷，但是仍然可能存在家长的愿望和学校或指导办公室的建议之间的冲突。怎样才能解决这个问题呢?

虽然这些情况是众所周知的，我们的第 26 条仍授予家长们以优先权，以决定给自己的孩子受什么类型的教育。这是因为在所有已知的社会里，尽管家庭在结构上发生了变化，但它仍然是社会生活中一个基本的齿轮。因此，无论是修养不好的家长，或者说是没有受过足够教育的家长，还是有教养的家长，可以称之为家长教育完成得好的家长，他们都享有这种优先权。

在这一方面，如果“人人都有受教育的权利”，家长自然也有这种权利，并且享有优先权。他们有权，即使不是受教育，至少能被告知，甚至得到教导，知道他们的孩子应该受到什么较好的教育。为了达到这一目的，人们已经采用了两种方法，它们都应得到认真的支持和鼓励。

首先，人们已经创立了协会并组织了家庭教育会议，其目的在于吸引家长注意家庭内部的教育问题（有意识的、无意识的感情冲突等等)，同时也向家长介绍一般的教育和教学问题。在一些国家，甚至发行了一些有关这类问题的心理学和教育学刊物，指导外行的人们。

其次，特别是在新教育占有重要地位的地方，人们已经开展了家庭和学校之间的双边协作活动。这种活动已被证实具有不可估量的价值，而且对双方都有利。学校通过了解家长的反应确实能获得很多的东西，同时，家长被接纳参与研究学校的问题会带来更多的好处。因此，教师和家长之间紧密的、经常的联系，能导致比互相交流信息多得多的东西。这种相互交往是互有利益的，并且常常导致方法上的真正改进。促进学校接近生活或家长对子女职业的关心，并让家长关心学校的事情，这样就可以得到一种责任的分担。在一些国家，家长和教师意见的结合构成了新教育真正的鼓舞力量，并实现了家庭和学校之间的愿望的综合。

四、教育应该指向人的个性的充分发展，并加强对人权和基本自由的尊重

《人权普遍宣言》第 26 条并没有只限于确认教育权。第 26 条以和这种确认同样重要的评论，阐述了这种教育应该具有的基本目的。很明显，这个决定在可能赋予所有公立的或私立的教育机关的两种职能之间有一种选择，或者至少是统一的要求。事实上，从社会的观点来看，人们会提出一个先决的问题，即教育的功能是必须充分发展个性，还是首先甚至基本按照前一代人的模式来塑造个体，以便保持集体的价值。在原始社会，当青年人在情绪紧张而神秘的敬畏气氛中，经过长达数月之久的成人仪式，接受了将改变其不受拘束的儿童心理的神秘，具备了这种知识时，他便被允许参加成人社会活动。很清楚，这种教育的主要目的不是充分发展个性，而恰恰相反，是要使个人遵守社会习俗，并完全顺从集体标准。也

许有人会问，假如在一所传统学校里，学生服从教师的道德和知识威信，其职责是记住期末考试中获得成功所必需的知识总量，那么，这并不构成在功能上基本接近前面所提到的成人仪式的社会情境，而且指向同样的普遍目的：迫使年轻一代折服于人们共同接受的真理的全部，也就是曾经保证先辈团结的集体价值和标准。宣告教育应该以个性的全面发展为目的，就是肯定学校应该区别于那种传统的模式，而且在个体个性的形成和他同时作为一个有社会价值的人参加集体生活这两者之间可以存在和谐。

但是，什么是个性的发展呢？尤其是通过什么样的教育方法才能够达到呢？因为这种“全面发展”并不是所有已知教育形式的最终目的，它代表着与遵循习俗的教育目的相反的一种需要，并代表着一种与教育集体目的相一致的理想。

第 26 条条文没有给个性下任何定义。然而，它明确指出，作为回报，个性的发展伴有对别人的权利和自由的尊重。这样精确的表述几乎是赘述，但确实很重要。把个性定义为互相一致，就可以得到一个完整的个性概念。从心理学和社会学的观点看，有必要区分一下个体（individu）和个性（personnalité）①。个体以其自身为中心，由于他的道德或理智上的自我中心状态，就给文明社会生活固有的相互关系制造了障碍。相反，人（personne）则是指能自觉接受某种纪律或赞成其规章并自愿服从相互的规范体系，使自己的自由从属于尊重他人的自由的个体。因此，个性是智力和道德意识的一定形式，是由于外部压力，而不得不从自己的自我中心状态所固有的混乱中摆脱出来。个性是通过相互关系的调整而获得自身的独立的。简言之，个性既与无政府主义相反，又与强制相反，因为它是自主的，而这样的两种自主只有通过相互关系的调整才能保持。概括起来说，“以人的个性的充分发展和加强对人权和基本自

① 个性也就是人格。——译者注

由的尊重为目的的教育”，就是造就智力上和道德上能自主并且能够尊重他人自主权的人。这正是按照对人们有法律效力的相互规律来体现的。

由这种教育目的所产生的教学法问题，又重新引向称作“活动”学校的整个运动的中心问题上来了。能否通过包含不同程度的智力和道德上的强制的技术来形成自主的个性呢？或者说，既然个性的形成确实需要在社会环境中基于合作而不是屈从的自由和自发的一种活动，那么，在术语的使用上是否存在矛盾呢？考察所有教育中的这个主要问题是适宜的。第 26 条的主张和含义完全取决于对这个问题的回答。它表达得非常明确：教育权并不仅是上学之权，就教育以达到个性的充分发展为目的而言，也是在这些学校里找到建立一种活跃的理智和端正的道德意识所必需的东西之权。

A. 智育

从个性的充分发展的角度看，是否能说传统学校的方法在形成儿童和青年的积极的和独立的理智方面取得了成功呢？

传统的学校给学生提供相当可观的知识，并给学生提供把知识应用于各种问题或练习的机会。这丰富了学生的心智，并像人们所说的，使其能得到加强和发展“智力训练”。假如这种学习被遗忘了（大家知道，中学结束后 5 年、10 年或 20 年，这种学习所保持的东西就不多了），至少也使人满足于受到了智力的训练；对余弦定义、对拉丁语第四动词变换规则或军事史上的日期都忘记了，这没有多大关系，重要的是曾经知道它们。活动学校的拥护者们答复说，假如强制学习的知识所剩无几，那么教学大纲的范围就比不上工作性质重要了。经过学生自由探索和自发努力所获得的某种知识，以后将能够保持住。这使学生获得一种毕生受益的方法，将扩大他的好奇心，至少使学生学会独立进行推理和自由地形成自己的思想，而不让他的记忆胜过推理，或者让自己的智慧受外界强加的练习的抑制。

我们不相信这样的争论仅仅通过讨论就能解决，或者教育学只是“批准的意见”的事情。教育技巧犹如药学技术一样，是一种没有特殊的“才能”便不能实践的技术，它必须以对所培育的人类的精确的而又经过实验的知识为先决条件。它不同于医生们的解剖学与生理学知识，而是心理学的知识。这种知识同样是必不可少的，而且活动学校的问题的解决或理智的形成，恰恰以最直接的方式依赖于它。心理学关于推理运算发展和关于基本观念的获得、建构的研究，给活动法提供了有决定性意义的有利论据。这些论据要求比许多活动学校的拥护者们所想象的更为激进的智力教学的改革。逻辑运算虽然依赖由于成熟才能相继活动的神经机制（人脑的最新部位要到童年末期才起作用），这些逻辑运算只有通过不仅限于口头的，尤其主要的是作用于客体的动作和实验相联系的某种练习才能建构起来，并获得其整体的结构。一种运算就是严格意义上说的一个动作，但是，它是内化了的并根据组合的准确结构而与同类型的别的动作协调起来的动作。另外，这些运算并不是个体独有的，而是需要人们之间的协作和交换。这样，学生在几年的时间里，像成人听报告那样听最好的课，是否就足以在儿童和青少年中产生出逻辑呢？或者说，一种理智工具的真正形成是否还需要一种主动的和实验的探究的集体环境以及共同的讨论呢？

这种基本教育学问题的代表例子是初等数学的教学（在小学和中学里）。正是在这点上教师碰到了最大的困难。不管他们的教学的优点怎样，他们由于习惯而不得不使用非活动法，结果导致了人所共知的困难。一个众所周知的事实是，在其他方面一切正常的班级里，只有一部分学生掌握了数学，而这一部分学生并不一定包括在其他学科中较有才华的学生。有时人们认为，初等数学的理解乃是一种特别能力的标记。于是，具不具备这种才能被认为是解释成功与失败的原因，却不问失败是否可能是由于传统教学法本身。数学只不过是一种逻辑，以最自然的方式把普通逻辑加以扩展，并构成了科学思想较为发达的所有形式的逻辑。因此，数学上的失败，表明推理能力发展机制本身的不足。在对我们学校里可能是多数的学生和过去大多数的学生做出这种重要判断以前（因为对不精通自然科学的大多数成人来说，数学保留下什么呢），人们必定要问：责任是否不在方法上？

事实上令人奇怪的是，每个人都相信（由于一种既不是由学校当局也不是由教师创造的传统，它在整个教学中影响很大），正确地教授数学是知道它就够了，用不着考虑这些概念在儿童思想中建立起来的方式。当然，教师努力做到具体、直观等，甚至从数学史得到启发和鼓励，似乎数学的发展，从欧几里得到我们的时代，和实际的运算过程的心理建构的阶段是一致的。但是，教师并不关心这种心理建构本身。

通过对儿童和青少年的自发数学才能发展的心理学研究，我们可以得出一系列重要的教学意见。

第一，当儿童没有发觉所提出的问题涉及数学问题的时候（在具体实验过程中，以逆运算的形式出现的比例、法则及符号或绝对速度，甚至相对速度的问题，等等），① 学生便只用普通智力而不用各人的特殊才能加以解决（没有排除这类才能，但它们似乎未起决定性的作用）。特别是，常常发现有些学生尽管在算术课上表现平常，但当问题以他们感兴趣的某种活动的方式提出来的时候，证明他们具有理解力，甚至有发明的精神。他们处于以抽象方式解答问题的学校情境中（也就是说，没有和一种实际需要相联系），总显得很被动，而且常常很笨拙。尤其是他们总认为自己能力不够并中途辍学，从内心里认为自己失败了。这些被认为数学差的学生，

① 皮亚杰：《儿童的运动与速度的概念》，巴黎，法国大学出版社。

当问题来自实际情境，并与他们的其他兴趣相联系的时候，他们就显示出了完全不同的态度。儿童依靠个人的智力而获得成功，这似乎涉及一般智力的问题。由此可以推出第一个基本的解答，即如果注意到学生感兴趣的活动，并用这一方法消除了他们在这门学科的学习中经常产生自卑感的情绪抑制，那么，所有正常的学生都具有良好的数学推理能力。在大多数的数学课上，整个差别就在于是要求学生接受来自外面已经完全组织好了的、他们理解或不理解的智力训练，还是在自发活动的情况下，要求他们自己发现各种关系和概念，并再创造它们，直到他们高兴接受指导和教授。

第二，我们已进行的关于数学和物理概念发展的实验表明，在这样的学科里，儿童被动的基本原因之一，是没有给儿童智力活动的自由发展提供应有的机会，而在逻辑问题与数字或度量因素之间存在着分离不足的情况。例如，在一个速度问题上，学生必须同时对所经过的距离和所运用的时间进行推理，并用表示这些数量的数字进行计算。当问题的逻辑结构还没有确切肯定的时候，数字上的思考便没有意义，相反，还模糊了各成分之间的关系。因为问题恰好依据这些数字，所以儿童就常常摸索着使用他们所知道的各种不同的运算方法进行各种各样的计算，这种做法起着阻碍他们的推理能力的作用。这里又是一个大胆相信儿童天生逻辑的错误的例子，而实际上逻辑却是通过儿童的活动一步一步地建立起来的。与此相反，一旦把这两种因素分离开，人们便能更稳妥地前进，完全达到数学教学真正的目的：演绎能力的发展。例如，这是容易的事，给10—12岁儿童提出甚至是复杂的速度问题（两个运动着的物体的速度的合成，一个对另一个的移动，一架倾斜飞机的加速度，等等），没有数据，只是在简单的逻辑关系上进行推理（只是在“多于”和“少于”，而不在“多少”上，也就是说，用亚里士多德对速度问题推理的方式）。由于摆脱了计算的烦恼，儿童愉快地在玩的过程中积极地建构了所有的逻辑关系，并且形成了灵活准确的运算机制，甚至常常是敏锐的。这些机制一旦形成了，便有可能引入一下子就含有其他新意义的数据。采用这种方式，似乎失去了很多的时间，然而归根结底是赢得了很多时间，而且丰富了个人的活动。

第三，有关儿童逻辑与数学概念的心理学研究已表明，存在着一种有关这些概念的明显的和自发的发展。这种发展和社会环境（所有思维都需要的刺激）并非无交往，而和家庭或学校中所学得的严格意义的知识是部分地不相关联的。这样，作为基本的例子，直到一定的年龄，儿童还认为一个物体改变了形状（如用橡皮泥做成的球），也就改变了物质的量、质量或体积。通过逻辑协调的独立工作，他从一般意想不到的初始状态出发，达到认为需要保持量的守恒（7—8 岁的儿童）、质量的守恒（9—10 岁的儿童）和物体体积的守恒（11—12 岁的儿童）。儿童以他自己的特定方式建构他的基本的几何概念，这也是真实的。没有任何人怀疑儿童心理上的这些逻辑的和数学的转变。这种自发智力的转化不仅比人们想象的要丰富得多，而且还说明了一个很明确的发展规律：在获得一种度量性质之前，所有的数学概念都从量的建构开始。特别是在空间领域里，一开始，儿童的表象比人们想象的更少受到游戏中知觉的计量关系的影响；相反，它开始于数学家们称为拓扑学关系的类型，早于欧几里得几何（这从现代数学的观点看也是极有趣的）。因此，要根据实际发展的心理学论据，对数学方法做整体的调整，大大加强儿童的自主活动。

第四，这是对前面所讲的东西的一个概括。过去教数学似乎仅仅通过一种抽象语言，甚至是一种特殊的运算符号的语言，就全部可以理解真理的问题。数学，首先的和最重要的是作用于物体的动作，而且运算本身也都是动作，但它们之间很协调，而且只靠想象，不必肉体上再行动。毫无疑问，必须达到抽象化，而且这在青少年心理发展的过程中，在所有的领域里，都是自然的。但抽象化如果没有成为先前一系列不间断的具体动作的完美阶段，便仅是一种心智的假象和偏差。因此，正规教育失败的真正原因，主要是人们从语言开始（伴随着绘图、想象或描述的动作等等），而不从真正的实际动作开始。数学教学应该从幼儿园开始做准备，通过一系列针对逻辑和数学的集合、长度和面积等的摆弄活动，开始进行数学教学的准备，并且这一类型的实际动作在整个小学教育的过程中，应该以很系统的方式不断地得到发展和丰富，以便从中学开始，一点一点地变为物理和基本力学的实验。在这样一种情况下，数学教学是使学生处在和物体相一致的自然环境之中，并将引起和停留于语言和图解上完全不同的智力的突飞猛进。

只举一个例子，每个人都知道中学生（甚至大学生）在理解代数符号规则中所感到的困难：负数乘负数等于正数。然而这一符号规则，7—8 岁儿童在活动中通过不同质量的形式早已发现了。穿有三颗小珠的细铁杆，在一小块屏幕后倒转之后（可以见到铁杆的运动，而看不见小珠的运动），儿童懂得小珠的顺序由 ABC 变成 CBA 了。他们随之还懂得，一旦完成了两次倒转，顺序重新变为 ABC，三次倒转变成 CBA，等等。这样，他们虽不理解，但发现了表明两个方向上的反演彼此相互抵消的组合规律，换言之，即“负数乘负数得正数”。但是当他们长到 15 岁或 16 岁时，他们经过学习，得知有代数运算，但除非他们认识到它们是这种形式的动作的发展，否则，他们就不能更多地理解代数运算了。

我们多少有点儿强调了这个数学的例子，因为在传统教学实践中，不存在人类个性充分发展的场所，否则，保证智力自主的逻辑和推理工具的掌握就更可能实现了。在传统教学中，它们不断受到阻碍。对成人来说，没有什么比知道怎样求助于儿童或青少年的真正的自发活动更为困难的事了。然而，只有这种活动才能导致智力上的自主，由教师引导并不断激发，而学生则在试验、探索以及出错的过程中保持自由。不是由于懂得勾股定理才保证了个人的推理能力的自由练习，而是发现了它的存在及其论证。智育的目的并不在于知道怎样重复和保存现成的真理，因为一种复制的真理只能算半个真理。要通过自己本身花费许多时间，并经历实际活动的全部迂回的道路，去学会掌握真理。

假如要提醒数学教学法注意上述的情况，那么就有更多理由要求语言、地理、历史、自然科学的教学求助于活动。也就是说，在每一个领域里，事实性的知识若不是起发现过程的作用，就没有价值。但个性的全面发展，就其最属于智力方面而言，是与构成学校生活的情感和社会道德的关系的总体分不开的（我们上面已指出，由于数学上的失败，学生的推理常受到这种情绪抑制）。乍看起来，个性发展似乎尤其依赖于情绪因素，而且对我们从逻辑和数学开始阐明个性自由发展这一基本概念的做法，读者可能已经感到惊奇了。事实上，教育构成了一个不可分割的整体，如果个体受到一种智力限制，以致必须靠死记硬背进行学习，而不能自己发现真理，那么，在道德领域里，也不可能形成自主的个性。如果学生在智力方面是被动的，他们将不知道怎样是道德上的自由。相反，如果他们的道德准则完全屈从于成人的权威，组成班级生活的唯一社会关系仅是每个学生都服从于拥有一切权力的教师，他们将不知道在智力上如何主动。

此外，唯一能够发展个性的智力方面的所谓的“活动”方法，它们是不是必须以一种集体环境为前提，同时作为个性的道德方面的形成因素又成为有组织的智力交流的源泉？没有个人之间的自由合作，也就是说，在学生之间，而不仅是在教师和学生之间的合作，事实上就不能进行在实验动作和自发探索形式下的真正的智力活动。智力活动不仅以不断的互相刺激为条件，尤其重要的是互相控制和批评精神的锻炼。只有这样，才能使个体变得客观，并有证明事物的需要。事实上，逻辑运算总是“合作”，并且包含着智力的相互关系的协调，以及道德和理智双方的合作。然而，传统学校所承认的仅是和教师相联系的社会交流，教师是绝对的统治者，他们在理智真理和道德上个别地控制每个学生。学生之间的合作，甚至他们之间的直接交往就这样被排除于课堂工作和家庭作业之外了（由于评分和考试的气氛……）。相反，在活动学校里，以共同工作为先决条件，个人的工作和集体的工作交替进行，因为已经表明集体生活对个性的各方面，甚至最属于智力方面的发展是必不可少的。一整套“班组学习”的技术已经在许多国家以不同的名称设计出来了。这仅是一个小例子。不久以前，当我们和德可乐利一起参观他们的一所学校的时候，我们意外地发现，在一间偏僻的教室里，几个公立中学的学生在学习一个解析几何学问题。有的在集体学习，有的在单独学习。在听取了他们的讨论后，我不自觉地回忆起我在同样的年龄时这一学科里使我头痛的几个概念，它们不是由一个同伴解释的，而是学校生活之外的，可以说是有点儿不太正规的解释。在这些小组里，我亲眼看到了共同工作的方法是正常的和现实的。

B. 德育

道德教育问题和我们刚讨论的关于逻辑或数学教学的问题确实是平行的。我们希望造就屈从于传统和上一辈人的约束的人吗？如果是这样，教师的权威，德育课，再加上强化这一尊奉行为的奖励和惩罚制度，就是足够的了。如果不是这样，我们是希望培养既有自由的道德心，又有尊重其他人的权利和自由的人吗？那就很明显，不论是教师的权威，还是教师就某个问题所上的最好的课，都不足以产生这种既是独立的又是相互的生动活泼的关系。只有学生之间的一种社会生活，也就是说，形成一种尽可能大的并和共同的智力工作相并行的自治，这样才能导致个性的这种双重发展，使人们既是自己的主人，又互相尊重。

许多教育实验已确定了自治的效果，① 在自治不构成一种人为的强制方法因而引起矛盾的时候，这和整个学校的精神是一致的。另外，许多心理学的研究已经明确地指明了关于各种权威的关系，成人和儿童之间或儿童彼此之间的各自的影响。在第二次世界大战之前已进行的这些教育学和心理学的实验曾发现，在战后出现的“儿童村”的悲惨环境之中，确实存在着一种真正鼓舞人心的复苏：也许由于共同的不幸而结合在一起的儿童们的小社会能为我们今天提供对于人类较好未来是有希望的最可靠的理由。因为很明显，在由友爱和自由所形成的社会环境中，存在着一种更新的可能性（也就是说，不是顺从，而是自愿承担的责任）。

我们刚才已承认，个性的相互联系方面是自主和互利。以尚未达到个性状态的个体而论，其特点是不懂一切规则并在他和物理与社会环境的相互关系中以自己为中心；而已形成个性的人，却是能把自己的自我放在和别人的自我的相互关系的真正的观点中的个体，也就是说，他把自己的自我，放入一个同时具有自主训练和自己的活动的基本非中心化的互助关系的系统之中。因此，德育的两个基本问题是：保证这种非中心化；建立这种训练。但是教育者用来达到这一双重目标的方法是什么呢？要么是根据儿童心理的本性，要么是通过儿童和其周围的其他人之间的关系的建立来提供方法。

最先在儿童的心理结构中发现了三种能够影响儿童道德生活的情感或情绪倾向。首先是一种爱的需要，它以各种形式在婴儿期到青少年期的发展中起着主要作用。其次是对那些比他自己大的和强的人有一种畏惧感，这在他的服从和信奉行为中所起的作用是不可忽视的，并且在几种道德教育制度中不同程度地被使用着。最后一种情感是混合的，同时由爱和恐惧组合而成，这是所有道德学家们

① 见国际教育局：《学校中的自治》。

着重指出的、在道德意识的培养锻炼上特别重要的尊敬的情感。对有些人来说，尊敬构成了一种衍生的类型上独特的情感状态，就像爱和恨一样，它得有其他的人作为对象，但它直接依附于这些人所体现出来的道德价值或规则。尊重一个人，转为尊重他本人表现的道德规则（康德），或是他所代表和使用的纪律（涂尔干）。根据和我们有联系的其他作者的观点，尊敬虽然能够第二次获得较高的形式，但是它首先像前面两种情感一样，是一种个人对个人的情感，在开始时具有小孩对父母和其他成人的一般爱和畏惧混合的感情（在冲突和失望未给这些原始态度产生差别之前）。

儿童和他周围的各式各样的人之间的关系，在道德感情的形成中起主要作用，但强调的则是刚才区分过的三种不同情感倾向之一。事实上很重要的是，要懂得儿童具有完成一种道德意识或"实际推理"所必需的一切成分。正像智力意识或推理的情况一样，在心理发展开始的时候，两者都不是现成的先天因素，两者都是在和社会环境密切的联系中形成的。因此，儿童与其所依赖的人之间的关系是培养性的，而且对甚至最基本的道德实在的建构起着不限于一般所认识的或多或少的深远影响，而且还被认为是以某种偶然的方式起作用的。

第一种类型的关系是产生一种责任感的关系。这是幼小儿童在接受最初的任务并感到必须遵行时所伴随的感情。试想：一个还没有掌握母语的第一个词，还处在一切都是自发的和游戏的年龄的婴儿，会接受命令并认为自己对它们负有责任（他们执行还是违反命令，面对成人，他们感到自己有罪或不安）吗？如果这样，人们印象深刻并引起惊奇的是，这是从何处出现的呢？正像人们所指出的，① 同时具有两个条件，就足以产生义务感。第一就是儿童接受

① 波维（P. Bovet）：《责任意识的条件》，见《心理学年鉴》，1912 年版。

别人的命令或禁止（不要单独上街，不讲假话，等等）。为什么他们接受这样的一些规则而不忽视它们（就像当有人讲使他们厌烦的故事时，他们习惯地知道怎样做出反应）呢？这种接受并不简单地是强烈意志的产物。仅对规则惧怕并不足以迫使他们接受，仅引起一种纯外在的服从，另外，只是利害关系（例如，服从是为了免遭惩罚）。要解释这一事实，还存有一种内部的接受，并作为一种结果，即责任感。这里出现了第二种条件，并且成为上面讲到的有关儿童自发倾向的三种因素之一。一个命令只有来自一个受尊敬的人，才会被接受并产生一种责任感。也就是说，此人是同时具有爱和畏惧情感的对象，而不是仅具有这两种情感状态之一的人。就是这样，幼小的儿童才不感到要顺从他们所爱的兄弟的命令，或者他们对一个只有惧怕的陌生人的命令，而要服从母亲或父亲的命令，并且不断感受到要服从，即使有时儿童会反抗。在道德情操形成过程中，这种最初的关系类型无疑是最早的，在整个儿童时期都能够保持其影响，并超过了其他所有的关系。它决定于所采取的道德教育的类型。

如果人们一下子就觉察到道德关系最初形成的重要性，就会看到我们这里所具有的道德关系是不够的。小孩对成人尊重的这种服从和归顺的根源，基本上一直是保持着单方面的，因为，如果成人尊重孩子，就不是一样的意思了（成人不会感到轮到自己必须遵守小孩的命令和指示，他们无论如何是碰不到的，也不会以任何形式加以接受）。由于是单向的，因此这种最初的尊敬方式首先是一种依赖的因素。毫无疑问，儿童在成长的过程中会发现是成人使自己服从他的训示，或至少成人努力这样做，但事实上并不总能达到目的。这样的规则，孩子迟早总会感到是高于他们所尊重的人的。另外，儿童总有一天会体会到，自己接受的命令是繁多的，往往是互相矛盾的，并发现自己必须做出选择，建立等级。但是，如果没有一种外在道德行为的来源，而仅靠单向的尊敬，他们将保持他们在开始时的情况：一种屈从于现成规则和屈从于其起源是在接受者之外的规则的工具。

在道德价值形成的个体之间的关系的另一端，则是相互尊敬。① 它是在两个平等的个人之间形成的，或是排除了所有的权威的。相互尊敬仍然是爱和惧怕的混合物，但只保留了“怕”在伙伴眼中降低自己声誉的那一部分。因此，这是用必须本身起作用，并事实上可以看出遵守者参加了所遵守的规则制定的一种自主来代替单方面尊敬的不自主的特征。互相尊敬也是服从的一种根源，但它引起了一种新的、不再是服从严格的现成规则的义务，而且引起允许制定规则的方法本身。这种方法只能是相互的，不再被理解为区分好坏之间的严格的守则，而是理解为观点和行为的相互合作。

然而，从我们已经认识到的对于道德个性教育所必需的自我的摆脱中心化和这一种自主纪律的建立的双重观点看，单向尊敬和相互尊敬这两种力量的效果是什么呢？很容易看出，它们和我们上面所指出的个性的智力方面的教育情况是完全平行的。事实上，建立在权威之上和仅是单向尊敬之上的教育，从道德观点和智力观点看，都有同样的缺点。这种教育不是引导个体制定将要迫使他们遵守的规则和纪律，或者与别人一道来改变它们，而是强加给他们一系列现成的、直接的绝对命令。然而，由外在原因而信奉一种智力真理，也就是说，没有对它进行再发现和再证明，这同样存在一种矛盾。因而，人们会问：不通过一种自主的方法而认识某种责任，这是否不存在某种道德上的反复无常？

事实上，对这样一个课题，人们已经广泛地使用了不同的方法，搜集到无数心理学论据了。一些对儿童行为的研究首先使儿童服从于权威，或者相反，将儿童置于自治的小组之中，然后，在他

① 见皮亚杰：《儿童的道德判断》，阿尔康书店。

们适应新情境之前交换环境，用这种方法进行过儿童道德判断发展的研究，分析儿童和双亲间的情绪冲突，或者“超我”的作用，即双亲权威的无意识的固执，等等。这些各种各样研究的结果是一致的：忍受来自外界的纪律，或是扼杀整个道德个性，或是阻碍和没促使道德个性的形成。它在责任或尊奉行为的表层，最经常从以个体本身为中心的“自我”之中滋生出一种妥协，因为没有任何自由和建设性活动，不允许个体体验到与别人的相互关系。正像一个学生在没有理解的情况下能背诵课文一样，能以咬文嚼字代替理性活动，同样，一个儿童之所以服从，往往是一种外在的遵循惯例的精神，但他实际上既不懂他所遵循的规则的真正意义，也不懂适应它们的可能性，或在不同的情况中重新制定它们。在过去研究不同年龄的儿童如何理解撒谎和怎样对不同类型的撒谎进行道德评价的过程中，我们有过强烈的印象，儿童道德方面的反应和他们在智力性质上的不理解是多么相似。所以，对七八岁以下的儿童来说，对大人撒谎比对同伴撒谎更恶劣（因为这一禁止来自成人），并且一个谎言的严重性是用客观、具体的欺骗程度来衡量的，而不是用撒谎的动机来衡量的。一个儿童夸张地说自己看见了一只和小牛一样大的狗，比起撒谎说在学习上得了好分数，前者是一个“更大的谎话”，因为后者可能是真实的（确切地说，“家长会相信它”）。诚实的准则是在理解之前就作为一种责任加以接受，也就是说，在经历真实的和相互的社会经验之前，便形成了一种“道德的具体化”（回忆法律上的教条主义的原始形式的“客观责任”）。但是，由于社会的生活和相互的经验，儿童一旦重新思考了诚实的准则，就变得能够敏锐地评价他们的问题。

互相尊重和建立在儿童之间的自发的社会组织上的方法的教育意义，恰恰在于允许儿童在活动中制定出一种纪律，其必要性是儿童在活动中发现的，而不是在能够理解之前就现成地接受了。这就是为什么活动法在德育中起到了就像在智育中同样的不能替代的作用，它引导儿童自己建构从内部改变自己的工具，即是真实的，而不再仅是表面的。

最好的论证并不只是简单的推理或理论心理学的问题，而是不断丰富的自治教育的教育实验。第二次世界大战之前，人们就进行了足够数量的实验，以便做出有价值的评价。但是应该承认，那时候的大多数实验受到的是著名教育家的思想而不是生活需要的激发。在公众看来，这只是一种理论或至少是一种例外，是和特别优越的学校环境相联系的例外（例如，私立学校的寄宿生没有经济困难或明确的必修课程）。

在 1930 年和 1935 年，我们参观了一所没有这些特点的学校①，它给我们留下了极深刻的印象。这是一个东欧国家为少年罪犯所建立的一所学校，领导这所学校的那位令人佩服的人非常大胆地信任他所管理的儿童和青少年，把学校纪律交给他们去管，并把最严格的责任交给最难管的分子。这个实验给人特别深的印象有两个方面：通过年轻人自己的社会群体对新来者进行再教育；建立完全由学生社团管理的内部制裁（法庭）组织。就第一点来说，很容易想象出新来者对于这一自主的制度具有什么印象。学校的规章制度是由同伴们的群体制定的，而不是由成人们制定的。一个被发现犯了错误的儿童或青少年，接着便由未成年人的刑事法庭按特别严格的条例和一系列的制裁进行惩罚。他发现面对的是一群走在弃旧图新、重新做人道路上的年轻人（在通过了同类惩罚之后），他们形成了一个有组织的社会群体，并立刻欢迎他，分配给他一个工作、职责和责任的岗位。这并不是说，使他只和同等的人发生关系，而不与看管人员发生关系，个体就能立刻转变，而且他的错误就不会再犯了。但是，正是在这

① 皮亚杰在这里指的是苏联教育家马卡连柯创办的“高尔基工学团”和“捷尔任斯基公社”。——译者注

里，出现了领导这一机构的卓越的教育家的最绝妙的发现：一旦参加到集体之中，这些学生中的每一个人的错误，便由一个完全由同伴组成并由他们任命的法庭来进行审判。这一令人惊讶的法庭的审议和判决记录在一本我能够看到的日志之中（在我们的一个助手的帮助之下）。对一个心理学家来说，没有什么比这份文件更为吸引人了。但是后来，无疑地，它在一次华沙战役中被毁坏了。这些自己过去也是少年犯的法官们的人道主义、理解以及细致评价具有一些感人和令人鼓舞的东西。

我们应该指出，道德教育最微妙的方面之一正是和惩罚问题有关系的。在道德教育中，作为个性形成因素的自主或互助方法和权威方法之间存在很大的差别。惩罚形式损坏了执行者的尊严，在儿童习惯于将惩罚的使用和实际行为与有充分道理的道德准则合在一起之前，他们会感到原则本身完全不公平。相反，通过相互关系而不是权威开创一种建立信心而不是惩罚的方式，这比完全的强制或全部的外部纪律更有利于道德个性的发展。

我们在两次世界大战中所得知的这一条特殊经验，后来在大范围内重新实验了，被试是被遗弃的儿童、战争牺牲品的孤儿以及生活在那种可怕的环境中的儿童。对他们来说，好恶之间的区分似乎全部消失了。这一实验在各种各样的教育倾向的环境中重新做了。不论苏联的教育家还是意大利的牧师，不论“支持者”是属于这一派还是另一派，等等，每种情况下所得的结果都是一样的，因为儿童社会的社会学规律和个性发展的心理学规律是比较一致的（这和在不同的成人环境中使儿童的发展发生分化的各种关系完全相反）。

总之，无论这是一种理智和智力功能的教育问题，还是一种道德觉悟的教育问题，如果“教育权”含有以“人的个性的充分发展以及加强对人权和基本自由的尊重”为目的，那么，懂得使用任何通常的方法都不能达到这样的一种理想，就是很重要的了。不论是必须以这种发展为前提的个人的自主性，还是引起对其他人的权利和自由的尊重的相互关系，都不能够在一种权威的和智力及道德限制的环境中得到发展；相反，二者为了自身的形成，都迫切地需要实际经验和研究自由，除此之外，一切人类价值的获得都仅属于幻想。

五、教育应有利于增进一切国家、种族和宗教团体的理解、宽容和友谊，并促进联合国维护和平的活动

上面论述的国际教育问题，是教育家们面临的最难处理的问题之一。与道德和智力形成的情况相反，在这一形成中可以认为成人所获得的水平高于儿童，因而可以提供给学生作榜样，但是，目前实际的国际形势不能被认为是一种完美的模式。在国际教育中，一种适当技术的研究至少应在开始时便考虑构成人类一般精神特点的那些困难，它们制约着各社会集团间的关系问题，特别是国际关系问题。

这样的一些困难并不妨碍有才智的人们想象出一种特殊的教学，它在所有受到现在的国际组织的支持及致力于维护和平的学校中进行。这种教学的性质在于加强各国人民之间的谅解精神，并有效地为和平目的服务。只要不存在导致相反结果的危险，就不会对这种尝试有反对的意见（因为所有事情都应朝着这个目标努力，甚至有采用无效的方法或很少摆脱传统教育学的部分口授方法的危险）。事实上，没有什么比由于学生不理解造成这种差距的真正原因，从而产生事物的实际情况与追求的理想之间存在太大差距的印象更令人遗憾的事了。然而，谁真正懂得这些原因呢？

此外，我们的意思并不是说，无论在国际教育还是在其他领域中，所有的口头教学都是无用的。只有当它有了事前的活动准备，

在道德和社会性质的情况下作为总态度的一部分来实施时，使用它才有效。如上所述，如果一堂课是一种反应，那么，在反应之前进行和这种活动及这些态度直接联系着的提问就完全是必要的了。这在国际教育中比起在其他领域里更是如此。

通过比较我们是会理解这个问题的。使一个学生成为未来的好公民（他自己国家的，还未说到世界的）的最好的方法是什么呢？是一年用一定的学时简单地给他上一门系统的公民教育课，逐渐地给他描述国家机构的不同的活动方式，不论教师的口才和善良的愿望如何，使他相对地仍然处于漠不关心的状态呢，还是把这种训练引入学校的自治经验中，让儿童凭经验来知道什么是一个执行委员会、一个州议会和一个法庭（没有这样的类比，他是什么也想象不出的），并能使他对类似于阶梯的机构感到有兴趣呢？我们甚至认为，为了自治的实践，有必要牺牲公民教育课；自治比最完美的课程更能造就出较好的公民，而且这些课业如果没有社会经验的支持，它们的实际结果可能是没有价值的（我们在这里并不是以教师的身份讲话，而是以一个老学生的身份讲话，在这一点上我们的回忆是非常确切的）。

国际教育的问题怎样不同于刚才所研究过的道德或智力教育问题呢？这些问题几乎相似，也许只是等级不同而已，但是这种等级差别是如此重要，以至成人们都从来未能实际解决民族之间的关系问题，即国家之间彼此的互相教育。事实上，这些问题是类似的，因为它涉及智力、道德形成或国际教育，每个问题都是使个体摆脱中心化，使个体自发地放弃主观的或自我中心的态度，从而把他引向相互关系和客观性（这实际上是同义的）。这只有在纯智力的问题上才能相对地使个人之间的观点协调起来（例如，将不同观察者的观点联系起来），并且在道德方面发生冲突时，也能得到协调，否则，相互联系和客观性似乎是民族感情和国际生活方面不可克服的一种困难。

在这一方面，要讲两点最初步的意见。首先，在我们懂得的最少的事物中间，包含着一般的社会现实，特别是当前的国际现实。对于我们来说，谈论星球的运动、物理和化学的现象，比谈论不断引起我们注意的社会和国际事实更为容易一些。实际上，如果把当代的社会现实与人类的过去做比较，就构成了一种相当新的东西；发生在我们每个国家社会中的每一重大事件，立刻在整个世界上具有普遍性并引起反响。集体现象已经改变了规模，它们所表现的水平更是完全相互依存的。尽管人们曾人为地试图搞自给自足的民族经济和精神，事实上，已不再存在国家经济，也不再存在孤立的内部政治，甚至不再存在限于单一集团内智力和道德的反应。然而，这种看法也许是平庸的，不过，它仍然符合一种情况。的确，我们在吸收同化中尚未成功，并且我们对它还不习惯。毫无疑问，我们很容易看出它的原因，这是由于自 20 世纪开始的技术和经济的变革。两次世界大战才使我们觉察出这种国家之间的相互依存，同时也使我们认识到一旦失去了这种关系，要重新建立团结或平衡是多么困难，还使我们认识到民族之间发生的冲突和民族内部的冲突之间的那种密切的相似。

我们在心理学上还没有适应我们的社会状态，这是为设立一种国际教育一开始就应该承认的基本事实，并且“我们”不仅是指在这复杂的和相互依赖的宇宙面前迷路的人类众生，甚至还包括国务活动家们。正如瓦莱里（Valéry）在他的《注视当今世界》中指出的，当代的政治家几乎是在国际政治中掷色子。无论他将来的行为路线如何，只要他有一个超出他的国家紧急保安以外的政治计划，他就得摸索着走路，并常常在自己行为的细节上自相矛盾，然而这些行为的反响是无法预料的。我们不论是在道德上还是在理智上都没了解当今世界。我们尚未找到帮助我们协调社会现象的智力工具，也没有找到允许我们按照愿望和内心来控制社会现象的道德态度。我们犹如被一位人类文化学者所询问的老因纽特人一样，当问到为什么他的部落虔诚地保留了一些习俗时，他不懂那是什么意思，他回答说："我们保留我们的旧习惯，为的是使宇宙能继续下去。"对于原始人来说，宇宙是一台巨大的、处于不稳定的平衡状态的机器。在宇宙中，一切都是与其他的任何东西联系在一起的（社会习俗和物理规律是未互相分化的）。如果只动它的一个部件，甚至并不知道这一部件起什么作用，那么整台机器便有被弄坏的可能。对于我们来说，社会宇宙有点儿像原始人心目中的整个宇宙。我们推测存在一种相对的和谐，一台运行或损坏的整体机械，但我们不了解轮系，因此我们怀疑，我们尽可能保留一切，有时恰恰有阻碍良好运转的可能。

因此，教育者关于国际问题的第一项任务，是设法使学生适应这样一种没有隐瞒任何复杂性的情境。这是要在儿童心中形成一种精神工具。它不是一种新的习惯，也不是一种新的信仰，而是一种使他们懂得并自己发现道路的新方法和工具。讲到智力工具，我们可以引证科学，它是人类精神的最美好的适应之一，是理智对物质世界的一种胜利。那么，它是怎样成功的呢？它并不仅仅是知识或经验的积累。远不止此，它通过建立一种协调的智力工具，使得理智能把这样那样的事实彼此联系起来。从社会的观点看，那便是我们所需要的东西。这不仅给儿童一些国际现实和机构的新知识，如果不同时创造一种特殊的态度，一种性质既是智力的又是道德的、对所有等级都有价值的、适用于国际的协调工具，那么，这些知识就是毫无用处的。

不过（这也是我们的第二点意见），对智力的协调和道德的相互性的进步的最主要的障碍，不是别的，而是个体甚至集体意识中的最自发和根深蒂固的态度，这就是智力和情绪的自我中心状态。这可在较原始和尚未通过社会的相互作用而摆脱中心化的每个个体的心中找到。只有依靠必要的摆脱中心化，才能使智力的和道德的社会中心状态在集体的每个单位中重新出现。实际上，这是自然地扎根在所有意识中的一种态度，不可能通过对自发倾向的某种整体转变一次就摆脱得了，因为它在每一新协调的获得时逐渐再出现。这种关系到“我”和“我们”的必不可少的解放，也需要相当的智力和道德的努力，并必须以坚定的意志为条件，有时甚至需要英雄主义。

我们刚刚引用的科学在这里向我们表明，自我中心态度的根扎得很深，要在脑里和心里加以清除是多么不容易。思想未能使自己成功地适应外在世界，而人类的精神未能预见和解释物理现象，除非它首先从最初的自我中心状态中解脱出来，但是，这种转变的前景需要几百年的努力。

天文学史已给我们揭示得特别清楚。在最初的人类看来，太阳、月亮和星星正像它们出现在幼小儿童眼中一样，就像小灯坐落在云层和高山之上，我们行走时，它们伴随着我们，没有固定的轨道。每个儿童总有一天会想到，月亮是跟随着他的，并且，照少数几个原始社会的说法，天体的轨道是由人的运动所支配的（在古代的中国，天子根据自己的出行来固定季节的接续交替）。古代迦勒底人和巴比伦人取得了显著的进步，他们把自己从最初的自我中心的观点中解放出来，认为天体具有独立于我们之外的一个规则的轨道。这一客观性的胜利又使第二种形式的自我中心状态得以存在，甚至成长，即先是把地球看成一个巨大的托盘，然后是一个半球，最后是一个球体，认为地球保持着它的明显的位置。而大多数的希腊学者还认为，天体围绕着这一个所谓的宇宙中心旋转。当然，这样一种由亚里士多德体系所阐明的信仰，不能再和儿童认为月亮跟他走的想法相比较。然而，这一信仰也是从同类型的幻想向前发展的。在哥白尼和牛顿懂得地球和太阳系之间的确切关系之前，这种信念在人类思想史上具有一定的影响。可以把哥白尼的革命看作客观协作战胜人类的自发的自我中心状态的最明显的象征。可是，自我中心在一种新的和更精练的形式下再一次重新复活。为了协调他的宇宙理论，牛顿认为宇宙的每一点的时间和空间与我们的时钟和地球计量器绝对等同。又过了200年，爱因斯坦才告诉我们依赖于速度的时空的相对性，他创造了一种比古典力学更为精确的协调工具，并等待着别人超过自己。

通过这种发展人们可以看出，假如在每一个新水平上，人类思想都是逐渐地使它自己从一种特定的、事后看来似乎原始或幼稚的自我中心的形态中解脱出来，每一次都再次陷入更精细的自我中心状态之中，再一次阻碍了整个客观性。然而，从社会的观点看，不必说也是一样的。因为“我”“我们”或它们的象征以及它们的领域的摆脱中心化，仍要受到许多障碍的抵制。每次为了集体的利益，我们使自己从“我”或“我们”中解放出来，看来这只给我们带来利他主义和慷慨大度，使我们变成了某种新的和潜伏性的偏差的牺牲品。它既是无意识的，又是更加顽固的。由此看来，当国家的自我中心状态、阶级的自我中心状态、种族的自我中心状态和许多其他形式的或多或少强有力的自我中心状态共同分割我们的精神，并在简单的观点错觉和由于集体抑制产生的谎言之间加上一整套层次迭起的错误时，在这种情况下，谁能解决这种社会的或国际性的问题呢?

因此，很明显，国际教育不能限于在普通课程外再加上一门只针对现在的国际机构甚至它们所体现和保卫的理想的课程。首先，整个教学必须变为国际性的，不仅是历史、地理和现代语言这些国家之间的互相依存尚不明显的领域，而且文学和自然科学也是这样。在这两门科目中，全人类的共同努力常被忽略，社会冲突和技术作用也一样被忽视。只有这种精神渗透整个教学，才能期待我们条文中提到的民族和宗教集团之间的理解精神和宽容精神不变成一切排斥异己的敌人。怎样从国际性的角度来教授文明史、文学史和科学史呢?

这只有一开始便使用一整套的活动法，把共同探讨（以组进行学习）和学生自己的社会生活（自治）放在首位，国家和国际态度以及它们协作的困难的研究才具有一种具体的意义。这基于下面两种观点。

第一，国际生活是在完全不同水平上的与整个社会生活一样的相互性冲突和一样的不理解的舞台。一个国家对另一个国家的判断是令人惊讶的目光短浅——允许所有的国家以直率的态度指责其他国家的态度，这种态度也同样地表明了自己行为的特征。无论是把自己置身于不同于自身的观点的角度看问题，还是其他角度等，都是各种阶层的共同现象，而要在国际水准上理解它们的重要性，必须通过实际经验来加以发现。

第二，只要在学生中间组织了社会生活，就有可能将其扩展到国际的交换或以国际问题为研究对象的研究小组上去。校际通信、年轻人的互助俱乐部、国际旅游团体（假期，甚至上课期间的学生交流）以及其他许多在两次大战中便已开始的创新活动，这些都是积极的行动，已经获得了真正的成就。对于国际教学，人们也可以设想设置中等学校水平的学习组，目的在于共同研究国际生活的这个或那个方面。若允许这些小组有完全的自由，特别是批评的全部自由，正像青少年小组已具有的一样，那么，这些学习小组将发挥巨大的作用。例如，人们可以设想一群中学生（不受教师的责任的约束，能自由交流思想），通过比较报纸上的文章或收音机的广播，努力形成对同一事件的多样性的观点和对一种客观历史的难点的看法。这并不是不可能的。有一天，当学生学会以这样一种辨别和批评的精神去思考和阅读报纸（或听收音机）的时候，人们还犹豫着让自己完全像学生一样被引导——就像“旧制度”的学生一样，我们说，他们还未曾从我们的第 26 条所宣布的那种教学改革中得到好处。

本文译自皮亚杰法文原著：*Ou Va L'Education—Comprendre*，*c'est inventer*，L'Imprimere Bussière *à* Saint-Amand（cher），1979，pp. 41-133。译时参考了 George Anne Roberts 的英译本：*To Understand Is To Invent—The Future of Education*，Grossman，New York，1973。

1935年以来的教育与教学①

一、教育学的发展

二、儿童与青少年心理学的进展

三、几种学科的发展

四、教学方法的发展

五、教育的量变与教育规划

六、结构改革、教学计划与指导问题

七、教育事业中的国际合作

八、师资的培养

要想概括过去30年的教育和教学的发展，这是一件大胆的事，更何况要试图加以评价了。对自从1935年以来一直没有减少，至今仍继续存在的那种大量已完成的努力和我们对教学方法、教学大纲，乃至对作为一门指导学科的整个教育学等方面缺乏根本的革新之间的不相称，人们感到十分惊恐。

1939年，卢西恩·费布弗里（Lucien Febvre）曾讲过，在对教育学的经验主义和教育学能够受到启发的心理学与社会学的研究的“健全率直而有成果的现实主义”做比较时，人们就会感到强烈的震惊。而且他解释说，这种差距或缺乏协调乃是极端复杂的社会生活所产生的结果，而教育既是社会生活的反映，又是它的工具。这无疑是真实的，但问题继续存在，而且日益使人不安。人们要弄清楚，为什么我们有一门科学的医学，即使其规程在许多国家和社

① 本文发表于1965年。——译者注

会阶层应用较少，而国家的教育部部长们却不能像公共卫生的部长们一样，能依靠一门公正客观的学科，权威性地给教育提供原理和事实根据，遇到问题只要考虑如何最好地加以应用就行了。总之，卫生部部长们不在医学知识领域里进行立法，因为已经存在着一门医学科学，其研究工作既是自主的，同时也受国家的鼓励。而公共教育工作者则只是对教育部负责的公务员，教育部不仅决定应用，也决定原则，这仅因为缺少一门教育的科学作为支持，教育科学还没有发展到足以回答每天发现的无数问题的地步。因此，这些问题就只能让经验主义或传统来解决了。

追溯教育和教学从 1935 年到现在的发展，必须估计公共学校教育数量上的大量增加，注意某些局部的质量上的进步，尤其是受到许多政治和社会的变革的鼓励而产生的改进。但是，特别重要的是，我们要反躬自问：和儿童心理学及社会学本身的深刻的新发展相比较，为什么教育科学所获得的进展那么小？因为忘记了这样的先决问题，就会歪曲整个情况。

一、教育学的发展

这里的问题不在于把理论考虑作为我们的出发点，而是从事实本身开始，因为这些事实迟早会使那样的考虑成为必要。在这方面，有三种情况是有启发性的。它们既不一致，又是从其他许多情况中挑选出来的。

对结果的无知

经过 30 年，我观察到的首要的而且令人很吃惊的事实是，我们对我们的教育方法所取得的结果仍然无知。在 1965 年和在 1935 年一样，我们并不知道我们人口中的各界代表人物在小学和中学获得的各种知识，在 5 年、10 年或 20 年以后还留下了什么。在这方面，虽然我们也有些知识，例如，应征参加瑞士军队的士兵所面对的离校后的考试材料，波维曾给我们描述了令人惊奇的1875—1914年的那些故事（尤其是有些地方为了隐瞒因没有准备而临时抱佛脚的考试所出现的灾难性的结果，而在记录上做出的细致的修改过程），但是，一个30岁的农民对以前教给他的地理和历史还记得些什么，或者一个开业律师对在中学时期学到的化学、物理乃至几何还记住了多少，对此我们就没有确切的知识了。据说拉丁文（在有些国家是希腊文）对培养一个医生是必要的，但是否有人估量过这种训练在一个开业的医生身上还留下什么（还可以在日本及中国和欧洲医生之间进行一下有关医学效益和古文学习的关系的比较），从而来检验这一断言，并将它从职业训练有关因素中排除？然而，共同制定法国总体规划的经济学家们要求安排检查教育方法效果的办法。

有人会反对说，我们对所学习的东西的记忆和习得的文化之间没有关系；除了靠概括和主观判断外，我们怎样估计这种习得的文化呢？而且，作为特定个体的文化（一旦最后考试所学得的详细知识已经忘记了），是否总是在学校教育中获得的呢？或者是否说文化是学校通过激励或兴趣在他身上培养起来的，而这种激励和兴趣与他受教育时的所谓基础教育的最重要部分是无关的呢？有人根据可以把语言有益的效果迁移到别的活动领域为理由，主张已经废弃的语言的教学是有价值的。对这样一个中心问题，除英国有些研究外，至今已有三十多年还没有通过实验取得明确的答案。当教育家被迫要对这样一个重大问题提出建议时，他根据的不是知识，而是常识性的考虑或仅是“偶然性”（例如，没有按照规定通过正式教育获得职业的人数）。

此外，有一些十分明显的没有任何培养价值的学科，我们并不知道它们是否达到了传统规定的实用目的，但继续把它们规定为重要的科目。例如，每个人都同意这个事实：为了过好社会生活，必须知道怎样拼写（这里对这样做的必要性的理性的或纯传统的意义不做任何讨论）。但是我们仍然不能明确知道，特殊的拼写教学能否增进我们这方面的学习能力，其效果是否完全无关紧要，或者是否有时会变成有害的东西。一些实验已经表明，视觉记忆的自动录像能够获得系统上课同样的结果。用两组学生做实验，对一组进行拼写教学，对另一组不进行，两组的分数是一样的。这样特定的实验，由于缺乏必要的扩展和变化，无疑仍是不够的。但是，在这样容易得到结果的领域里，会出现传统语法和当代语言学的各种分歧意见的直接冲突，以致教育学未能组织有系统和有条理的实验，而只能根据常识决定问题，事实上是感情用事，而不决定于有效的推理。这简直是难以置信的。

事实上，我们判断教学方法的效果是把学校的大考，并且部分把某些竞赛考试的结果作为根据的。但这里同时既存在窃取论点，① 又存在循环论证。

首先，这是一种窃取论点，因为我们一方面假定在这些考试中的成功构成了所学得知识的持久性的证明，而另一方面尚未解决的问题恰好在于要确定由于考试的成功而曾一度证明其存在的这种知识隔几年之后还剩下些什么，同时还要试图决定除了忘记了的详细知识之外，存在的东西的确切内容。然而关于这两个基本要点，我们几乎一无所知。

其次，这是一种循环论证，这尤其严重。因为，我们说最后考试的成功有可能判断教学的价值，可是事实上，学校的大量工作受到考试期望的影响，而且根据一些受尊敬的思想家的看法，当这种偏见日益占统治地位的时候，学校的大量工作甚至严重受到歪曲。因此，不言而喻，假如我们要得到科学上的客观性，乃至对家长尤其对有关学生采取诚实态度，那么，对学校教学效果进行教育研究

① 指证明过程中把尚待证明的判断作为论据的一种逻辑错误。——译者注

时，先决问题是比较没有考试的学校和普通学校的结果。在没有考试的学校里，教师是通过学生全年所做工作的情况来评价学生的价值的；而在普通学校里，年终考试所期望的东西可能不只挫伤了学生的学习活动，甚至同样损伤了教师的教学工作。有人抗辩说，教师在评估时并非总是没有偏见的，但局部的偏见是否比起每次考试所涉及的侥幸成分和情绪上的障碍会产生更大的破坏呢？有人还会抗辩说，学生不是可用作教育实验的试验品，但现在的许多行政上的决定或改组不也导致一些实验吗？它们不同于科学实验的只是没有包括系统的控制。尤其有人会抗辩说，考试也具有培养学生品德的功能等，但这正是我们应该用客观实验加以证实的东西，我们不能满足于仅仅提意见，不管怎样权威的“专家说的”意见都不行，特别是意见既如此之多，又互相矛盾。

事实上，对于所有这些基本问题，也像对其他许多问题一样，实验教育学即使确实存在并已经完成了大量有价值的工作，却仍然是没有发言权的，从而证明了教育学所面临的问题的广泛性或重要性和所采取的解决问题办法之间仍存在着多么大的不相称！当医生应用一种治疗方法时，他的决断确实也包含有一定程度的经验主义，而且对特定的病案，我们很难完全确定病人被治好是由于医生所用的方案还是不靠外面帮助而自然痊愈的。然而确实存在大量的医药方面的科学研究，加上生理学知识的进步，给临床医疗直觉提供了日益坚实的基础。和卫生领域一样，教育学这一领域同样关系到新的下一代的未来。那么，在这一领域里，正如这几个小例子所表明的，为什么基本的科学研究仍然这样贫乏呢？

教学人员与科学研究

从 1935 年到 1965 年，在称为自然科学、社会科学或人文科学的几乎所有学科中，人们都能列举出一些伟大的作家和国际闻名的人物的名字。他们对所献身的那一学术分支都或多或少进行了深刻的革命。然而，在同时期，却没有出现其名字可以在教育史中成为里程碑或可以列入杰出人物之列的伟大的教育学家。这又引起了另一个问题。

然而，这个问题不限于上述时期。假如我们粗略浏览一下许多教育史的目录，我们首先必然看到，在教育学领域里，相当大比例的革新家并不是职业教育者。夸美纽斯创办和管理过许多学校，但他受的训练是神学和哲学。卢梭没有讲过课，虽然他也许有过孩子，但我们知道，他自己从来没有教育过他们。福禄培尔是幼儿园的创始人和感觉教育的提倡者（不论他做得怎样不够），但他是一位化学家和哲学家。赫尔巴特是心理学家和哲学家。在我们同时代的人当中，杜威是哲学家，蒙台梭利夫人、德可乐利和克拉帕雷德等都是医生，后面的两位还是心理学家。裴斯泰洛齐也许是纯粹的和不折不扣的教育工作者中最卓越的教育学家了（虽然他是一位很现代的教育家），但在新方法、新程序上都没有什么创造，除了承认他是首先使用石板以外，但这也只是为了经济的原因。……

在1935—1965年，教育学方面的一件重大事情就是法国的改革方案，它引起了学生学习“指导”和“观察”两个阶段。这个方案诞生于由物理学家郎之万（Langevin）和医学心理学家瓦隆（Wallon）所领导的一个委员会的工作。

无疑，在其他不少学科里，也有一些非“本行”的人做出了十分重要的、鼓舞人心的贡献。例如，每个人都知道巴斯德对医学做出了很大贡献，可他并不是医生。但是，大体来说，医学仍然是医生们工作的成果，工程科学则是工程师们建立起来的，等等。那么，为什么教育学很少是教育家的工作成果呢？这是一个严重而仍然现实的问题。上面我们所强调的对教学法结果缺乏或很少进行科学研究，这只是一个特殊情况。普遍的问题是要弄清楚，为什么这样庞大的教育工作者队伍现在在全世界热心地辛勤劳动着，而且一般来讲，都具有胜任的能力，却不能形成一支精锐的研究部队，把教育学变为既科学又生动的学科，使之立足于文科与理科方面的其他应用科学中，并占有适当的位置。

是由于教育学本身固有的性质吗？也就是说，它的缺点是来自科学论据与社会应用之间不可能找到稳定的平衡吗？这一点我们将根据 1935—1965 年产生的新问题进行深入研究。但我们的回答是否定的，而且在考察理论问题之前，必须首先重视社会因素的作用，因为这里正像别的领域一样，一门科学如果没有社会环境的需要和刺激，是不会发展的。而且，在这一特殊事例中，这种刺激在一定程度上是缺乏的，加之环境又不总是有利的。

近几年来出现了一种现象，其严重性不能不引起重视，并且变得越来越明显，那就是招聘中小学教师的困难。第 26 届国际公共教育会议已把“向缺少小学教师做斗争”这一问题列入 1963 年的议事日程中了。而且很清楚，这是当时带有普遍性的问题。当然，这首先涉及一个经济问题，假如能够把小学教师的工资提高到和其他自由职业人员相同的水平，就能增加教师的应聘人数。但问题还要广泛得多，事实上还涉及教育工作者在整个社会中的地位，这和我们教育学科的中心问题是紧密相连的。

实际情况是这样的，在我们的社会里，教育工作的职业尚未达到正常的地位，还没有在智力价值的等级上享有应有的权利。一个即使没有特殊才能的律师，也被认为具有受尊重并值得尊重的学问，即法律，使律师的声望和明确规定的大学教师的等级相等。一个即使并不总是能治愈疾病的医生，也代表着一种受尊敬的科学，要掌握这门科学得经过漫长和艰苦的过程。一个工程师像医生一样，代表着一门科学和一种技术。一个大学教师代表着他所教的科学和他对这门科学的发展所做出的努力。和上面这些人比较起来，一个中小学教师所缺少的是可以比较的学术声誉。缺少这种声誉的原因，是一些非常的和相当烦心的情况的结合。

就大体而言，普遍的原因自然是别人，尤其不好的是教师本人，无论是从技术和科学创造性两方面的角度来看，都不认为中小学教师是专家，而仅是一种知识的传递者，是每个人都能做到的事。换句话说，他们认为所谓一个好教师就是具有普通的基础教育知识，掌握了一些教育方法，使他能够对学生的心灵反复进行教育。

这样，人们就容易忘记多种形式的教学还有三个远未解决的中心问题。我们必须自问，怎样通过教师们或一部分教师之间的协作求得解决。

(1) 这种教学的目的是什么？是积累有用的知识吗（但“有用”又是什么意思)？教学生学习？教学生去创新？对任何领域进行了解并生产新东西？教学生去核对、证实或只是简单重复？等等。

(2) 这些目的选定之后（由谁去选，或经谁的同意)，就要决定为了达到这些目的，哪些学科（或更细的学科分支）是必需的，哪些是无关的，或者是有妨碍的。这包括有助于培养发明和主动验证精神的教育学科、推理学科，尤其是实验学科。

(3) 学科选定之后，最后就要充分认识心理发展的规律，以便找到最适合于实施所期望的这类教育的方法。

对于这些问题，我们自然还要回过头来一一加以讨论。1935年以来，对这些问题的见解已有了显著的改变。但当前的问题乃是关于教师团体的科学研究以及社会对教师从事教育根本问题研究的状况。

第一，障碍是公众（包括一些学校当局和相当数目的教师本身）并没意识到这些问题的复杂性，不知道教育学和其他科学比较起来是涉及各种复杂因素的、难以研究的一门科学。当医学运用生物学及普通生理学去治疗疾病时，它对所要达到的目的无须迟疑，在它自己协作共建中间科学（人类生理学、病理学、药物学等）中，它所运用的已是先进的科学了。相反，当教育学试图应用心理学和社会学的资料时，它会遇到许多目的与手段互相交错的问题。从它的母科学中它只能获得有限的帮助，因为这些科学还不够进步，而教育学还有待建构本身特定的知识体系（教育心理学不仅是演绎地应用儿童心理学，不仅是一种实验教学法等）。

第二，学校教师必须服从一种教学大纲和使用国家规定的教学方法（除了一些国家外，如英国基本属于例外）。而一个医生则只受医学院及医师工会管理，不对卫生部或公共健康部负责。无疑，教育部的部长们主要是教育家，但他们忙于行政事务，没有什么时间从事科学研究。而且，也是无疑的，这些部长们经常很谨慎，求教于研究机构（如东欧国家的教育科学院和所属的很多实验室），但是，仍没有改变这一事实，即教师队伍本身所享有的学术自主权和其他自由职业相比仍然是极其有限的。

第三，假若我们把教育学会同医学学会或法学会，同工程学会或建筑学会，就是说同所有由同一学科的代表所组成的专业学会（即使它们是属于与所谓的纯粹学科相对的“应用学科”）相比时，就会感到不安。那些学会从事共同的研究和交流发现，都充满着科学活力，而当教育专家的团体讨论到纯属联合会的问题时，就经常缺少这种活力。

第四，这一点无疑是本质的，在许多国家，教师的培养和大学的各种学院没有关系，只有中学教师是在大学培养的，而且还只是从将来所要教的学科的角度出发，教育学本身的训练则没有或少到最低限度。至于小学教师，则由师范学校单独培养，和大学的科学研究没有直接的联系。近 30 年来，关于这方面的看法和制度已有变化，我们将再讨论。但是在这一点上，我们必须注意到，传统的制度对教育科学研究曾产生了致命的后果。一是它使未来的中学教师不知道有从事哪些研究的可能性（在中学教育中，尤其是数学、物理和语文学习领域里，科学研究可能产生了丰富的成果）。二是它促使小学教师们成为自我封闭的一种知识阶层，剥夺了他们应该受到的社会公认，这尤其使小学教师脱离了当前的科学潮流和实验工作的气氛。如果他们接触大学教学，他们就将具有活力（第八部分将再讨论这一问题）。

科学研究机构

人们对以上所描述的各种情况曾寻求过补救办法。首先，就是创建教育科学研究机构。这种机构近几年增加很快。这种倾向发展很普遍，使得国际教育局能对这一课题进行比较研究，并在一次国际公共教育会议上进行讨论。

这类机构可分为三大类：教育科学院，在东欧人民共和国的国家中受到重视；以学院、系或跨学院的形式附属于大学的教育科学研究所或教育系；正式或非正式的独立于研究院和大学之外的研究中心（教育博物馆等）。

教育科学院构成了一种研究组织的模式，有大量的国家财政拨款，研究者在他们的研究工作细节中有充分的自主权（只有一种限制，就是相当普遍地必须呈交包括几年的研究计划，这常表现出有些人为的因素，给研究工作带来出乎意料的事）。在科学院里，儿童心理学家的数量相当多，配备有实验室和助手。在详细的教育问题研究方面，他们的协作相当密切。例如，我们在莫斯科曾经看到一些研究结果，这些研究是要测出在活动和游戏的情况下的知觉能力（恒常性等），以便和其他方面测出的结果进行比较，其目的在于证明活动与兴趣对知觉本身的影响。这样选择课题，既证明他们关心把科学研究与教育学中的一般重要问题相结合，又证明他们注意科学研究不限于直接的应用，因为这样会限制研究的范围。但毫无疑问，有大量的其他研究是有关教学问题的精细研究，而教育工作者能经常了解到研究的结果。一般来说，有关人员对这样的组织是满意的。希望要调整的主要有两方面：科学院与大学工作之间的协调；实际研究过程与教师本身的培训之间的协调。目前教师培训仍然交给和研究中心完全分开的师范学院负责。

第二类教育研究机关是属于大学的，教师在这里负责讲授教育学的各门学科，但也像其他学科的教师一样，他们不仅讲课，还要组织科研。几年前就十分流行的一种倾向是，有些大学创立了与文学院、理学院、社会学院平行的教育学院。这种学院制度的人所尽知的缺点（倾向于把知识分隔为若干独立的部分，阻碍了发展某些学科所必需的各种学科之间的互相联系），在教育领域内比起在其他领域内更为显著。事实上，教育研究的根本问题就是要从其他学科的联系中得到充实，以及研究者从其孤立的研究状态中解放出来，甚至说要医治他们的自卑感。再说，当卢梭学院要附属于日内瓦大学（在1948年的最后阶段）时，它拒绝人们提出的成立一个独立的学院的建议，而宁愿成为在各学院之间进行协作的一个学院。心理学附属于理学院（实验心理学仍属于理学院，儿童心理学与应用心理学已转到教育学院来了），教育学则还要依靠文学院（主要的讲座还在文学院，其他附属讲座已转到教育学院）。这种各学院间协作的学院格式可能成为其他学科将来的发展前途，而且值得提到的是，阿姆斯特丹大学已经在整个哲学研究领域内采用了这种办法。

教育科学研究与大学生活之间的另一种联系形式是与盎格鲁-撒克逊的组织相符合的，即把“系”而不是把“学院”组成工作单位。在那里存在和心理学系并立的教育系，我们可以在英国和美国看到许多这一类型的教育系，它们生气勃勃，完成了不少优秀的研究。然而它们的成员有时也抱怨它有两个缺点。第一个缺点是心理学和教育学被分隔开了。对此，人们常用把儿童心理学放到教育学中的办法加以补救，但这要付出把发展心理学从实验心理学中分隔出来的代价（这经常是有害的），而又不能补救教育系得以免于可能孤立的地位。第二个被审慎提出的缺点是，它有可能使数学家们、物理学家们和生物学家们不能把教育系所教的数学教学法、物理教学法、生物教学法等应用到他们的本门学科的教学中去，而这在教育科研中又不总是占优势的。

一般来讲，把教育学的科研工作和大学联系起来的这些不同的方式肯定是有生命力的，特别是成功地把教学人员纳入高级水平的结构中来，这多亏大学本身具有的各种培训教师的方式。这一点我们在第八部分再谈。

至于独立于科学院与学院之外的教育研究中心，也能起很大作用。有些科研中心是官方的（如教育展览馆等），而且有时教育部还比较听取它们的意见，而不听取大学的意见。像在美国，还有一些依靠私人基金建立起来的研究中心，它们表现出显著的灵活性，例如，关于小学阶段以上的科学教学就有好几个“方案”。在各种事件的影响下，其中苏联发射第一颗人造地球卫星的事情也许不是不相干的，有些著名的物理学家对如何获得某种思维方式深感兴趣，这对教育学来说是完全有益的。

科学的教育学与教育目的的确定

毫无疑问，为下一代确定教育目的是社会的职责。而且社会总是以至上的方式来确定教育目的的，它是用两种方法来这样做的。它首先用自发的方式，通过语言、习俗、舆论、家庭、经济必需品等的强制来规定教育目的。这就是说，社会通过维护与转化它们本身的集体活动的多种形式，即按照前辈的静止的或变动的模型塑造新的一代的办法来加以确定。其次，社会用周密思考的方式，通过国家机器或私人机构，按照所期望的教育类型，有意识地来确定教育目的。

但是，教育目的并不是盲目确定的。即使是用自发的方式来确定，这也是服从于可以分析的社会学的规律的，而这种研究可以说明教育当局所做出的经过考虑的决定。至于这些决定本身，一般来说，是综合运用各种知识的结果，不仅是政治的，而且还有经济、技术、道德、理智等方面的知识。通常这种知识只有通过与有关的人们直接商讨才搜集得起来，并且从搜集材料开始的方法的确是必不可少的。例如，想要知道社会在技术和经济方面的需要就得这样办。但在这里，由那些给教育工作者发布指示的负责人对社会生活与教育的关系进行客观的研究也是有好处的。一方面，事实上，仅仅决定要想达到的目的是不够的，因为还要考虑方法的问题，与其说这是属于社会学的问题，还不如说这是属于心理学的问题，但方法又制约着目的的选择。所以，涂尔干主张，教育所试图创造的人乃是社会的产物而不是自然的产物。这种看法有点儿把事情过于简单化了。事实上，除了在某些条件下外，自然是不屈服于社会的，一个人在选择社会目标时，是从认识自然而不是反抗自然的过程中得到启示的。另一方面，如果我们只考虑目的，那么，我们所期望达到的结局可能在一定程度上是彼此一致的，但也许是互相矛盾的。例如，我们能否把一个人在所需要的这种品质的社会活动某些领域里，把他培养成为一个创造者或革新者，而在另外一些知识和行动方面，把他同时又训练成为一个严格的保守者，这一点尚未得到证明。因此，对于教育目标的决定或者始终是根据“当权者”的意见与经验主义，或者它就必须成为系统的研究对象。这一选择，人们近年来已经越来越看清楚了。

所以，我们看到了教育社会学的发展，这门科学在一定程度上忽视了它的创始人涂尔干和杜威曾经讨论过这个重大问题（这一点将来会得到纠正的），而在具体结构的研究上它已经专门化了。例如，把学校班级作为一个具有本身动力的集体来加以研究（如社会测量、师生之间的有效交流等），把教学团体作为一个社会范畴加以研究（如招聘、等级结构、意识形态等），尤其对全体学生的研究，如学生的社会来源与他们所在水平的关系、就业机会与教育观点中的社会变幻不定等等。

这些有关学生总体的问题曾经引起很大的注意，而且从判断教学目的的角度看，这些问题事实上是最重要的问题。“教育经济学”开始得到大的发展，即对于教育制度与整个社会的经济和社会需要之间是否协调，学校可以自由处理的资源的性质与幅度，某些特殊体系的生产率，学校给予青年的指导与各种经济活动形式的发展之间的关系等方面的研究。

毫无疑问，整个这类工作对教育规划是相当重要的，这是今天几乎所有国家都感兴趣的事情，而且要在几年之前就拟订改革方案。事实上，这种规划当然和决定要达到的目的是联系在一起的，而决定目的的这种工作会不同程度地对教育社会学产生影响。

有人说，拟订教育规划和确定教育目的的工作能更直接地从比较教育的著作中找到所需要的信息。从事研究这门科学的人很多，如美国的康德尔（Kandel）、英国的劳锐思（Lauwerys）等，国际教育局的罗塞洛（Rossello）正根据《国际教育与教学年鉴》上所记载的各国公共教育部部长的报告进行研究。特别是把情报中各种数字项目做一比较，就可能鉴别出逐年增长或降落的动向，或者根据问题相互依赖的关系找出一定的相关系数。但是，应该清楚地认识到，比较教育必须坚定地属于社会学，即对各种教育制度的社会条件进行细致而系统的研究，否则是没有前途的。而且还必须明白，一切数量上的研究不从属于质量上的分析是没有任何意义的。数量上的研究由于还缺乏测量单位，因而它本身就是一件非常麻烦的工作（对采用以测量单位为先决条件的“序数”方法，要十分慎重）。这一事实又使我们回到那些不能避免的重大问题上来。

实验教育学或对教学计划与方法的研究

对于教学计划与方法，如果不利用一切可能的手段进行系统的研究，我们就不能得出合理的结论，而现代的统计科学与心理社会学研究的各个领域已经发展了丰富的手段，使我们有可能进行核对。

因此，几十年以前创立了一门称作“实验教育学”的学科，其任务就是专门研究这样一些问题。在一部20世纪初曾经再版过多次并翻译成多种文字的名叫《儿童心理学与实验教育学》的著作里，克拉帕雷德已经指出，这种实验教育学不是心理学的一个分支(除了把教师本人所有的活动都收入心理学的题材内容外)。实验教育学实际上所涉及的只是教育过程本身的发展和结果。我们将会看到，这并不是说心理学不是实验教育学的一种必要的参考，而只是说实验教育学所考虑的问题不同于心理学的问题；实验教育学的问题所涉及的不是儿童的一般的和自发的特征和智力，而是所研究的过程对儿童的特征和智力所引起的变化。

例如，实验教育学要解决的一个问题是，要决定学习阅读的最好方法是按照传统的或分析的方法，从学习字母开始，随后学单词，最后再学句子，还是按照德可乐利的整体法，把这些阶段的顺序颠倒过来进行学习更好。这得有一个细致、有条理的方案，利用可做比较的实验对象小组进行相同时期的比较，要尽可能地避免偶然因素的影响(如教师的质量及教师对某种方法的偏爱等)，这样才能得出问题的答案。不能根据心理学提供的我们知觉中的“格式塔”的作用或者关于儿童知觉的综合或整体特性的知识——不管这种知识的来源本身有多么大的实验性，仅仅通过推论思考就找到一种答案(即使这样的思考使得德可乐利想象和创造了这种方法，它本身并不能成为一种证明)。对于这一课题的一些研究虽然还不完备，却已经使人认为，整体法虽然收效很快，但对儿童以后掌握拼字是有害的。但这种说法只不过是偶然观察到的，还需要另有一套精密的控制。(有许多成人在遇到一个词有两种可能的拼法时就犹豫不决，他们便把这个词用两种拼法写出来，然后根据其外貌做出选择。事实上，这是根据一个完整的视觉完形来辨认正确拼法的过程。我们只要想一想这种情况就够了。)其他的科学研究似乎表明所得的结果是按照所涉及的儿童类型，尤其是按照所使用的联系“整体”练习的活动类型不同而不同的。最近，这一事实使得一位女教育家在加拿大的舍布鲁克(Sherbrooke)创造了一种混合的方法，主要是整体法，也叫儿童彼此合作，对小组每一成员提出的结合单词的各种可能的办法加以选择，自己共同组成各种句子。这样又需要进一步进行研究和控制，要考虑到第三个可能性并把它和其他可能性做比较。近来有些作家主张，如果我们仅仅限于知觉与记忆的因素，此问题将始终无法解决，并且认为，真正的问题必须放到意义的水平上去考虑，必须放到从标记与被标记的东西之间的相互作用的水平上去考虑，等等。如果采取了这样一个观点，那就给实验教育学提供了新的实验领域，但是，这丝毫也不排斥与知觉因素相互关联的必要性，因为知觉因素虽不是唯一起作用的因素，但也不是可以忽视的。

假若我们希望根据客观标准，而不仅是按照有关教师、督学或学生家长的评价来判断教育方法，上面这个平凡的例子就首先指出了实验教育学所面临的问题的复杂性。这个例子进一步表明这些问题事实上属于教育学范畴，而不是纯心理学的，因为测量教育效果所遵循的标准只是教育工作者所关心的事，虽然所用的方法和心理学家所用的方法有一部分是一致的。另外，近年来，尤其在讲法语的教育界，提出了实验教育学和儿童心理学之间进行协作的必要性的问题，以应对实验教育学彻底独立的意图。

然而，在盎格鲁-撒克逊国家或人民共和国国家没有产生这个问题，因为这些地方所有属于大学的研究中心和独立的教育学研究院都默认实验教育学必须依靠心理学，就像医学必须依靠生物学或生理学一样，而同时又不和它们相混同。与此截然相反的是，道特朗（R. Dottrens）在他参与建立的实验教育学会的支持下，主张这门学科必须完全独立。而且事情十分奇怪，为了替这个观点辩护，他还援引了克拉帕雷德的一些原文，似乎这位卢梭学院创始人的全部著作都不倾向于把教育学置于坚实的心理学基础之上，而实际上它们只是指出了两者问题不相同。事实上，问题非常简单，而其解决办法只看实验教育学的雄心壮志的大小了。

如果实验教育学只是按照实证主义者的科学图式，把自己局限于单纯地研究一些事实与规律，而不要求对所陈述的东西做出解释，那么它自然就无须和心理学有什么联系了。例如，人们看到，在三个可比较的幼年儿童小组中，采用分析法在若干个月后产生的结果是，平均每人用同样的课本在150分钟内能读n个字，采用整体法能读n'个字，采用舍布鲁克法能读n''个字。另外，人们在此期间逐月测量进步的速度。最后，在两三年以后，再观察接受了相同教学的这三个同样的小组在拼法能力方面产生的这样那样的结果。这样就完事了。这最多只在所讨论的这三种方法之中做出选择。

但是，如果实验教育学希望理解它所进行的工作，并用因果关系的解释来完成它的观察，或给予"解释"，那么很明显，必须求助于确切的心理学，而不仅靠普通常识。在上面这个事例里就必须有关于视觉知觉领域的详细资料，关于单词、字母和句子的知觉的资料；就必须确切地知道整体知觉与"感知活动"的关系，以及符号机能的规律、单词知觉与符号之间的关系，等等。

所选择的事例绝不是例外。任何教学法或任何教学计划如果用实验教育学分析它的应用和结果，就会产生一些与发展心理学、学习心理学和普通智力心理学有关的问题。假如实验教育学要建成真正的科学，换言之，不仅仅是描述性的而是解释性的科学，那么，就研究对象而言，作为一门独立的科学，它的任何进步都必然像所有其他科学一样，只能是和各门学科之间的研究结合在一起。而且，这个事实已为绝大多数有关这门年轻学科的科研中心所知悉，而我刚才所说的一切不过是陈述一下近年来大家所公认的事实。

二、儿童与青少年心理学的进展

导言

《法兰西百科全书》第15卷里有一篇我三十多年前写的文章，讨论儿童心理学对教育工作者的贡献。勒布弗里（L. Lebvre）对上述文章和瓦隆在第8卷中所写的《心理生活》做了比较，他认为两者之间有一定分歧。这对教育学来讲是有意思的。瓦隆特别坚持儿童应逐渐参加到成人的社会生活中去，而我们则特别强调儿童理智结构自发的和比较自动的发展方面。

虽然瓦隆的心理学和我们的心理学最后已变为相互补充而不是对立的，因为他对思维的分析特别阐述了思维的形象方面，而我们则强调了运算方面（这一点我已在《向瓦隆致敬》的短文中加以说明了；这位朋友在逝世前还来得及给我复信，赞成这种“辩证的调和”）。勒布弗里所提出的问题直到今天仍然完全存在，但由于从那时以后发现了相当多的事实，问题便得到了修正。

这个问题对教学方法的选择来讲是个相当中心的问题，它是以下列具体措辞提出的。有一些学科如法国史或拼法，它的内容是由成人提出来的，或者说，甚至是他们发明的。传授这类学科只涉及传授技巧的好坏问题。相反，有一些学科显示的真实性的特点并不依赖于由许多个体所决定的特定事件，而依赖于研究与发明。在研究与发明的过程中，人类的智力证实了事物的普遍性与自律性，表现出其真实性。一种数学上的真理的提出并不是由于成人社会的偶然事件，而是由于一切健全的智力都能达到的一种理智建构；一种物理学的基本真理是可用实验过程加以证实的，这种实验过程并不依赖于集体舆论，而依赖于一种归纳和演绎的理性的步骤，同样也是任何健全的智力所能运用的。那么，就这一类真理而论，问题就在于：要决定获取这类真理，是通过类似多少成功地获得第一类知识的那种传授方法，还是认为一种真理是永远不会真正被同化的，除非通过充分的活动对它进行重新建构或重新发现呢？

这是1935年并且是今天日益突出的当代教育学的主要问题。如果我们想造就有创造力和能推动未来社会前进的个人——这是越来越感到的一种需要，那么，主动地发现现实的教育，显然要比要求学生按照既定的意志行事，简单地接受现成的真理的那种教育优越得多。即使人们以培养墨守成规的顺从者为目的，让他们按照已经开辟好的道路去获得真理，这个问题仍然存在。它取决于传授现有的真理是利用简单的重复有效，还是利用更主动的同化更为有效。

不过，儿童心理学自1935年以来已大大地发展了。对于这个问题，它虽然不是有意要解决，但比起过去，现在已能做出比较完善的回答了，而且这个回答特别在三点上具有影响。这三点对选择教学方法、制定教学计划都具有决定性的重要意义。它们是：智力或认知的性质、经验在形成概念中的作用以及成人与儿童间社会的或语言的传递机制。

智力的形成与认知的活动性

赫钦斯（R. M. Hutchins）最近在《大英百科全书》的一篇文章里肯定地说，教育的主要目的在于发展智力本身，尤其是在于教学生怎样发展智力，“因为智力是可以较长期地进一步发展的”。这就是说，这种发展可以远远超出学生学校生活的结束。无论这些公开地或隐约地赋予教育的目的是把个人从属于现有的社会，还是由个人去准备更好的社会，无疑大家都会接受赫钦斯的公式。但是也很清楚，这个公式并无多大意义，除非我们十分明确智力是怎样构成的，因为常识对于这个题目的理解虽不正确，却是一致的，而理论家的见解是各不相同的，引起了各种极不相同的教育学。因此，必须考虑这些事实，以便弄清智力是什么。而心理学的实验除了按照智力形成与发展的方式来说明智力之外，是无法回答这个问题的。不过，正是在这个领域内，儿童心理学自从1935年以来已给我们提供了最新的研究成果。

智力的基本功能在于理解与发明，换言之，在建构现实中建构结构。事实上，看来理解与发明这两个功能是不能分割的，因为要理解一个现象或一件事情，就要重建产生这个现象或事件的转变过程，要重建这些转变，就要建构一种转变的结构，而要建构一种转变的结构，就要有发明或再发明的先决条件。旧的智力理论（联想论的经验主义等）强调理解（甚至按照原子论的模式，把理解看作从复杂体还原为简单单位的过程，认为在理解中，感觉、意象与联想起着重要的作用），而把发明看作对已经存在的现实的简单发现。相反，最近的理论则把理解从属于发明，把发明看作一个不断建立整体结构的表现。这一点已经日益为事实所证实。

因此，智力问题以及随之而来的教学论的中心问题，是和认识性质的认识论的根本问题相联系出现的。认识是对现实的摹本，或相反，是把现实同化到转变的结构中去。人们始终没有放弃认识的摹本论的观点，甚至它还不断地激励着许多教育的方法，尤其激励着那些直观法。在这些方法中，意象和视听表象起着大的作用，以至有人认为这是教育进步的最后胜利。在儿童心理学中，许多作者继续认为智力的形成是服从于"学习"规律的，而这种所谓"学习"规律是以像赫尔的学习论的盎格鲁-撒克逊的学习理论为模式的，即：有机体对外界刺激做重复的反应；通过外在的强化，把这些重复过的反应巩固下来，构成一个联想的链条或"习惯的等级"，给现实的有规则的顺序提供一种"机能上的摹本"，如此等等。

但是，和联想论的经验主义的残余相矛盾的重要事实，已更新了我们的智力概念，即认识来源于行动，而不是来源于简单的联想反应。从深刻得多的意义上讲，认识只是把现实同化到必然的和普遍的动作的协调中去。认识一个对象就是对它采取行动，并改变它，以便和转变动作本身联系起来理解这种转变的机制。所以，认识就是把现实同化到转变的结构之中，而这些转变的结构形成了作为动作的直接扩展的智力。

智力来源于动作这个事实，符合法语国家近几十年心理学传统的解释，并导致了这个根本的后果：智力，甚至在其最高的表现中，即只有运用思维的工具才能进行，也是实施动作与协调动作，不过是以一种内化了的与反省的形式进行罢了。这些内化了的动作，因为它们只是一些转变的过程，所以仍然是动作，或逻辑的或数学的“运算”，是一切判断或推理的支配者。但是这些运算不仅是某种内化了的动作，而且它们还表现了动作最一般的协调。这种双重特性是可逆的（每一种运算包括一种逆运算，如加和减，或者包括一种相互关系，等等），而且还可以协调成为整体结构（归类、整数的顺序等等）。这样的结果是：智力在一切水平上都是把材料同化到转变的结构中去，从初级的动作结构到高级的运算结构，而这些结构的构成乃是把现实在动作中或在思维中组织起来，而不仅是对现实的描摹。

运算的发展

从最初的感知运动的动作一直到最抽象的心理运算，这是一个继续不断的发展。这是近 30 年来儿童心理学所试图描述的。在许多国家所获得的事实以及日趋一致的解释，今天已给那些想要运用它们的教育工作者们提供了一定数量前后一致的基础知识的参考资料。

因此，我们的智力运算的根源要追溯到以动作与感知运动智力为特征发展的最初阶段。这种纯实践性的智力只能使用知觉与运动作为工具。它既不能复现表象，也不能思维，然而它已证明在一生的头几年就存在着领会情境的一种努力。事实上，它已达到能建构动作图式，用以作为以后建立运算结构与概念结构的基础。例如，在这个阶段，我们能够观察到儿童已经构成了一种守恒的基本图式，即认识到固态客体的永久性，即当我们把客体放在幕布后面，用幕布把客体和儿童的实际知觉场隔开，9个月或10个月以上的婴儿就会寻找这些客体（在这以前他们是不去寻找的）。与此相互关联的，我们也观察到儿童已经形成了几乎可以逆行的一些结构，例如，在一个“集合”中便有移位与方位的组织，其特征就是有可能反向和迂回运动（可逆性的运动）。我们能够看到因果关系的建构，开头是与动作本身单独联系的，然后与对象、空间、时间的结构相联系，而逐渐地客观化了和空间化了。这种感知运动图式对于未来运算的形成的重要性，在哈特威尔（Y. Hatwell）对先天失明儿童的情况的研究中也得到证实。在那些先天失明的儿童中，由于这种初期图式不够健全，他们在形成比较普遍的运算方面一直到青年时期都要落后三四年以上，而那些后天失明的儿童的差距就没有这么大。

第二阶段从两岁左右开始，一直到七八岁，象征的或符号的功能形成便标志着这个阶段的开始。这就使我们能够通过符号或分化了的记号的媒介来引起当时实际感知不到的东西或事情，从而使它们再现出来，那就是象征性的游戏、延宕模仿、心理意象、图画等，尤其是语言本身。因此，符号的功能使得感知运动智力能扩展自己成为思维，但是另外存在着两种情况，推迟了从本义上讲的运算的形成，因而在整个第二阶段，智力思维仍然是前运算性质的。

第一种情况是，动作内化为思维需要一定的时间，因为用思维去再现一种动作的开展及其结果，比起实际做这个动作要困难得多。例如，单独在思想上旋转一个正方形，每转90度就在内心再现颜色不同的各个边的地位，这和实际旋转这个正方形而观察其结果是完全不相同的。因此，动作内化的先决条件是：在一个新的水平上重新组织这些动作，而这样的重新组织也许和这个动作本身过去的组织一样要经历同样的几个阶段，但还要落后一大段时间。

第二种情况是，这种重新组织必须经过一个比感知运动阶段大得多的继续非中心化的过程。在发展的头两年（感知运动阶段），儿童已经不得不完成一种小的哥白尼革命：开始的时候，他们把一切东西都要集中到他们自己的身体上，最后他们构成了一个有空间关系和因果关系的宇宙。这样，他们自己的身体也就被看作众多客体中的一个客体，一切都存在于许多关系组成的一个巨大网状系统之中，这是掌握不了的。在思维的重建阶段也是这样的，不过规模大得多，而且具有更大的困难：不仅要把自己置于事物整体的关系之中，而且还要置于他们周围人群整体的关系之中。这就必须有一个非中心化的过程，这个过程既是关系的，又是社会的。因此，从自我中心状态过渡到协调的两种形式（逆向性和互反性），是运算的可逆行性的根源。

由于没有运算，儿童就不能在这个第二阶段构成最基本的守恒概念，而这是逻辑推演的条件。如果把排列成一行的十个硬币之间的空间距离加大，儿童就会认为这些硬币的数目也增多了；一堆东西，如果把它们分成两堆，在数量上就比整个的一堆要多一些；一条直线如果分成两段，就比原来的一条线要长一些了；A与B之间的距离和B与A之间的距离并不一定相等（特别是在一个斜坡上）；如果把A杯里的液体倒进一个狭长的B杯里，那么狭长杯子里的液体就增多了。

然而，在七八岁左右开始了第三阶段。在这个阶段，由于内化、协调和非中心化过程日益增长的结果，便产生了一种由运算的可逆性（逆反和互反）所构成的普遍的平衡形式。换言之，我们就看到运算的形成：类的结合与分开，就是分类的根源；A＜B＜C……的联结，就是序列的来源；对应，就是复式表的根源；类包含与系列秩序的综合便产生了数；空间的分开与序列的移位的综合便产生了测量；等等。

但是，这许多萌芽状态的运算还只适用于受着双重限制的领域。一方面，这种运算只能应用于具体对象，还不能应用于以语言文字表达的命题的形式提出的假设（所以在小学班级里使用讲授的方法是无用的，需要采用具体的教学）；另一方面，这种运算只是逐步的，还不是后来的具有较大灵活性的那种组合性质的与比例性质的运算。这两个限制具有一定的重要性，并且表明我们称为“具体运算”的初步运算为什么仍然接近于它们所以产生的那种动作，因为在物质动作形式中所进行的那种联合、序列、对应等，事实上也具有这两种特征。

最后，大约在十一二岁便开始了第四个也是最后的一个阶段，这是青少年期的平衡水平。这个时期的普遍特点是掌握了一种新的推理方式，这种推理方式已不再完全限制于处理具体东西或可以直接再现的现实，而是运用“假设”，也就是说，运用命题。这样便有可能推论出必然的结论，而且在考虑这些含义的结果之前，已无须确定其真伪了。因此，我们便看到在早期具体运算阶段，正在形成一些新的所谓的“命题”运算：蕴涵（“如果……那么……”）、选择（“或者……或者……”）、不相容性、舍取等等。而这种种运算也表现出两个根本的新特点。首先，这种命题运算意味着有一个结合性质的过程，它不像前一阶段的类的“组合”和关系，这个结合过程从一开始就既应用于具体东西或物理因素，也应用于观念与命题。其次，每一命题运算既应用于逆反关系，也应用于互反关系，因此，这两种可逆的形式在这以前一直是分开的（仅有类的逆反，或仅有关系的互反），从现在起，这两者则已结合成为一个包括四种变换的完整系统了。

认知的形象方面与运算方面

智力的自发发展经历了从初步的感知运动动作，经过具体运算，达到形式运算这样一个过程，因此，其特征为继续不断地建立转换系统。我们把认知的这个方面称为认知的运算方面。运算这个术语，既包括最初的动作，也包括（严格意义的）运算结构本身。但是所认知的现实不仅是一种转换，同样也是一种“状态”，因为每一次的转换为了达到另一种状态，总是从某一种状态开始的，而且每一种状态既是转换过程的结果，也是转换过程的出发点。我们也把涉及这种状态的知识或用一连串的状态去解释运动与转换的认知工具称为认知的“形象”方面，例如，知觉、模仿以及构成心理意象的那种内化了的模仿。

在这方面，1935 年以来儿童心理学也提供了新的事实，教育工作者们对于这些事实会有兴趣。事实上，从很早的时候起，人们就已经很关注感觉教育，福禄培尔曾加以系统化以用于学前教育。有一些时候，人们曾经强调“直观”表达的作用，而且有些好心肠的教育家们有时也曾想象过活动法，认为其最主要的优点是用具体的接触去代替抽象（正如我们刚说过的，即使在抽象中也有“积极的”建设过程），而且他们甚至相信，通过增加一些直观的形象，已经达到了教育进展的顶峰，虽然这些直观的形象当中已经不再有任何积极的东西了。所以，我们再审察一下近来心理学的研究是怎样看待思维在形象方面与运算方面的关系的，这对于教育学是很有用处的。

首先，就知觉而论，过去我们曾认为，概念与运算是通过简单的抽象与概括而从知觉中抽出来的，今天却已经越来越不相信了。不错，在 1954 年，米可堤（Michotie）曾经试图证明，因果观念可在一种“因果关系的知觉”中找到其根源，而且，事实上人们的确甚至在很小的儿童中也发现过这种知觉的形式。但是我们已经能够证明，感知运动的因果关系并不来源于知觉的因果关系。相反，视知觉的因果关系乃是根据触觉运动方面所接触到的因果关系，而这种触觉运动的因果关系本身又依赖于本来的动作的整体，而不是完全依赖于知觉因素。因此，运算上的因果关系根源于感知运动的因果关系，而不是知觉的因果关系，因为知觉的因果关系本身在它的运动方面和它的知觉方面，都依赖于感知运动的因果关系。这个例子是其他许多事例的一个代表，因为在这些事例中，人们相信概念是从知觉中抽出来的，再没有别的了，人们忘记了动作，后来人们才看到，感知运动的活动乃是相应的概念与知觉的共同来源。这是教育所不能忽视的一个普遍的和根本的事实。

至于通过意象的再现，我们所研究的事实同样证实了思维的形象方面总是从属于思维的运算方面的。当我们追溯儿童心理意象的发展时，事实上我们看到，在前运算阶段意象始终是异常静止的，只限于简单的再现，因为儿童对运动或转换的结果还没有预见能力。例如，4—6 岁儿童在想象中把一根弯曲的铜丝拉紧从而使一条弧线变成一条直线时，以为这就产生了与铜丝相等的直线（不敢超过原来弧线两端的界线），而且认为这是一个突出的转变，因为他们还不能想象中间状态。只有在七八岁以后，在开始出现的具体运算的影响之下，意象才变成既具有预见性，又比较灵活了。所以，心理意象的发展并不服从自主的规律，需要一些它本身以外的具有运算性质的东西的干预，甚至在回想意象与记忆的领域内也能显示出来。回忆的结构与保持本身是和动作与运算的图式化结合在一起的。例如，比较三组不同的儿童记住许多小正方块是怎样集合在一起的：a 组儿童只是注视或感知到集合在一起的一堆小正方块；b 组儿童亲自把它们搭配起来；c 组儿童在旁边看着成人搭配。结果表明，b 组记得最好。成人的演示并不比儿童的简单知觉好多少。这再一次表明，当儿童看着做实验而不亲自动手时，就失去了由动作本身所提供的那种信息性与培养性的价值。

成熟与训练

根据上述最近研究的结果，智力的发展从属于自然的、自发的过程。这就是说，家庭或学校教育可以利用和加速这种发展过程，但是这种过程并不产生于教育。相反，它们乃是所有的教学产生效果的先决条件（参看智力发育不全的儿童的情况，最好的教育也不足以使他们产生他们所缺少的智力）。运算能力发展的自发的性质已经由（在不同国家进行的）许多比较研究所证实（例如，在伊朗农村的不识字的儿童和聋哑儿童中都发现了守恒的运算能力，后者在组织上略微迟钝一些，但比盲童轻一些）。

所以，我们可以假定，智力的运算乃是神经协调的表现，是随着有机体的成熟而转化的。神经系统的成熟在十五六岁以前尚未完成，所以似乎很明显，神经系统的成熟在心理结构形成上起着必要的作用，虽然现在我们对这种作用知道得还不多。

然而，有一个条件是必需的，但这并不是说它是充足的，而且很容易证明机体的成熟在运算的发展中并不是唯一发生作用的因素，即神经系统的成熟只是提供了可能性，达到一定年龄阶段时，这种可能性就消逝了。这种可能性有待变成现实，要实现某种可能性必须具有其他的先决条件，其中最直接的条件就是与动作结合在一起的机能上的练习。

成熟的作用具有局限性，这一特点的证明是：虽然我们所描述的发展阶段总是以同样顺序一个连接着一个的，它们的从属阶段也是如此的，这足以证明其按顺序发展的“自然性”和自发性（每一阶段为下一阶段做好必要的准备，而且又是前一阶段的完成），然而这些阶段并不与绝对年龄相符合。相反，随着社会环境和习得经验的不同，可观察到加速和延缓的情况。例如，加拿大心理学家利用我们的运算测验，已发现马蒂尼克儿童在这一方面甚至落后达四年，而他们的小学计划却和法国的相同。

习得经验的因素

过去几年里，人们越来越强调在我们的大多数的教学方法中存在着一个根本的缺陷，即在我们这样一个大量依靠实验科学的文明中，完全忽视了对学生实验精神的培养。重复一下这一点，我们不感到厌烦。因此，考察一下近几年来儿童心理学关于习得经验在智力的形成以及自发实验中的作用，能够给我们一些什么教益，这对教育工作是有意义的。

第一点，今天我们知道，经验对于智力的发展是必要的，但它不是充足的，而且经验具有两种很不同的形式：物理经验和逻辑数学经验。古典经验主义对此不加区别。

物理经验包括对物体施加动作并通过对于这些物体进行抽绎而发现物体的特性。例如，通过衡量对象的质量观察到，最重的东西并非总是最大的。逻辑数学经验（在运算推论还不可能的阶段，它也是不可少的）也是对物体施加动作，但是通过抽绎所发现的特性，并不是指向物体，而是指向影响这些物体的动作本身。例如，把小石子摆成一排，发现无论我们从左边数到右边，或从右边数到左边（或者在一个圆圈里转动），这些石子的数目都是相同的。在这种情况下，在这些石子摆出来以前，或在计算之前，它们的顺序或总数都不是这些石子固有的特性，而且总数和它们的顺序无关（它们是可以互相交换的）。这一发现乃是从数数和排列顺序的动作中把所观察到的情况抽绎出来的，虽然实验中的“读数”是针对物体的，因为总数与顺序的这些特性是通过动作把它们赋予物体的。

对于物理经验，正像一直到17世纪西方文明史的情况一样，儿童在很长一段时间内始终保持着一种相当简单粗糙的状态，只是借助于“具体”运算把物体加以分类并将它们彼此结成关系或相互对应，但对起作用的各种因素没有进行系统的分解。这种直接探索现实的方式，与其说是近乎严格意义上说的实验工作，不如说更近乎直接经验，这种直接的方式有时也可能使实验者发现某些因果关系。例如，当七八岁的儿童进行加法运算以及掌握由这种运算发展而来的守恒概念时，他们仍然是用下面的方式加以理解的：溶化在水里面的糖仍然存在，如他们当初所想的一样，但它已变成了许多看不见的小粒了，而这些小粒的总和与溶化了的糖块的数量是相等的。但是，在大多数情况下，具体运算尚不足以分析各种现象。相反，用命题运算，尤其用它们所形成的组合，十一二岁到十四五岁的儿童就有可能形成一种实验的精神；当他们面对一种相当复杂的现象（伸缩性、钟摆的摆动等）时，儿童就要分解这些因素，并通过把别的因素中立起来，以便使每一个因素单独发生变化，或者在这些因素之间进行各种系统的组合，等等。我们的学校常常忽略这种才能的可能的发展，以后我们将再讨论由于这些才能的存在所产生的重要的教育学问题。

教育传递与平衡

除了成熟与经验这些因素以外，知识的获得自然还依赖于教育或社会的传递（语言学的等），而传统的学校长期以来只注意这种传递过程。心理学丝毫也不忽视这种传递的作用，不过它仅仅研究那些影响这种传递工作的长期认为已解决了的问题：这样传递工作的成功，是否仅仅依赖成人自己把他们所要传授给儿童的东西用好一点儿的陈述讲授给儿童，还是说，这种传递工作的成功，要以儿童必须具备一种同化的工具为先决条件，如果缺少这种工具，是否就会妨碍一切理解呢？

就实验动作对知识的形成所起的作用而言，有一种长期已成为普遍的看法，认为心灵乃是一张白纸，外界环境可以在上面任意加上一些现成的联系。相反，最近的研究已经日益证实，一切经验都必须使现实建构成为一种结构。换言之，任何外在的材料的记载，都以主体活动所固有的同化工具为先决条件。但是，当涉及成人语言时，即用父母或教师本身的语言或智力把已经结构好的知识传递给或企图传授给儿童时，那么人们就会假定，只用儿童预先的同化能力就够了，儿童只要吸收事先消化好的智力营养就行了，似乎传递过程并不要求新的同化，即不要求依靠当时听者的活动重新建构新结构。总之，每当涉及讲授或口头教学时，我们从这样一个蕴含的假设出发，即教育中的传授就是既为儿童提供知识，同时又为他们提供吸收知识的工具，而忘记了这种工具只有通过一种内在的活动才能获得，一切同化都是重新建构或重新发明的。

最近的研究已在语言领域证实了这一点。一个五六岁的前运算阶段的儿童，通过叠合证实两把尺子是同样长的，但是如果将一把尺子在一端移位而超出另一把尺子几厘米时，他就会说，这把尺子比另一把尺子长一些，因为他（概念上和语义上）是从顺序的意义上，也就是从“到达得远一些”的意义上，而不是从度量的意义上去理解“长一些”这个词的。同样，当儿童遇到 A＜B＜C 的系列时，儿童会说，A 是小的，C 是大的，B 是中等的，但是他很难理解 B 同时既大于 A，又小于 C，因为“大”和“小”的性质长期以来是不相容的。总之，语言不足以传达一种逻辑，只有借助于逻辑的同化工具才能理解语言。这种工具的根源较为深刻，因为它们要依赖于动作或运算的一般的协调。

因此，近几年来，儿童心理学的许多研究工作者提供给教育学的主要结论，乃是有关智力发展的性质本身。一方面，这种发展主要依赖于主体的活动，而从纯粹的感知运动动作一直到最完全的内化了的运算的发展，其主要动力经常是一种不可减少和自发的可运算性。另一方面，这种可运算性既不是一次就完成的，也不能单用经验的或社会传递的外在的东西去解释。它是连续建构的产物，而在这个建构的过程中，主要的因素是由于自我调节所达到的一种平衡，而这种平衡作用使我们有可能补救一些暂时的不协调，解决问题并通过经常形成新的结构去克服危机或不平衡。这些新结构的构成视学校所使用的方法而被忽略或得到促进。所以，在我们审查这些方法的发展之前，回忆一下儿童心理学最近的某些进展是有益的。在这方面，儿童心理学正方兴未艾，虽然开垦这块广大的领土还要走很长的路程。

三、几种学科的发展

自从1935年以来，有几门特别的学科由于三种原因要求我们重新审查它们的教学大纲和教学方法。这三种原因有时是互相交叉的，有时又是彼此孤立的。第一个原因是所教学科的内部发展。例如，近几年来，数学已经历了十分深刻的变化，甚至它们的语言都完全改变了。所以，很自然，应该努力帮助学生从最小的年龄起就适应这样一个新的概念世界，否则，这个世界对学生来说就会始终是陌生的。第二个原因是出现了新的教学方法。例如，初步计算就已经利用了新的直观教具。第三个原因是运用儿童与青少年心理学所提供的论据，这种运用虽然还只是小规模的，有时却是有效的。

这三类刺激自然可能是互相交叉的，但也并非必然如此。所以，有可能人们努力教最现代的新数学而用的却是最传统的方法，因为还没有探索出如何在新发现的数学结构和心理发展中自发建构的运算结构之间建立明确的关系。

数学教学法

数学教学中常常出现一个相当荒谬的问题。事实上，有那么一批学生在别的方面智力相当高，有时甚至很优异，在数学方面却一贯不及格。然而数学乃是逻辑本身的直接延伸，实际上，在这两个领域之间不可能划出明确的界限（而且无论我们对于这种关系即同一性、渐进建构等做出怎样的解释）。因此，很难设想，有些学生在形成和使用自发的智力的数学逻辑结构方面具有很高的禀赋，而对于理解完全从这类结构分支出来的一种教学却常常有障碍。然而，确实存在这种事实，并因而提出了一个问题。

这个问题的答案是在我们谈论数学“才能”（为了纪念卡尔而

称之为"隆起"①)时随便提出的。如果我们关于上述这种形式的知识与思维的基本运算结构之间的关系的论断是正确的，那么或者可以说，这种"才能"或"隆起"和智力本身就是混同的，但人们认为情况并非如此，或者说，这种才能并不是完全和数学本身有关，而是和数学的教学方式有关。事实上，智力的运算结构是属于数学逻辑性质的，但并不是作为自觉的结构而出现在儿童的心里，它们是动作或操作的结构，它们的确指导着儿童的推理，但是它们本身还没有构成思考的对象（正像一个人歌唱得很好，但不一定能提出一种视唱练耳的理论，甚至于还不会读乐谱）。相反，数学的教学则要求学生思考这些结构，但它这样做，得通过一套包含特殊符号的术语，要求一定程度的抽象。因此，所谓的"数学才能"可能就是指理解这种术语本身的一种机能，否则，就是指学生理解这种与符号体系相联系的，而不是与对结构的思考相联系的抽绎过程的速度。再说，结构是一种很自然的现象。此外，既然在一个完全演绎性质的学科中，一切事物都是互相联系的，那么在整个链条中，如在某一点上失败，不理解，对于以后连续的各点也就越来越难懂，这样就会使学生日益怀疑自己的能力。这种情结时常从周围的人们那里得到加强。如果能阻止这种不好的开头，情况就完全不同了。

简言之，数学教学的中心问题就是，在智力所固有的自发的运算结构与所教的数学领域有关的教学大纲或教学方法之间，要相互适应。然而，由于数学本身所发生的变化，这个问题在近几十年内已经有了深刻的改变。这种改变是通过一种初看起来似乎是矛盾的过程，从心理学上讲却又是很自然的和可以解释清楚的过程完成的，即现代数学中最抽象和普遍的结构与智力和思维的自然运算结构的联系，比起为古典数学与教学方法提供框架的特殊结构来，要

① 相术者认为它是有才能的象征。——译者注

更密切。

事实上，我们知道，自从布尔巴基学派①所从事的科学研究进行以来（它本身也是向着同一方向一系列长期努力的延伸），今天的数学已不再是或多或少彼此分割开来的章节的集合体，而是一个巨大的相互联系的结构的体系。这些结构原来都是从几个“母结构”中脱胎出来的，而这几个“母结构”可以结合在一起，也可以分化成为各种不同的方式。这些基本结构有三个：代数结构，其特征是用颠倒的形式表达出来的可逆性（$T-T^{-1}=0$），其原型为“群”；秩序结构，其可逆性是系统关系所特有的互反性，其原型为“网络”；拓扑结构，它们所涉及的是连续性与邻近性（两个同义的东西和两个连续的东西的彼此对应）。

现在已经发现，这三个母结构和思维的根本运算结构是相当一致的。我们已经讨论过，在具体运算阶段，我们在类的逻辑“组合”中已发现了代数结构，在关系的“组合”中发现了秩序结构，在儿童自发的几何中就发现了拓扑结构（在投影形式或欧几里得的度量几何学出现之前，就已经有了拓扑，这是符合这个概念构成的理论顺序的，而不同于其历史顺序）。从命题运算开始，我们发现了“群”和“网络”的运算结构。

所以，由于受到布尔巴基学派这股思潮的启发，现代数学就强调了完整论和结构同形说，而不是传统的那种各个成分互相独立的说法。这就出现了一个其目的在于尽早地把这样一些概念介绍到教学中去的运动。然而，这样一种倾向已被充分证实了，因为把整体的集合和交叉的这种运算，按照对应性（这是同形说的根源）排列起来的这种安排等，正好是七八岁以后的儿童的智力自发构成和运用的那种运算，这一点在十一二岁以后的儿童身上尤为明显（因为

① 布尔巴基学派（Les Bourbaki）是20世纪30年代一些法国数学家的集体笔名，他们企图使全部数学服从于结构的观念。——译者注

到了这个阶段，儿童已能掌握“各部分的整体”所具有的复杂结构了，这是组合和“网络”的起源）。

只有智力形式和运用这些结构而没有以一种自觉反省的方式意识到它们，这不像乔丹那样不懂得散文而谈论散文，而只是更像任何成人，他们虽不是逻辑学家，却能进行蕴涵推理或从事选言论证，而且也没有一点儿关于运用抽象的和代数的公式表达这种运算的符号逻辑或代数逻辑的知识。所以，教育学的问题虽然由于回到运算结构的自然根源而在原则上已经有了进步，却依然完全存在。这个问题就是要发现最恰当的方法，把这些自然的但非反省的结构过渡到对这些结构进行反省并从理论上加以说明。

在这一点上，我们再次碰上了在本节开始时所谈到的，在行动上使用这些结构和能够用符号语言表达这些结构之间的矛盾。现代数学中最普遍的结构同时也就是最抽象的，然而，同样的这些结构又只是以一种物质上的或口头上的具体摆弄的形式，在儿童心理中表现出来。另外，不习惯于心理学的数学家们可能害怕行动上的具体练习是抽象活动的一种障碍，而心理学家们却习惯于细心地把抽象同物体区分开来（这是物理经验的源泉，数学家对此是陌生的），把抽象同动作区分开来，这是数学演绎与抽象的根源。事实上，不应认为一种抽象与推理的良好教育要以过早地单独使用专门术语和专门符号为条件，因为数学上的抽象是操作性质的，它一般地是从最具体的操作开始，不断连续地发展的。我们既不能把这种具体的操作和物理经验混为一谈，因为物理经验是从物体中抽取的，而不是从动作本身获得的知识，也不能把这种具体的操作和从形象意义上讲的直观表象混为一谈，因为具体的操作来源于动作，而不是来源于知觉完形或意象。

各种可能的误解表明，虽然在教育的初级阶段添设现代数学，从心理教育学的角度看，在原则上是一个巨大的进步，但所取得的结果视具体情况而不同。根据所采用的方法，有些是优异的，有些是有争议的。这就是为什么国际公共教育会议（国际教育局和联合国教科文组织）在它的1956年的会议上要在第43号建议（中学的数学教学）中写进下面的条文：

> 二十、重要的是：(a) 引导学生自己形成概念并让他们自己发现数学的关系与特性，而不要把现成的成人思想强加于他们；(b) 要保证在把形式介绍给他们之前，他们已经获得了操作的过程和概念；(c) 不能让学生自己从事他们还没有同化的运算。
>
> 二十一、不可少的是：(a) 要保证学生首先已经取得有关数学实体与关系的经验，然后才让他们进行演绎和推理；(b) 要逐步扩大数学的演绎结构的建构；(c) 要教学生学会提出问题，寻找论据，探索评价结果；(d) 偏重于对问题的试探研究，而不是教条式地陈述理论。
>
> 二十二、必要的是：(a) 研究学生所造成的错误并将它们看作理解其数学思想的手段；(b) 从个人核对和自我纠正的实践中训练学生；(c) 逐渐使学生形成一种接近真实的感觉；(d) 给思考与推理以优先的地位……

在这些条文中所强调的学生个人探求的重要性，在所有发展阶段上都是有效的。在开始学习算术计算的最早阶段，比利时的教育家奎申奈尔（Cuisenaire）介绍过一种教具，称为"彩色数字"，它包括各类不同单位的小棒。这和日内瓦幼儿之家的奥得玛斯（Audemars）和拉芬得尔（Lafendle）小姐所用的原则完全是一样的，不过她们已有所革新，把各个单位的长度1、2、3等用不同的颜色区别开来。然而，关于颜色的引进和空间单位与数目之间相符合的这个原则本身，这两方面都曾引起过极不相同的解释与应用，虽然珈特格诺（C. Gattegno）努力对"奎申奈尔教学法"实行过一种国际监督（关于这种监督，人们愿意怎样想就怎样想），因为事实上并不存在统一的“奎申奈尔教学法”，而是指许许多多的方法，可以从较好的排到较坏的（但这样说，不应看作有意贬低奎申奈尔本人的伟大功绩）。虽然这个方法能使儿童沿着其自发运算发展的路线，自己主动进行操作和从事发现，但是，也会使得教师只利用它们演示给学生看，这样就使学生从旁观看。比起口述或其他死板的方法来，这个方法当然容易使学生理解，但有一个危险（而且用颜色呈现就加强了这种危险），即更加重视外形，所以就更加重视思维的形象方面（知觉、模仿和意象），而不重视思维的运算方面（动作运算）。当教师明显地强调颜色的关系时，这种危险就从可能性变成现实了，再加上附带而来的其他危险（这就是幼儿之家放弃这种作用矛盾的辅助工具的原因），并且当教师自以为忠实于活动教学法的路线，而事实上只是运用直观教学法时，这种危险也就从可能变成现实了。

况且，关于在奎申奈尔名义下所采用的各种方法的优缺点，在加拿大、英国、瑞士等国正进行一系列的研究。所采用的一种分析方法是，利用我们的各种运算测验，比较用通常的方法与用“寓数目于颜色”的方法进行教学的各个比较组的儿童所达到的水平。当以活动的和操作的方式运用“寓数目于颜色”的方法时，而且无疑，当教师掌握了现代数学的成分和智力运算心理学时，在这方面看来是可以取得部分进步的。

在较高的阶段，直到中学毕业（但从算术的最初阶段开始，并没有采用“寓数目于颜色”的方法），特别是在纳沙泰尔，在数学家兼教育学家保利（L. Pauli）的指导之下，现在正利用颜色于数目的方法进行系统的实验，以确定是否有可能利用我自己为了心理学的目的所使用的实验工具作为教育方面的训练。这个工作的明显目的是要根据儿童自发运算结构所制定的方法来提供一种教数学的方法。蒂安尼斯（Dienes）在澳大利亚和他所旅居过的许多其他国家也在向着同一方向进行尝试，在发明新结构教具方面，他表现了惊人的想象力。

培养实验精神并向儿童传授物理与自然科学

物理学家、化学家和生物学家的工作已经深刻地改变了当代的社会（至于这是好还是坏，则留待后人去评说）。然而有一点则始终是真实的，即这些专家和发明家中的杰出人物只是社会无数的不同成员中的一小部分，这首先因为他们的研究工作不仅在技术的细节上，而且在总的精神方面，都很少为人们所了解，其次因为现今的智育与公共教育，无论在技术领域还是在科学领域，它们的训练与招生的方式都非常不适应新的需要。

某些大国的传统教育，事实上仅仅强调人文科学和数学，似乎有理性的人类所具有的这两种主要品质，在历史上与形式推理中，都是行动自如的。至于实验工作，则被认为是一种次要的活动，只对经验主义哲学的文明才有用处（虽然也有人说，这样一种哲学是不适合科学实验工作本身的真实条件的）。结果是，只要给学生讲授过去一些实验结果或由教师演示一些实验给学生看，就认为已经为学生提供了足够的实验训练，似乎一个人只要坐在码头长凳上观看别人游泳，就可以学会游泳。不错，这种讲授与演示的教学形式常常补充了一些学生的实验室的活动，但是这些活动只是重复做一些过去的实验。这远不是培养发明精神的教育，甚至也不是培养对比或实证的好方法。

在这种情况下，如果智育的目的在于培养聪明才智而不是填充记忆，在于培养知识的探索者而不仅是博学之士，那么，传统的教育显然具有严重的缺陷。不错，物理学是在数学之后两千多年产生的，而且也有理由说明实验训练比一堂拉丁文课或数学课要难组织得多。但是我们前面已经看到了，儿童在十一二岁到十四五岁之间，已经自发地获得了严格意义上的实验所需要的智力工具。这些工具分两类：第一类是思维工具，即组合运算和命题运算的形式，它使儿童能够区别蕴涵与非蕴涵、排斥性的与非排斥性的析取、连续与不相容等等。第二类是特殊的操作程序，通过上述运算，使学生有可能根据过去所陈述的假设分离各种因素，逐一地通过实验来使它们发生变化，同时把其他因素中立起来，或者用各种不同的方式把它们结合起来。

下面两个基本的例子表明了儿童在这方面自发反应的差别。(1) 先给儿童看一种黄色液体，然后再给他们四种无色无味的液体和一根吸管，要求它们产生同样的黄色。7—10 岁儿童只会一一地把两种液体合起来，然后把它们混合在一起，结果没有成功。而 10—11岁儿童则会把两种液体合在一起，三种液体合在一起，四种液体合在一起，通过各种可能的搭配，从而发现，如果要产生一种颜色，就必须把三种成分结合起来，而第四种成分是一种脱色剂，第五种成分是一种纯中性溶液。(2) 给儿童一套具有各种不同柔韧性的小棒，要求他们找出其中所包含的因素（长度、厚度、形状、原料），并且检查这些因素的有效作用。11—12 岁儿童已经能够在一定程度上发现这些因素，但只能用一种整体尝试错误的方式，按照系列对应性排列，等等。例如，为了证明长度的作用，他们可能对于一根长而细的棒条和一根短而粗的棒条进行比较。“这样可以更好地看出它们的区别。”相反，13—15 岁的儿童则开始能够想出各种可能的假设，然后在其他条件相等的情况下，将每一因素孤立开来，研究其变化情况。所以他们终于懂得了，当两个或两个以上的因素同时发生变化时，是得不出任何结论的（除非要证明，为了产生某种特殊的效果，如在第一个实验中那样，两三个因素的结合是必要的）。

如果当儿童从具体运算阶段过渡到命题运算或假设—推理阶段时，他已经能够把那些假设结合起来，并用实验去证实它们（在英海尔德和皮亚杰合著的《从儿童到青少年逻辑思维的发展》一书中，可以找出许多这种理性实验中自发的操作程序的例子），那么毫无疑问，学校应该发展和指导这种才能，以便获得强调研究与发现而不是简单重复的一种实验精神的教育和一种物理科学的教育。

有一些国家的教育家们终于开始察觉到这一点，我们可举美国为例。回顾一下这个运动在这个国家的情况是十分有趣的，因为在那里，这个大的领域是由私人经办的，因而比较容易找出其中的影响以及所达到的成就的阶段，虽然这种成就十分片面（或者说得确切一些，是因为这种成就是部分的）。这个运动的主流来自华盛顿的国家科学院，由一些卓越的物理学家们如扎卡赖亚斯（G. Zacharias）和弗里德曼（F. Friedman）在麻省理工学院所敲响的警钟开始。他们强调指出，在科学发展的精神和各级学校科学教学之间，存在完全的脱节。1959 年，这个科学院在伍兹霍尔召开了一次专家会议，邀请了美国重要的数学家、物理学家、生物学家和心理学家，还加上一个外国的科学家——我的同事英海尔德。这个会议所讨论的工作已经在心理学家布鲁纳的一本十分生动的著作（《教育过程》，哈佛大学出版社 1961 年版）中加以概述和说明了，并且麻省理工学院还建立了一个专门的部门，致力于研究包括所有阶段的科学的教学。在这里，专业的物理学家们从他们的科研工作中拿出宝贵的时间，会同心理学家与教育家一起研究如何创造新的教学方法，并且已多次试用过他们的研究成果。

由于所产生的动力，人们在这个领域内组织了许多研究小组。它们不像在大陆上的情况，仅限于组织会议和讲演，而是自己走进学校，在教学方法方面从事现场实验。此外，我们还发现，专业的物理学家在这些研究小组内，对低年级幼儿进行教学，从事教育学方面的探讨，这是一件了不起的事情。例如，加利福尼亚大学伯克利分校物理系的卡普拉斯（R. Karplus）创造了一套教具，自己研究其结果，以便把观点的相对性（即按照不同观察者的观点去描述同一个现象）和不同于简单的时间前后的一种相互作用的因果关系教给很年幼的儿童们（里帕耳与罗卡斯特合编：《再发现的皮亚杰》，康奈尔大学出版社，第113—117页）。另一个例子是一位电力工程学教授本·尼科尔斯（Ben Nichols）在教育服务公司同样地组织了一个“小学科学研究部”，他和心理学家与教育学家达克沃思(E. Duckworth）合作，按照许多儿童小组能否使用使他们能够发现某些基本物理法则的仪器去完成自发的实验活动，来对这些儿童进行比较（《再发现的皮亚杰》，第119—121页）。

毫无疑问，这些物理学的“活动”教学方法的实验和改革数学教学，乃至逻辑学教学的努力是协调进行的。伊斯利（J. A. Easley）关于四变换群的研究（见第八部分）、克伯屈（J. Kilpatrick）（学校数学研究小组）、戴维斯（R. A. Davis）（默迪逊数学设计）、伯杰（E. Berger）（数学教师理事会）以及其他的人（伊利诺伊数学设计等），在康奈尔大学和伯克利最近的会议上也都已经证明了这一点（《再发现的皮亚杰》，第109、128、134、139、141页）。

哲学的教学

对显示从小学到中学的科学教学的特征的不可否认的更新，虽然我们还能够分析更多的事例（如苏联等国的情况），但我们只引用了一个例子来说明这些有实验性的学科。这种更新提出了一个带有普遍性的教育问题，即在中学教哲学的问题。这个问题曾在好几个地区讨论过。有些国家如法国，就认为在中学教哲学是重要的（不过也时常有人怀疑它的用处），而在另一些国家，中学就根本没有哲学课，只在大学的课程里才有。对于这个问题，必然有各种各样的想法，因为这取决于人们给它什么样的目的，哲学比其他学科更是这样，而且这些目的本身比起学科的别的方面更加反映了所考虑的社会特有的意识形态。

如果智育的主要目的是培养才智，那么，哲学思考对那些想从事数学推论和运用实验方法的学生来说，同样对那些倾向于人文与历史学科的学生们来说，都必然成为一个重要的目的。但是，为了达到这样的目的，最恰当的哲学的传授方式应该是怎样的?

自从 1935 年以来，在数学与严格的实验科学方面所发生的变化已经表明它们的方向相当普遍、相当清楚，使得人们对其发展在教育方面能够得出怎样的结果，大体上意见一致。但是哲学的地位就远没有这样明显，虽然它同样也已经有了深刻的变化。哲学家们彼此之间对于哲学的这些隐蔽的变动的意义，则莫衷一是。

整个的哲学史表现出两种主要的倾向，可以称为向心的倾向和离心的倾向。第一种倾向是没有变化的，1935—1965 年的情况和希腊时代与我们的时代之间的情况同样没有什么改变，而第二种倾向在过去 30 年里则已增强了。

哲学首先是致力于协调从广义来说的各种价值，力求确定在整个人类的其他目的之中知识价值的位置。这是在各种哲学的体系中共同具有的一个不变的东西。从这个观点看，哲学家主要在于获得一种“智慧”或一种建立在推理基础上的信仰，不论这种信仰是道德性质的、社会性质的或形而上学性质的。因此，不言而喻，从第一种观点看，各国之间哲学的教学是相当不同的，这要看这个国家是否有一种唯心的或唯物的国家的哲学，或者相反，这个国家是一个自由主义的国家，愿意把个体培养成为有个人的多种多样意见的人。在这里，描述各种不同的模式是没有用的，它们在地理上的分布是不言而喻的，它们也将同样表现出各种不同的教学方法，分级排列于真正所谓的启蒙与批判性的思考的教育之间。

但是，我们也可以把哲学当作一种知识的形式，而且就是在这里我们遇见了最严重的分歧和那些日益明显的离心倾向，这在过去几十年里更为突出（皮亚杰:《哲学的智慧与幻想》，法国大学出版社 1965 年版）。

有些人认为，哲学包含着一种邻近或超科学性质的固有的知识形式，其生命的价值超出了科学的界限，并且和不可减少的价值直觉相一致。从这一事实看，人们就得出结论，认为同样存在一种认识的直觉，它提供了一种特定的知识形式，并认为这种知识和科学知识是相对立的。

另外一些人认为，哲学思考确实导致认知的建构，但是这种知识具有一种特性，除了限定问题的范围和改进方法外，就不能再向前发展了，这两点乃是科学方法本身的特征。换言之，当一种哲学知识的体系趋于获得某种精确性时，其结果就构成一种特殊的新科学，它就从共同的根源中分离出来了。历史已经给这些人提供了强有力的论据。

且不谈数学，它在毕达哥拉斯或柏拉图的著作里仍然是和哲学紧密结合的，逻辑学是这种分离的一个突出的例子。逻辑学产生于亚里士多德和斯多葛派思想。莱布尼茨认为它是可以概括化的。19 世纪它就获得了独立和它的特殊技术，而且越来越变得更丰富和更复杂（1931 年从哥德尔定理开始，进入一个新阶段），一直到现在，逻辑学和数学是分不开的，而大部分哲学家已不能再教逻辑学了。

同样，在 20 世纪开始心理学已经和哲学分开了。在许多国家的理学院里，心理学是和生物学结合起来进行教学的。国际心理学科学协会包括三十多个国家的心理学会，坚决拒绝加入国际哲学与人文科学理事会，以提防心理学陷入思辨。不过，虽然每个人都认为自己是心理学家，我们在上面谈到过，价值协调包含着要考虑内心的生活，这就时常又出现“哲学心理学”，而这只会让道德家们感兴趣，和心理学没有关系。

社会学也证明了同样的发展规律，虽然它的发展迟一些，因为进行社会学实验较困难，统计学也不适用于一切目的。至于知识的理论或认识论，它同时要求有先进的逻辑学的发展、确切的心理学资料和对科学进步日益增长的技术分析。它已经进行了日益专门化的研究，其中最重要的研究今天是由有关学者而不是由专业哲学家进行的（如有关数学基础的理论、微观物理学的实验等）。

这种复杂情况的结果，在哲学中，随后在哲学教学中，产生了一种不可否认的危机，在大学也像在中学一样。为了使人们相信这一点，只要察看一下这门学科在中学里存在的形形色色的教学类型，以及培训从事这门学科教学的教师的多种多样类型就足够了。

从上面的评论中明显看出，中心的问题自然是哲学和科学精神之间的关系，即调和、分离或各种形式的折中，这些就是所发生的意识形态的或文化的主要倾向。

在东方国家，由于官方哲学宣称它是科学的、辩证的马克思主义哲学这一事实，问题的严重性就缓和了。中学阶段的哲学教学就是传授辩证法基础知识，再加上一些它在科学上的各种应用。在某些地区，如在波兰（它的逻辑学派长期以来既是兴旺的，又是享有盛名的），却用数学逻辑的基础作补充，这样就足以给一般学生介绍一些问题。在我们的国家，如果学生没有学习特别启蒙课，他们对这些问题是没有任何概念的。但是，在某些东方国家，辩证法本身可能表现为两种形式：一种是专横的，这是受一些指导科学发展的哲学家的集体很久以来的雄心所支持的；另一种是内在的，它关心用比较积极的方式清理一切科学的变化或发展各种内在倾向。

另外一种调和科学精神与哲学精神的形式是实证主义或“逻辑经验主义”，它起源于维也纳学术界，随后在盎格鲁-撒克逊国家得到巨大的成功。但这是一种较受限制的调和形式，从科学本身的角度看，它包含着不可否认的危险，因为科学的生命力依赖于它们的无限的“开放”。但是，这个强烈影响着几代人的运动，现在已开始衰落了，这是因为它不能保持主体活动的主要作用（所有经验主义的情况都如此）。

在西方非经验主义的学术界里，哲学教学的危机首先产生于大学文学院和理学院的分开，以及相应的在中学阶段所谓文科组和理科组的分开。对于这种分隔所造成的危害，我们怎样强调也不算夸张，它的最明显的结果是形成了一种哲学家的社会团体，被指定直接从事研究现实的全体，而个人并不参加一定范围的科学研究。历史上的大哲学家都对他们时代的科学运动做出过贡献，或曾预见到可能的研究工作（如经验主义者之于心理学，或黑格尔之于社会学）。我们今天都在培养先验论的专家，似乎由于他们对所有专门科学甚至对心理学无知，他们就能同样更容易直接进入本质世界。那么，人们可以问：这不就是按照一种社会学的人工制造来培养中学文科组的后代子孙，使他在思想上继续保持科学精神和哲学精神的隔离吗？

有些地方已经在尝试挽救这种危险的状况。在阿姆斯特丹，逻辑学家伯思（Beth）——不幸他已逝世，曾经成功地把哲学的有关学科从文学院拿出来，放到一个跨学院的学院里，可以授予学士和博士学位，从而把科学研究与哲学思考重新统一起来。一些瑞士大学曾经尝试把一些哲学课程同时在理学院和文学院开设，并在中学的文理两科中保证类似的平行教学。在比利时，现在也正在研究类似那些业已在荷兰实现的计划。

古代语言的教学与人文科学的问题

与前几节相反，人文科学的教学没有什么改变，其理由也许是因为这些学科的学习内容并没有多大变化，虽然语言学已经有了相当大的进步，历史学也明显地扩大了它的观点。但是主要的理由无疑在于各种不同的考虑：既得的地位和职业兴趣的传统。除了人文科学固有的教育价值的问题外，关于这一点我们以后再讨论，事实上，不能否认，关于人文科学教学问题的讨论还不多（除了在一些考虑公共教育的未来方向的“计划工作者”中所进行的讨论外），尤其是由于这种事实的结果，即相当数目的自由职业只有对那些持有包括古典文学在内的学位的人们才开放，而且面临许多有压力的情境，国家还有许多事情需要研究，所以就避免提出这些一时不能解决的问题。

例如，我们曾经指出，完全没有明确的方法可以证实古代语言的知识对于医师有什么用处，而且毫无疑问，通常提出的它对于医学术语有用的论点是站不住脚的，因为掌握一些有用的字根与科学术语是很容易的，不必用6～8年的时间专门学习古典的东西。在这方面，一点儿也不需要运用演绎法或常识的辩论来解决这样一个问题，只要搜集足够数目的适当控制的事实就能很容易解决了。指出一些政治制度已经改变了的国家所发生的事情是有趣的。有一些国家不再要求医师必须懂得拉丁文，而波兰则仍然遵守这个传统。既然有许多学生进医学院，而这里又没有拉丁文这种文字的教学，于是，在华沙就专为未来的医师特别开设拉丁语这门课程。在日本，拉丁语是否必修完全由大学决定，但在印度就没有这门必修课程。

但是，在中学学习古典学科所引起的真正问题，乃是开设这门学科的目的何在和所用的方法是否适当的问题。在这两点上曾经引起过几次有趣的辩论，虽然只是在理论上进行的。

目的有两类：一类是主要的，没有讨论的可能；另一类是边缘性质的，会引起各种问题。主要的目的是培养历史精神和认识我们的社会所以演化出来的过去的文化。实际上，毫无疑问，假若确切的自然科学知识和哲学思考对于认识宇宙和人是必不可少的，人文科学还有另外的一方面，需要同等复杂而种类不同的知识：人类文化及其历史的知识。因此，要根据各人的才能和未来的专业化考虑培养一种人道主义的态度，这完全是合理的。这种态度比起科学的和理性的知识对社会生活所起的作用来，也是不可少的。

关于边缘的目的，人们对它的重视远甚于对上述目的的重视。这种边缘的目的就是一般的训练心智。在这里，指的是这样的假设，即认为传授一种死的语言可以成为一种理智上的锻炼，这种锻炼的好处可以迁移到别的活动上去。例如，有人主张要让学生掌握本人的言语所以发展而来的那种语言并具有运用它的语法结构的能力，就应给他提供逻辑的工具和一种敏感的精神，不管以后其应用如何，对智力都是有益的。这种假设的支持者滥用了关于这个题目的一个著名的格言，甚至进而认为敏感的精神和几何的精神是对立的，后者只为科学所特有，而前者只为文科所特有，然而，人们在任何学科中都能找到这二者。

所以，人们越来越多地提出这样的问题，特别在英国，不管传统的势力如何，在中学的某些组里已经明显减少了这种已死语言的学习。人们要证实，这种古典文字的训练是否有效地达到了赋予它的两个目的。进一步讨论第二种情况是无用的。如我们刚才讲到的，目前心理学家对于这个问题的研究还没有得出任何肯定的结论。事实上，迁移的问题是一个最难以从统计学上和从实验上去加以解决的问题。在我们敢于对假设或对那些激起热情的意见做出表态之前，我们只能等待有比较肯定论据的时候。

至于人文主义的教育和历史主义的形成，大体上来讲，古典学科已经达到了这个目的，不过，人们越来越经常提出的几点保留意见要除外。在保罗·瓦莱里（Paul Valéry）主持下，国际理智合作学院在布达佩斯组织编写了《人文科学对话录》一书。在书中，那位作者表示赞同我所坚持的一个意见，就是应该把古代文明的学习与思想史更有效地结合起来。为什么我们不更加强调这一事实，即希腊人在这么多的方面发现和澄清了关于美的卓越的理想，同时还能在理性方面构成一种理性的理想，成为我们西方一切科学与哲学的源泉，而罗马人中虽然也出现了许多伟大的诗人，但在他们的政治与商业活动方面，除了只有一种法律的与军事的意识形态外，没有获得任何荣誉呢？事实上，只有在一种情况之下，即观察到了它的一切方面，包括它的科学方面，以及直到亚历山大时期其艺术与智力方面同时衰落的情况，才能理解希腊人的奇迹。

关于语言本身的教学问题，在语法学家和语言学家的思想上存在着一种冲突。人们感到不安的是，某些传统的“语法分析”形式已经过时了，但现在还说是“合乎逻辑的”，现代的语言学已经提供了不可胜数的教材，但在中学教学大纲里几乎看不到一点儿影子。对于这个问题的答复，通常总是说，比较来说，学习死语言的目的并不在于学习语言本身（这种人忘了，人们正是期望对于语言本身的学习能产生迁移作用，虽然这种迁移作用的可靠性至今尚未被证实；而且，如果的确存在这种迁移作用，从语言学的观点看，又有好的教学方法的话，这种迁移作用就会更加有效），而在于灌输有关作者的思想。但是，在死语言知识的学位考试中所暴露出来的那种有时低劣得恼人的水平，时常使人愿意多花点儿时间学习作品，而不愿学习这种语言本身。的确，在1938年召开的国际公共教育会议上，在第14号建议（这一点还是有一点儿保守的）中增加了第6条。这一条的条文是：“为了保证充分地接触文学作品（希腊文与拉丁文的文学），作为直接学习原著的补充，应拿出时间来阅读它们的翻译作品，或者对照着阅读，或者只阅读现代语言的译文。”

至于历史，大家都知道，近几十年里已经有很多经济因素丰富了这门学科，而这又引起了新的问题。如果我们对于这门学科采取比过去广泛得多的社会学观点，那么，以古代文明对于现代文明的重要性为理由，在学校里用几年的时间学习古代文明的说法，在今天才可能为人们所接受。

四、教学方法的发展

到此为止，我们指出了自从1935年以来各个不同领域所发生的几种变化，但保持着一个观察家所具有的那种传统的和公正的态度，只涉及所教各门学科的性质、学生理解的情况以及社会的永恒价值。相反，在以后的各节中，我将论述三种主要的事件，这些事件显示了教育和教学的新情况，并日益加速地迫使我们做出各种选择。因此，在以后的论述中，我将逐步放弃冷静探讨的气氛，而采取一种较直接和具体的叙述与辩论的调子。

这三种事件是：由于接受各种形式的教育的机会越来越多，学生的人数高速度地增加；与此几乎直接有关的，招聘受过良好训练的师资相当困难；社会上新的需要，尤其是社会的、经济的、技术的和科学的需要，正是为了这些需要而组织公共教育的。

这三个因素已经对于一般的选择教育方法发生了明显的影响，而且在下面几种方法之间已经产生了可以理解的冲突：传统的口头传授法，这是那些没有受到足够的深入训练的教学人员比较容易使用的方法；活动法是随着日益期望训练更多的技术与科学人才而越来越需要的一种方法；直观法或视听法，有人认为这种方法可以获得和活动法一样的结果，而完成作业还较快些；程序教学法，它不断的成功会使人们忘掉它所引起的问题的危险。

注入式或教师传授法

在一篇强调自从1935年以来所产生的新发展的报告中讨论传统的口头教学法，看来似乎没有意义。但是有一件新鲜的事情，即某些东方的人民共和国国家都宣称这种实质上以教师的传授或以上课为基础的教学方法是合理的，并通过系统和深入的心理教育学的研究完善了这种方法的细节。然而，无疑，这种研究也曾不断地提出了证据，证明兴趣与动作对学生的理解所起的作用，因而在特殊事例中所提出的情况和注入式教学的一般理论之间便发生了冲突。所以，密切地考察这些方法在这些东方国家的发展是令人感兴趣的。

事实上，我们认为可以识别出这种潜在的冲突和意识形态的影响的双重性是有关系的。就成人的心智而论，它们是完全协调的，要在教育领域内把它们综合起来却是一个问题。

意识形态的第一种影响，倾向于把心理生活看作两个基本因素，即生物的因素与社会的生活结合的产物。生物的因素提供了学习的条件，即（从巴甫洛夫意义上讲的）第一“条件作用”法则和第二信号系统或语言系统的规律。另外，社会的生活提供了全部实践的法则和通过集体形成的并一代一代传下去的知识。因此，这些生物的和社会的因素就足以说明心理生活，而任何诉诸个人意识的观点则会导致没落的个人主义或唯心主义的危险。

但是，还有来源于同一意识形态的第二种影响，这个影响似乎是来弥补那种人们可能怀疑的第一个影响所留下的空白的，即在从生物因素向社会因素过渡的过程中动作所起的作用。马克思曾经充分强调动作（或实践）的作用，他曾十分正确地把知觉本身看作感觉器官的一种“活动”。另外，这种作用曾不断被苏联心理学家所证实。关于这个题目，他们提供了大量卓越的著作。

因此，从一般教育方法的观点来看，的确潜存着一种具有双重性原则或辩证的矛盾。人们若强调成人社会生活的创造作用，就会把重点放在教师给学生传授知识上；若强调的是同样具有建设性的动作的作用，就会把学生自己的活动看作重要的方面。在人民共和国里，就大多数情况而论，正在寻求把这两方面统一起来的体系。按照这种体系，教师指导学生，但方式不限于给学生上课，而且也促使学生活动。但是，在这些国家和在其他地方一样，无疑，上课必然要符合教师惯常的倾向，因为这是一种最容易的解决办法。（也因为任何人都没有自由支配空间，也没有加拿大教育视导员的那种智慧，把每一个班的学生分到两间房子里。据他说，这样可以使儿童有时间“从事工作”，并且，教师不能整天对全班学生讲课。）然而，毫无疑义，因为动作也有同样的重要性，它促使某些苏联教育家们沿着让儿童自己进行科研活动的方向发展，如苏霍姆林斯基和利彼茨克（Lipetsk）学校就是这样的情况。这一类自由活动在校外机关，如“拓荒者”中心以及这些中心所附设的俱乐部里，自然就更多了。例如，我们参观过一些罗马尼亚的寄宿学校，在这些学校里职业训练是靠学生从事科研活动并且把个人的工作与班组的工作十分愉快地结合起来进行的。

活动教学法

我们绝不能说，自从1935年以来，一个朝向活动法方向的主要浪潮革新了教育方法。所以如此的主要理由，无疑不是原则上的理由，这和我们刚才在东方某些国家所见到的情况相反，因为就我们而论，越来越少有人在理论上反对系统地依靠学生的活动。有一些误会已经消逝了，至少在理论上是如此。在这些误会中，下面两个是主要的。

首先，我们最后已经明白了，一所活动学校不一定是一所手工劳动学校，虽然儿童的活动在一定阶段必然意味着要用手摆弄物体，乃至要进行一定数量的实物探索活动。例如，基本的逻辑数学概念不是从所摆弄的物体中得来的，而是来自儿童的动作以及这些动作之间的协调。我们也理解，在其他阶段，最真实的研究活动表现在思考的水平上，在最高度抽象的水平上，在运用语言的水平上(只要这些活动是自发的，而不是外加于儿童使他们处于半懂不懂的状态)。

还有一点，至少在理论阶段我们也终于弄明白了，兴趣丝毫不排斥努力。相反，一种为生活做好准备的教育并不包括用劳役去代替自发的努力。虽然在生活中除了比较自愿的工作外，还包含有不少外加的劳动，但是，必要的训练在人们自愿接受时，比没有这种内心的同意更有效。因此，活动法绝不是把学生引向无政府状态的个人主义，特别是当活动法包括把个人活动与班组活动相结合的时候，它是要教育学生自动地服从纪律和自愿地努力工作。

然而，这种观点较之过去虽已更广泛地为人们所接受，但在付诸实行方面，并没有多大进步，这只是因为较之我们目前流行的注入式教学法，这种活动法做起来困难更多。一方面，它要求教师多做许多更为不同的而又需要集中注意的工作，而上课却比较省力得多，而且一般来说，它更符合成人的惯常倾向，特别是比较符合成年教师的惯常倾向。另一方面，尤其重要的是，活动教学以受过比较高级的培训为条件，没有足够的儿童心理学知识（就数学与物理学而言，如果对于这些学科的当前发展没有相当良好的知识），教师就不能正确地认识学生的自发活动，因此也就不能利用在他看来是不重要的以及浪费时间的反应。事实上，正像在医学和其他一些既是艺术又是科学的许多学科中一样，教育学中的令人痛心的困难是，最好的方法也就是最困难的方法：如果不事先获得某些苏格拉底的品质，就不可能运用苏格拉底的方法；要从尊重形成中的智力开始。

虽然未曾有过活动法的高潮，虽然这种不足可以用近来学生人数增加、师资缺乏以及相当数量的其他物质障碍因而难以实现最良好的愿望为由很容易地加以解释，但我们还是应该留心某些个人的和重要的首创精神，如佛伦纳特（Freinet）所做的工作，并且注意，当社会的需要要求那种支持活动法的主要见解再现时，这种主要见解便常有再现的倾向。例如，我们已经注意到，在美国有这样一个十分广泛的运动，对初级数学和物理学的教学完全重新加以考虑，并自然地重新提出了活动法。1959 年的国际公共教育会议通过了向教育部门提出的一个建议（第 49 号）："采取措施以便于科学技术人员的招聘和训练。"这个建议的第 34 条如下："为了增进小学学生学习科学与技术的兴趣，采取适宜于培养实验精神的活动法是恰当的。"

至于学校教师个人的首创精神，他们的特殊发明和对儿童专心一致的精神，使他们能够真心诚意地找到发展纯粹而简单的智慧的最好方法（如昔日的裴斯泰洛齐那样）。我们可以在用法语、用德语（自从纳粹主义崩溃以后，德意志和奥地利曾经做出了很大的成绩）、用意大利语和用英语的许多不同的国家里，举出大量这样的人。但我仅回顾一个例子，那就是佛伦纳特，他利用恰如其分的手段，没有任何有关政府机关的特别鼓励，而取得了很出色的成就。他的工作在法语国家，包括讲法语的加拿大，已广泛流传。他并不十分关心儿童心理学，而是在他的社会见解的激励之下（但和前面讨论过的那种强调教师传授作用的主张保持着一定的距离），他首先想把学校变成一个经常与周围社会集体的活动联系在一起的活动中心。他那个把印刷术引进学校的著名想法，只是这方面许多事例中的一个，但很有教育意义。因为很明显，儿童自己印刷一些小课文，就能学会阅读、写作和拼法，这和那些一点儿也不知道他们使用的印刷品是怎样制作出来的学生的方法是完全不相同的一种学习方式。佛伦纳特并没有明显地想要通过动作达到一种智育的目的和找到一种获得一般知识的方法，他首先想到的是发展儿童的兴趣并对儿童进行社会训练，从而达到活动学校的这些经常的目标。佛伦纳特虽未因提出了什么理论而自夸，但他无疑得到了认知心理学中的两个最主要的真理。智力运算的发展起源于完整意义上讲的广义的实际动作（就是说包括利益在内，但这并不是说利益乃是纯实用性质的），因为逻辑首先是动作的一般协调的表现；而这种动作的一般协调必然包括一个社会的方面，因为个人与个人内部的动作的协调形成了一个单一的、一致的过程，个人的运算就全都社会化了。所谓合作，就其严格的意义来说，就是每个人的运算的集中。

直观法

如此缓慢地采用活动法的一个原因，除了由于大多数教育工作者没有受到足够的心理学训练外，人们往往把活动法和直观法混为一谈。实际上，不少的教育学专家时常是十分诚意地自认为直观法和活动法是等同的，或者至少相信直观法已具有了活动法的主要的好处。

此外，这里有两个明显的混淆之点。第一个模糊之点，前面已经讲过，人们相信主体或儿童的所有“活动”都是具体的动作。这在初级阶段是正确的，但在以后的高级阶段就不再是这样的了。这时，学生在个人重新发现要获得真理时，也完全是“活动”的，然而这种活动指的是抽象的思考。

第二个模糊之点是认为处理具体物体的活动只是一种用形象表现的过程，也就是说，只是在知觉中或心理意象中产生的和有关物体一样的摹本。这样，首先人们便忘记了，认知和内心对现实所做出的一个形象的摹本并不是一回事，认知乃是在动作上或思想中转变现实的操作过程，以便掌握这种转变的机制，并把事件与物体同化于运算系统（或转变的结构）之中。其次，人们也忘记了由物体所产生的经验可以有两种形式，其中一种是逻辑数学经验，它不是从物体本身获得知识，而是从改变物体的动作本身获得知识。最后，人们也忘记了还有物理经验，在这种经验中，知识是从物体本身抽取出来的，又要作用于物体以便转变它们，分离和变化由此所产生的因素，而不是简单地抽取物体的一种形象的摹本。

既然所有这一切都被忘掉了，直观法就简单地变成一个给学生提供或是关于物体或事件本身的，或是有关可能的运算的结果的视听表象过程，但实际上是不会实现这种可能的运算的。这种传统的方法正在死灰复燃，而且和纯粹口头教学法或形式教学法比较起来，确实还是一种进步。但是这种方法完全不足以发展儿童的运算活动。只是由于混淆了思维的形象方面与运算方面之间的不同，才使得有人认为，这种方法在纯形象的形式下使教学内容具体化了，可能对活动法的理想有所贡献。

然而，在1935—1965年，直观法曾以各种不同的面貌重新出现。我们必须再重复一遍，更加使人不安的是，它们的拥护者一般都真诚地相信它们已经满足了最现代的心理学要求。例如，我们曾收到比利时的一本数学入门书，一位著名的教育家写了序言。在这本书里，书的作者和序言的作者都提到了我的著作。我很荣幸他们把我的著作当作受到启发的源泉之一。而事实上，基本的逻辑数学运算的运用在他们的方法中完全不见了，而代之以形象的直观，而且这种直观常常主要是静止的。

这里也无须再回到奎申奈尔小棒的题目上去了，因为我们已经知道，它们已经产生了完全相反的一些使用它们的方法。如果让儿童自发地摆弄这些小棒，自己亲自发现各种不同的运算，那么，这类方法就是真正的运算性质的。但如果仅限于从外边进行演示或仅限于对现成外形的讲解，这类方法主要就是直观的或形象的。

有一位瑞士的教育家曾经想到在数学教学中尽可能地使直观法产生动力与动态，在方法上不用静止的意象，而利用电影。电影在视觉上的连续性使儿童观察到运动中图形的最明显的分解和重组。对初学几何学的学生来说，这种直观方法提出了毕达哥拉斯公理的明显阐明，学生很清楚地看到了其中所涉及的关系，值得好好赞扬。然而，这种方法真正训练了儿童的几何推理和一般运算建构吗？贝格松是痛恨理智的，他把理智的活动比作电影放映的过程。假如他的这种比喻是确切的，那么影片教学法的倡导确实给最合理的教学法提供了定论。可惜，贝格松忽略了运算的问题，没有看到运算的转变怎样构成了一种真正的、连续的与创造的动作。他对理智的批判，事实上，乃是对视觉表象的批判，那就是说，是对思维的形象方面的批判，而不是对思维的运算方面的批判。从这个观点看，批判是深刻的。同时，一种以形象为基础的教学法，即使已为影片明显的动态所丰富，也仍然不宜于训练运算的建构，因为智力不能简化为影片上的影像。也许把它比作发动机更合适，它保证影片上的影像的连续展现，或者最好把它比作一系列的控制机制，借助于一种内在的逻辑和自动调节、自动改正的过程，保证影像成为那样连续的流动。

总之，一切在教育学上企图给人以现代化的假象的那些形象、影片以及视听教具，我们听得很多了，只要我们把它们当作辅助物或心理上的支架，它们都是可贵的辅助方法，而且比起纯粹的口授法来显然是一大进步。但是，就像文字上有一种咬文嚼字的情况一样，它们也存在一种拘泥于形象的情况。和活动法比较起来，这种直观的方法，如果忘记了自发活动与对真理的亲身的或自动的研究的首要地位，那就仅仅是用一种更漂亮、更精致的拘泥于形象，去代替传统的那种拘泥于文字。

但是，应该注意，在把心理学应用于教育学的这笔账上，应该把这一点当作是一笔欠债而不是功劳，这一点就是直观教学法从一个心理学流派中得到启发。这种心理学在其他的方面表现出很大的优点，这个学派叫完形或格式塔心理学。它首先产生于德国，后来才在别的地方发展起来，所以直观法在德语国家特别发展，而且仍受到重视，这并不是偶然的。格式塔心理学在以一种极其深刻而有用的方式对知觉问题进行革新以后，它的贡献事实上就是探寻知觉结构或“格式塔”中所有其他心理结构，其中包括推理的或逻辑数学的结构的原型。无疑，如果这个论断是正确的，它就是直观法的一个决定性的证明。

然而，在心理学领域本身，格式塔学说今天已经衰落，主要因为它忽视了主体的活动，而偏重于基本的而且过于专门的身体的或神经学方面的结构的建构，从而使它遭到英国、美国、法国和苏联的已取得胜利的机能主义思潮的反对。再者，一个“格式塔”是一个不能增减和不可逆的整体结构，而运算的整体结构（分类、系列、数目、对应等）则同时既是可逆的，又是完全可以增加的（2加2等于4，不多也不少，正像知觉领域一样）。这一点必然意味着运算不能归结为知觉的或意象的“形式”，而且为其直接的后果，直观教学法比起操作的或活动的方法来，必然处于一种较低的地位。

程序教学法与教学机器

在一定程度上，美国心理学与苏联反射学（巴甫洛夫学派）紧密联系着，其紧密程度随情况而异。美国心理学在刺激反应图式（或 S→R）的基础上演化出一些学习理论。首先是赫尔，随后是托尔曼（Tolman），根据习惯形成的效果，然后根据“习惯的等级”、有意义指标的使用等，提出详细的理论。虽然这些创始人在这些因素的详细确切的重要性上并没有达成一致的意见，但他们都承认外在的“强化作用”（成功与失败或各种处分）的重要性，以及根据重复和所用的时间，要求有学习的相对不变的法则。

最近美国的一位学习理论家斯金纳，用鸽子做过一些卓越的实验（在此以前，用来做这类实验的动物是白鼠，这种动物特别易于驯养，但是不幸人们怀疑它的驯良行为出现了退化），采取了一种较坚定的积极态度。他坚信机体内部的变量的难认识性和我们神经学知识水平的过于粗浅的状况，所以他决定只考虑可以任意变化的刺激或“输入”，以及能观察得到的反应或“输出”，只注意它们二者间的直接关系，而不过问其心理内部的联系。这种关于有机体的所谓“空箱子”的概念，使他故意蔑视人类或动物的心理生活，而只注意心理生活最物质的方面的行为，并且不寻求所有可能的解释，以便集中考虑由细致的实验所揭示的自然的规律。

就是这样，斯金纳已掌握了他自己证实过或推演出来的学习的规律，并且避免了会阻碍他对它们的概括或实际应用的检验的所有理论上的成见。他首先观察到，当用效率高的机械设备代替实验者的人为干预时，他的实验就进行得较顺利。换言之，当鸽子和“教学机器”打交道时，它们就产生了更有规律的反应，刺激的作用发挥得更准确而很少有瑕疵。斯金纳是位心理学教授，同时又是学习理论家。他有一个了不起的想法，认为他的这种观察用到人类身上也同样有效，而且把教学机器很好地程序化后，就会产生比口授教学法更好的效果，因为口授法应用起来变化很大。既然把有机体看作空箱子的想法使得对人类学习的内部因素的考虑成为不必要的，那么，为了制定至少在内容上和通常要求的知识体系相等的教学计划，只要熟悉一般的学习规律和所教的科目就够了。

经证明，这种实验是完全成功的，而且理所当然，若仅限于一般的口头传授的教学和接受过程，这个实验必然是成功的。有些人害怕机器可能代替教师。相反，依我看来，这些机器至少已为我们做了一件大好事，它毫无疑义地证明了传统教学所认为的教师职能的机械的性质：若这种教学方法的理想只不过是正确地重复已经正确阐述了的东西，那么不言而喻，机器能正确地完成这种任务。

也有人反对说，机器排除了所有情感的因素。但这是不真实的。斯金纳不无理由地断言，比起平常的上课的情况来，用机器可能达到更大的动机（需要与兴趣）的强度。事实上，问题在于要证实教师的情感是否经常起一种有利的作用。克拉帕雷德在他那个时候就曾发表过这样的意见：在培养教师的过程中，要给他们足够的时间进行训练动物的实践，因为当训练失败的时候，实验者很清楚地知道这是由于他自己的过错，而在儿童的教育中，失败总是归因于学生。而且应该注意，在这一方面，斯金纳的机器提供了一种良好的心理学证明：这种机器只应用于积极强化，完全排除消极的制裁或惩罚。

编制程序的原则（斯金纳在把它推广到所有学科的教学之前，首先在他自己的心理课程中使用），实际情况如下：在给了初步的一些定义之后，学生首先应该从其中得出正确的结论，为此，他们得从机器所提供的两三个答案中选择一个。若他们选择对了（按一下电钮），工作序列继续下去；若错了，就得重复再练习。这样，机器所提供的每项新知识都引起选择，以证明所获得的理解的情况，需要重复多少次就重复多少次，而经常的成功就产生不断的进步。任何学科都可按这一原则加以程序化，不论是纯推理的还是单纯记忆的学科都可以。

实际上，这样构想的教学机器已经获得了相应的成功，并且产生了一种制造这种机器的兴旺的行业。在学生人数大量增加而教师缺乏的这样一个时代里，不能否认，教学机器的确能做许多事情，并且比起传统的教学方法来，一般能节省很多时间。不仅学校使用教学机器，而且企业也加以使用了，这是由于这样那样的原因而需要尽快地训练成年人。

至于这样一种教学方法的内在价值，这自然要看人们所给的每个特殊学科的目的是什么了。在目的是获得一套知识体系的语言教学中，这种机器被公认为是有用处的，作为节省时间的一种手段尤其有用。在学习的理想在于重新发明一系列的推理的数学教学中，教学机器虽然并不排除学生方面的理解和推理的本身，但它的确以一种不恰当的方式引导着推理，并排除了创造的可能。在这方面值得注意的是，在我们已谈到的伍兹霍尔会议上，数学家和物理学家们在寻求一种科学教学的更新时，斯金纳的建议仍然热忱地被采纳了，因为这次会议所要解决的问题是既要找到正确理解的方法，也要培养探索和创造的精神。

一般来讲，由于每种学科必须包括一定已获得的知识以及能产生各种探索和重新发现的活动，人们可以在记忆部分和自由活动部分之间想象出一种平衡，这是随不同的科目而异的。在这方面，使用教学机器就可能节省出传统方法所浪费的较长时间，从而增加活动作业可以利用的钟点。特别是，在这些活动作业的时间里包括班组活动，其中又具有相互鼓励和监督，而把教学机器看作主要是个别化的工作，那么，这种平衡同时还实现了智力努力中集体方面和个人方面的平衡，这两者在一种和谐的学校生活中都是必要的。

但是程序教学还只是开始，要预言它未来的用处还为时过早。像所有基于研究心理发展的某个特殊方面的教学方法一样，从我们刚才思考的角度看，程序教学可能是成功的，但作为普遍的方法来说，仍然是不够的。而且，像所有教育学的问题一样，要解决这个问题，靠概念或抽象的讨论是不行的，只有靠积累必要数量的事实和控制的测验，才能加以解决。

然而，奇怪的事情是，目前这类检测是在成人教育中进行的，而不是在正式的学校教学中进行的。所以会如此，至少有两个原因。第一个原因，说起来让人悲伤，但也很有教育意义，当决定要把一种教学方法用于成人的时候，人们更严密地检验和核对它的结果，因为成人没有可浪费的时间（尤其私人企业要从财政上考虑时间），虽然儿童的学习时间同样也是宝贵的，但是许多人并不这样看。所以在这个领域里，必然密切注意有关成人的实验结果。在这方面可举出对飞行人员的数学课的研究或某些军医的研究，以及凡尔赛中心和巴黎大学心理研究所协作进行的工作。

第二个原因，在许多情况之下，程序教学的效果被降低了，这是由于编程序的人不是根据渐进理解的原则去编制程序，而只是把流行的教科书的内容转变为机械的程序语言，而且采用的又是最坏的教科书！似乎有理由希望斯金纳的方法至少能使我们从教科书的专横统治下解放出来。人们已广泛地认识到教科书是许多严重问题的根源。时常是这样，为了便于进行程序化工作，人们简单地应用现在的教科书，自然就选择那些最容易按最被动的和最自动化的方式把问题和回答连贯起来的教科书。

五、教育的量变与教育规划

如果我们想为 1935 年以来的教育与教学绘制一幅乐观的图画，我们就应当从现在这一部分开始，一开头就强调近几十年来教育的这种异乎寻常的扩展情况。这肯定是一种大快人心的发展，这就是说，学生总人数的增加并非仅是由于人口的增加，也是由于采取了社会公正的措施，通过许多国家延长了义务教育的年限以及开设了许多职业学校，使过去因为经济的缘故而被剥夺了受教育的儿童特别是青少年，有了受教育的机会。但是教育发展的这个积极方面，不能使我们忘了还遗留下有关教育手段的效果问题，而且如果我们只从数量的角度考虑问题，我们便有把图表的意义加以曲解的危险，因为这样无限地在数量上扩充，并不总是和教育上的成功、胜利相一致的。

所以我觉得明智的办法是，一开始要强调我们继续遇到的这些有关我们的教育学知识不足，有关我们还没有把教育学知识和心理学的研究联系起来，有关各个知识部门内部与教学方法发生的变化等方面的问题，然后再进而讨论一些比较具体的问题。而对于这些具体问题的答复，无论我们是匆忙地勉强做出的，或是经过反复的考虑和系统的计划求得的，都不可避免地要依赖上面这些问题。所以我们把我们社会最近的变迁促使教育发生转变这件事，一直延迟到现在才进行考察，这和客观的探讨是一致的。还要记住，这些数量的资料丝毫也不意味着它们的意义是完全明确的，它们只是证明存在问题而并非已经找到答案了。如果我们想评价医学的进步，仅仅统计治愈病人数对我们的帮助是不大的，而把治疗的结果和这些治疗方法在社会上推广的情况联系起来加以研究，则更有益处。正是这一类的检验是教育学所缺乏的。这就是为什么政府的措施所取得的进展无论多么鼓舞人心，留下的却仍然是一系列未得到解决的问题。

但是，近来教育的变化也不只是在数量方面，而且在不同的程度上是和我们的学校全体人员（教师与学生）的增加松散地或紧密地相互联系着的。我们已经可以看得到大规模的教育结构的改革。这些教育改革，无论是由一个全面的规划所推动，还是经过了一些多少有些不连贯的阶段，都是许多因素发挥作用的结果，其中的两个互不冲突的主要因素是科学技术革命和社会与教育的民主化的一般倾向。在这里我们必须再一次注意，一次改革的未来命运及其后果并不单是由推动这次改革的终极目标所决定的，也不是看负责执行以达到这些目标的新的行政与教育结构是否适当，而是再一次，而且在较大的程度上，要看产生结果时所使用的教学方法怎样。如果这些改革不包括方法论上的和目的论上的改造，即使最好的计划也未必会有什么前途。这就是为什么我们一直到现在才考虑这样一些先决的问题，即有关在逻辑数学方面和实验乃至技术方面培养科学精神的问题。这不是一些导言性的简单问题，而是紧密地制约着改革与计划的有效的动力。

数量上的资料

第一个基本的事实是，在所有新兴的国家里，都有引进或推广强迫教育原则的倾向，而在那些已经实行强迫教育的国家里，则有尽可能延长强迫教育期限的倾向。例如，在法国，1959 年 1 月的改革要求“从 1959 年 1 月 1 日起，年满 6 岁的法国与外国的男女儿童，必须接受义务教育，直到 16 周岁为止”。同年，苏联把强迫教育的最低年限从 7 年提高到 8 年。联邦德国计划规定为 9 年，意大利为 10 年，等等。

随着强迫教育的推广，十分自然地要采取一些相应的措施，如免交学费与增加助学金。早已在小学阶段普遍实行的免费教育（有时包括学生的学校用品与交通费用），趋向于被推广到中学阶段，甚至开始在高等学校实行。例如，在苏联，从 1956 年起中学高年级、所有的中等专业学校以及各个大学的全部学费都免交了，因而，在这个国家的所有学校，全部教育都是免费的。

但是，除了某些地区还存在着种族歧视以外，两性的不平等在许多国家仍然是普及教育的一个障碍。甚至迟至 1952 年，国际公共教育会议还认为应该建议各国教育部“给予妇女以受教育的机会”，要求在强迫教育的年限、享受免交学费的待遇和奖学金制度、给予家庭补贴或减免研究费用等方面一律平等，使妇女能在中学、职业学校、专业技术学校或高等学校继续学习。在这方面已经有所进步，但我们尚未掌握会议对这个问题实际情况所进行的详细研究及其所提出的补救办法。

幸而这些缺点不是普遍的。尽管有这些缺点，学校的容量仍在稳步增加。在向国际教育局提交过报告的国家里，接受学前教育的儿童数目在 1956—1959 年每年已经增加了 6%～7%，而接受小学教育的学生数目在 1959—1963 年每年平均增加了 6%～8%（有的国家达到了 11%～12%）。在提供过中学教育数量资料的 64 个国家中，有 59 个国家都有所增加，只有 5 个国家有所减少；从 1959 年到 1963 年，我们发现每年平均增加 10.5%～13.7%（在第四季度开始增加到 18.6%）。职业教育出现了类似的增加，高等学校学生人数的增加比例各国不同，从低于 7%（第一季度）到高于 17.6%（第四季度）。

这种入学人数的增加，意味着教育部的预算也相应地不断增加，强调这一事实是没有什么意义的。这些预算总是不够的，特别在高等教育方面（因此要用国家科学研究中心的贡献来补充大学所提出的津贴），但是这种预算正在继续增加。在 1963 年，这种增加的比例在第一季度低于 9%（根据 87 个国家的统计），而在第四季度则增高至 18.25%。

这个总的倾向的另一个具体指标是新学校建筑数目。要对此做出全面的比较是困难的，但可以举出一些数目作例子（也是根据国际教育局所收到的报告）：法国宣布在 1961 年 9 月为中小学学生开放了13 915个教室，波兰于 1962 年新建了4 221个小学教室，而在加拿大的 8 个省新增了8 000多个小学教室。

相反，无论在招聘教师方面还是在学校人员的培训方面，都没有提供与上述资料可以比较的数量事实。关于这一整个未来教育最后所依靠的中心问题，我们在后面（第八部分）将再讨论。

教育规划

这样大量的教育增长同时既反映了 1945 年战争结束后的深刻变化，这种变化导致我们的教育结构和教学计划的改革，也不断地引起甚至激励着许多国家从未来发展的角度来考虑这类改革，也就是说，从事规划的制定。

一些遭到破坏的国家需要进行全面的重建；许多国家政治制度的改变；其他许多国家的民族解放；世界分裂为几个政治集团，以及有关政治上的重新组合与统一的倾向；技术方面时而有益时而有害的改变，以及随之而来的经济上和社会上的变化；最后，传统文化与必要的重新适应之间的矛盾：所有这些原因在不同程度上既是联合的又是互相依赖的，它们很自然地在教育改革中表现了出来。人们往往感到惊奇，许多国家面临着许多迫切需要解决的问题，却总是立即想到教育改革。但是我们知道，人类的社会生活主要是以前代对后代的培养为基础的，换言之，是以外在的或教育的传递形式，而不是以内在的或遗传的传递形式为基础的。因此，一个要建立和维护其本身存在的政权，必然关心学校教育，也就是说要利用这种受它直接支配的手段，而且它还影响着家庭教育。

因此，当我们把各国教育部在它们每年送给《国际教育年鉴》中所宣布的全面的或部分的改革的数目做一比较时，我们就发现，在1933—1938年，这些国家（根据35～61个国家单位）所实行的改革是43%～72%，随后在战争年代下降到28%～45%，1946—1960年又上升到84%～98%（根据41～75个国家单位）。

但是，改革是一回事，这一点我们将在第六部分再讨论，而长期规划又是另一回事。当学校入学人数的增加不再和总人口的增加成正比例的时候，当出于社会公平的理由或在经济因素的压迫之下采取措施以延长强迫教育的年限，并采取一切办法以利于进入非强迫形式的教育时，就不会再认为现在最好的结构在未来或短或长的时期里依然如故，都是不变的，而必须想想未来。

当然，进行任何工作时，人们总想预见事物未来的进程。例如，没有一个政府在编制其校舍建筑预算时，不预先把以后几年计算在内。但是战后文明中很新鲜的事情是（苏联除外，那里的体制已包括整体规划)，我们发现，情境是如此多变，在许多领域内变化的加快是如此预见不到，而且有一部分是不可能预见的，以致我们的教育当局在胆怯或胆大的不同程度上不得不承认我们的教育结构在机能上必须适应社会需要，并有意识地探索这种适应机能，而不能像过去那样听其自然了。

到现在，我们自然已经有了一个公认的关于各种可能的职业的清单，经过与职业团体与工艺团体的协商，也已编出一切培训所必需的教学计划。但是一旦这样做好以后，按照人们对于社会结局的一种乐观想法，或由于推广了适用于自由经济的供求规律，人们便料想，各类学校学生的分配一般来讲总是符合预期目的的。换言之，只要在统计上调整一下或经过一个自动的选择过程，就足以使学校的框架及其内容符合所有的社会要求。

当法国的一位部长让·伯托因 (Jean Berthoin) 宣称“我们在培养 3 个理科学生的同时培养 2 个文科学生，而我们实际上却需要在培养 7 个理科学生时培养 1 个文科学生”时，事实上，他是在谴责上述对事情看法的无知。他说这句话所参考的东西，原则上已超出了教育当局所掌握的信息。我们需要如此比例的理科学生，实际上他是怎样知道的呢？如果一位教育部部长说出这样一些话，那是因为他已经和经济学家、社会学家、技术人员或学者进行过商讨，因为他已超出了仅从学校内部考虑教学计划的办法，而从现有的计划或从包括整个社会的未来倾向的观点来考虑问题。

就是由于这样一些考虑，近年来许多国家在不同程度上产生了一种制定长期规划的倾向。当然，这并不是要把某种未来的职业强加在学生身上以适应国家的需要，而且，在某些国家，从事这种专门训练的机构所可能获得的奖学金与职位的数目（例如，心理学院）是受到严格限制的，而且事实上等于是按计划挑选的。问题在于如何为各类各级学校准备充分发展的机会，同时又考虑到每一类学校及其所属部门或系的数量与质量适应于当前的与未来的社会需要。这个长期规划一旦付诸实施，它可能始终是整体的，或者分为一些可延迟执行的个别阶段（5 年到 10 年规划等），那么问题就在于调整学生的总数，使之适应于由相当灵活的指导系统（“指导阶段”等）和学校充分的流动性所提供的框架，以保证个人自己的选择与对学生的挑选不再依赖于家庭传统、家长的经济情况和各种陈规与偏见，而依赖于个人的才能和对未来的客观展望。

第六部分将讨论结构的改革和教学计划的调整。首先让我们回想一下制定长期计划的要点，这个问题曾在 1962 年的国际公共教育会议上有过长时期的讨论。

老实说，虽然人们到处都在谈论长期教育规划，这个概念虽然很时髦，但这一事实引起了习惯的语义的扩大。也就是说，这个名词有了各种不同的意义，并且为了极力使它不致显得过时，这个词甚至于用来指那种根本不是真正的改革设想的长期教学计划，或者应用于那种不做任何结构改革的扩大学校的计划。所以，为了慎重起见，除了已经在教育部下面设有一个特殊的教育规划部门的一些国家（有 20 个这样的国家）以及那些把教育规划工作附属于被指派处理国家的一般活动的协调与规划工作的高级当局的国家（这样的国家有 18 个）以外，最好不使用“长期规划”这个词语。自然还可以加上这样一些国家，在那里，并没有设立像上述那种永久性的专门机构，教育部把研究和提出建议的任务委托给一些特别的委员会。法国就采用这种方法，如“学校、大学和体育设备委员会”，其任务在于研究从现在到 1970 年教育的前景。而在加拿大魁北克省，则设有“家长委员会”。

在国际方面，联合国教科文组织本身在马侯（Maheu）的倡导下于 1964 年末设立了教育规划办公室，其主任直接向管理教育的助理总干事负责，而不是向普通教育及高等教育部和成人教育部负责。

各个人民共和国自然是把教育规划视为附属于决定全国一切活

动的总计划的。因此，长期规划占有统治地位，有时是 5 年计划，但在保加利亚则延长至 10 年，在波兰、苏联等国则长达 20 年。

但是，非常有趣的是，在一些政治制度十分不同的国家里，可以看到，它们的教育规划都是比较长期的（虽然 5 年计划是比较普遍的），而且日益坚持有必要把教育规划和社会的、经济的、技术的预测协调一致。在这一方面，教育家和经济学家、社会学家、技术家以及精密的自然科学的代表们不仅在整个制定规划的过程本身中，而且也在执行这些规划的过程中，或者说得更确切些，在检查执行规划结果的过程中，都是互相协作的。人们时常留意到，确切的特别是具有科学根据的统计的缺乏，常常成了各个阶段的严重障碍。1962 年国际教育会议上通过的建议包括一个很能说明这一观点的条文（第 31 条）："尽可能在评价技术的质量上和数量上求得进步，这将使我们有可能系统地证实所获得的结果。这种证实有利于编制今后的计划。"

我们可以希望，这些多种多样的研究，不仅在各种形式的教育适合我们社会需要方面可以取得预期的改进，而且使我们可以向着科学的教育学的方向前进，这对解决我们所面临的问题是不可缺少的。无论这些问题是有关教育社会学的，还是心理学方面的，都是如此。

至于适合社会需要的问题，国际教育局在筹备 1962 年的会议时所搜集到的情报中，许多"计划"都具有的共同特征是，它们都体现在"有一种在中学或大学阶段发展与改善技术、职业以及科学教育的非常明确而又普遍的趋势……增加技术学校与职业学校，从修改教学计划的观点进行研究，注意大学里培育工程师与应用科学领域的专家的学院"（联合国教科文组织和国际教育局：《教育的规划》，第 12—14 页）。因此，既然如我们所知，应用科学是多么依靠纯粹的或"基础"的研究，科学研究人员的培训多么要求我们改革我们的传统教育，那么这就是科学教育的全部问题，而在人们实际制定规划时就已经把它放在首要的地位了。

技术与科学人员的培训

人们制定长期规划从一开始就要处理好教育目的和教育结构的问题。由于计划者们跨学科的协作，就把重点放在技术与科学方面了，因而不管我们是否愿意，就提出了教学大纲与教学方法本身的问题了，因为如果没有教学大纲和教学方法，长期规划就必然是形式的。在有效地吸收有关知识方面，尤其在培养研究的才能、实践和实验的适应能力，甚至发明的能力方面，如果没有关于这种训练的具体内容，那么，决定某一类训练需要学习的年限就显然毫无意义。

结果，关于“采取措施以促进技术与科学人员的招聘与培训工作”，1959年国际公共教育会议所通过的那些最长的建议之一（而这并不是偶然的），便不知不觉地从规划问题转到方法问题上来了。值得我们注意的是，这个建议特别要求在科学研究人员、工程师与技术员和合格的工作人员的协作下，负责专门研究这个问题的机构应该是永久性的（第2条），以经常地考虑不断变化的情境。此外，“重要的是，能够满足技术与科学训练新要求的教育结构应该是十分灵活的，以便适应技术与科学的迅速发展”（第8条）。关于结构的问题，这个建议特别主张在中学毕业后与大学毕业后阶段开设“比较高级的专门学习，并设置技术博士学位”（第28条）。

正如我们早些时候所注意到的，关于方法的问题，这个建议还特别强调活动法的重要性，以便培养实验精神（第34条）；并且在发展教学设备方面要求“教师与科学人员的经常协作”（第36条），这是一个相当新颖的想法。虽然这类协作在数学领域内是十分平常的，但是希望在技术训练领域内以及在实验精神教育上也应该有这种协作，这样才可能引起十分革命的后果。事实上，我们已经看到，完全集中于文字与口头传授的传统学校十分忽视这方面的智力训练。现在有些物理学家十分关心这个问题，甚至愿意到小学里参加初步实验训练的教学工作。如果这些有关规划的评论能够使这个观点更加普遍，并且人们更加严肃地对待这个观点，以至教育学家们受到了研究者和技术人员的权威支持，那么，这些评论就完成了现代学校所期望的那种最具有决定性的革命。

在科技的教学中，人们经常强调应该包括一般文化的学科在内，这一点也是这个建议没有忘掉的（第40条）。但相反的情况也是真实的，文科教学中也应有足够的时间从事实验精神的培养。即使仅在心理学（或生理心理学）领域内，也要充分主动控制以保证能理解似乎非常简单的问题的极端复杂的情况。创造从事验证的方法和培养建设与批判的精神，实际上构成了发展中的文化所特有的新人文主义的一部分，而且这个事实就是被那些企图摆脱必然的分隔现象而保持教育的某种统一性的教育家们所梦想的。

职业教育

同一倾向的另一种非常普遍的表现，就是在许多国家出现了职业教育的改造。在这一方面，明显地出现了两种相辅相成的需要：一方面要求扩大这种形式的教育，因此，这种形式的教育便成为一种在理论上，尤其在实用上包括尽可能多的行业在内的学业训练，而不限于像过去长期要求的那样只在教室中学习一些专门技术了；另一方面，又要求从内部丰富教学计划，为那些专门学习某些技术行业的学生提供一个广博的普通文化基础，趋向于使一切形式的中等教育在广泛的共同基础上结合起来。

作为这两种倾向的一个事例，我们可以以波兰扩大职业教育的情况为例。这种训练包括三种主要的形式：初级职业学校，训练合格的工人和劳动者（在1962—1963年有503 062名学生，而在1963—1964年则增加了18.8%），附属于企业的初级职业学校（在1962—1963年有89 901名学生，而在1963—1964年则增加了

50.4%)；中等技术和职业学校，为各个不同的国民经济部门培训中等水平的劳动者（发给胜任工作的证书）（在1962—1963年有543 280名学生，而在1963—1964年增加了15.3%），还有在职工人业余学校（夜校与函授学校，在1962—1963年有202 441名学生，而在1963—1964年增加了11.5%）；最后还有农业训练学校（在1962—1963年有87 531名学生，而在1963—1964年则增加了10.8%）。

初级职业学校为199种行业培训工人，它再分成18个组。中等职业学校为203种专门职业培训工人，再分成21个组。“与劳动机械化和生产自动化有关的职业与专门的行业数已有显著增加，基本的重要工业在这一方面占有统治地位，如采矿、冶金、化工、机器工业以及电机工程。”（教育部向国际教育局提出的1963—1964年的报告，第32页）

但是这个报告又补充说，“职业学校除了使学生具备技术工作能力外，还总是要以个人的全面发展为目的，并要实现这个目的。随着社会经济发展继续前进，对于这个公认的原则的实际应用就越来越重要了”（第31页）。我们还应该加上一句：反过来，在东方国家里，人们还日益盼望每一中学生，无论是文科生还是理科生，都还要在某一种工业方面接受培训，以便获得有关技术与生产问题的启蒙知识。

在西方国家，职业学校数目的增加也同样是显著的。普通文化教育问题一般是通过指导阶段的系统加以解决的，所有的学生都要通过一个中间学校。通过这种学校，学生或者升入中学，或者进入职业学校。这是一般结构改革问题，是我们就要讨论的问题。

六、结构改革、教学计划与指导问题

如前一部分所指出的，教育的蓬勃发展大有一日千里之势，在纵的方面有发展，在横的方面也有发展。在纵的方面，延长了义务教育的时限，增加了进入中学与大学的机会；在横的方面，在各种不同形式的教育之间，有了比较细致的分化，技术学校与职业学校增加。

这样一种景况无论是既成事实，还是从计划中所预见到的，都产生了三个问题。对于这三个问题，我们都曾经寻求过解答。这三个问题是：文化统一和教育的共同基础问题；（直接与一般的社会流动性有关的）教育流动性或从一个科组转入另一个科组的可能性，也就是当一个学生在学习过程中，他的才能已逐步呈现或情境已被澄清时，最后是否还有可能改变定向的问题；进行这种定向是根据客观资料而不是根据幻想的估计（无论这种幻想的估计来源于学生、家长，还是有时来源于考试）来建立这种定向所用的方法问题。

在这些几乎受到所有国家注意的主要问题以外，还有一个同样重要的问题。这个问题也许由于很少有人加以研究而显得次要了。这个问题就是：由于知识与技术的不断发展，人们想跟上时代的潮流，而又不忽视共同的一般文化修养，在大多数情况下，就导致了难以容忍的教学计划的负担过重。其结果既可能有害于学生的身心健康，又可能延缓了学生的训练，这和想加速和改善这种训练的愿望恰恰相反。学业过重的问题，有时使医学界（如国际儿童中心）和心理学界比教育当局更为不安。然而，这个问题与另一个总的问题有联系，即假如我们着重于培养首创发明精神，而不是利用各种教科书去积累知识，那么我们的学校是否也曾教过一些无用的东西。这个问题又使我们回到考试问题上了。尤其在竞争考试盛行的那些国家里，那些最有才能并对社会可能最有用的人们，当指导其未来生涯的新观念正在他们心中形成时，却穷年累月地浪费时间去应付考试。

学前教育

就上述问题来说，战后改革的总方向一般是使直到十一二岁（或更大一点儿）的学生开始都经过一种共同基础课程的阶段，然后继之以一个指导阶段，通过这一阶段便决定了专门训练。十一二岁这个年龄选择得很好，因为从心理学上来讲，儿童在这个年龄超过了具体运算（类、关系、数目等）阶段，进入了命题或形式运算阶段，使他们能够提出假设并根据可能性进行推理，因而使他们从直接材料中解放出来，向着迟早要流露出他们的真实才能的兴趣与事业的方向前进。

但是，这个基础课程的阶段和狭义的学校教育到底应该从什么水平开始呢？一般从 7 岁开始。这个年龄选择得也很恰当，因为它与构成具体运算的开始阶段相一致。但是，在这个阶段以前怎样呢？我们怎样促进这些基本的智力工具的形成呢？

学前教育（有时用幼儿园这类名称来称呼它）的组织方式，在各个国家是十分不相同的，然而都表现出日益普及的明显倾向。在美国，这类学校招收了近乎半数的幼儿。在加拿大，安大略省的 1 650所公立和私立的学校里至少都附设有一个幼儿班；而魁北克省的《家长报告》是一个在教育规划或教育改革方面新近最有趣的尝试，它坚决主张普及幼儿教育。

国际公共教育会议在 1939 年就已经提出过这样的要求："学前教育旨在使义务教育年龄以前的儿童受到教育，它应该受到教育当局的关心，并使一切儿童都能享受。"

当然，这里有经济上的原因，因为越来越多的妇女都离开家庭出去工作了，这就势必要采取措施，以保证母亲在外工作的时候幼儿有人照管，并受到教育。

但是还有心理上的原因，其重要性正在日益为人们所强调。在这里指出这些原因是有用的，因为这个问题的解决依赖于对儿童发展的知识的掌握与研究情况。有一个时期可能认为智力主要起源于知觉或感觉的作用。福禄培尔及其光辉实践所提供的一种“感觉教育”的典范，似乎已能较正确地适应幼儿园的需要了。后来，蒙台梭利女士也采用了同一原理（多亏她的直觉，虽然她未从中形成一种理论），并加上了相当数量的动作，虽然这是通过事先装配好的教具引起的。然而，今天我们已经知道，智力首先起源于动作，而感知运动的机能的发展，就自由操作及其推动下构成的知觉结构的全部意义而言，构成了一种智力培训本身所不可缺少的准备教育。无疑，正常儿童在一切情境中都能靠他自己进行这些活动。认识了这种发展的具体细节，我们就能大大地予以促进，这是学前教育所担负的一种任务，这方面已有确切的资料可以利用。

正是基于这一精神，1939年部长们建议学前教育“限于一种感知运动的教育”，而“在读、写、算方面的系统学习”则应留给小学。但是，这个建议明确指出：“如果具有适当的设备并充分地依赖于自发的活动，这些感知运动的操作将导致儿童获得数与形式的概念。”我们还要加上一句：这一阶段所特有的数目与空间的直觉这些初步活动，可以为逻辑运算本身做准备，因为逻辑在用语言表达出来以前乃是建立在动作的一般协调之上的。

发展这样一种学前教育，是许多国家（特别是法国）的深切愿望，虽然我们对别的地方的情况了解得不多。但是，阻碍还是存在的，这自然是因为人们越想依赖幼儿的自发活动，就越需要具有心理学基本知识。事实上，在完全受教师管理下的游戏或练习中，对付最小的儿童是比较容易的，并且，教师所受的训练越少，他越不知道由于缺乏心理学知识而造成的损失有多大。同样，这个建议也十分正确地希望（第17条）：“学前班教师的训练总是包括准备他们胜任其工作的理论上和实践上的一种专门训练。这种准备应该和小学教师的培养同样彻底。”由此就得出关于人们所期望的工资与聘任条件方面的那些结论了（第19、20条）。

很抱歉，在讨论战后巨大的改革时，我们却在谈论这样一些基本的真理。但是这些改革既然强调培养实验科学精神，那就没有理由忽视培养这种精神的那些看来并不过分的条件了。如果有些“高层的”教育家们对此感到可笑的话，他们不妨和美国的那些专业的物理学家们接触一下，了解一下他们不怕降低身份，跑到幼儿园的小班改进启蒙方法。

小学与中学阶段的结构改革

《朗之万—瓦隆方案》始终是整体改革的一个典范。这个方案是1944年送交国家教育部的，它规定义务教育从6岁至18岁，包括三个阶段：(1) 小学阶段，6—11岁，这是所有学生共有的；(2) 指导阶段，11—15岁，逐渐地个别专门化，但容许从一类学习转至另一类学习；(3) 决定阶段，15—18岁，包括三个部分，即实用的、职业的和理论的，大学预科（18—20岁），高等教育。

这个方案从未实行过。后来德普路（Depreux）和德尔波（Y. Delbos）进行了修订，但改动不大。1953年玛丽（A. Marie）又修订过一次，加入了一个意见，把第一阶段分成两个平行的教学课程：一个是“短”的，一个是“长”的。1955年，贝托因的方案把强迫教育的年龄减至16岁，并建议：(a) 6—11岁要有一个人人共同的课程计划；(b) 11—13岁是指导阶段；(c) 13—16岁这个阶段分为四个部分，即普通的、职业的、终极的、较高的。1956年比里埃尔（Billières）的方案几乎完全与此相同。

1959年1月6日有一条法规（59145号）把强迫教育延长至16岁，并且颁布了两个法令，要进行大学学位的改革。1960年采取了适当的实施措施，结果是在6—11岁初级阶段之后创设了一道“桥梁”或“预备”班级，以保证学生有可能从这一类教学转到另一类教学，并使学生的定向继续不变。在指导阶段开辟了三条道路：普通的、职业的和终极的教学。

对这种改革，自然有人认为过分了（大学中学教师学衔获得学会认为这是判处了“中等教育的死刑”），也有人觉得不够［罗杰·盖尔（Roger Gal）认为这只是一种折中的办法，“我们正在等待着一种真正的改革”］。

1963年8月，一个新法令把中学分成两个阶段。第一个阶段为11—15岁，在此期间进行指导工作（从第一学期结束时开始）；第二阶段是15—18岁。在第一阶段有几个平行接近的小组，可以互相转换，它们是普通文化组、古典文化组、现代文化组（按照学习语言的门类分为一组和二组）和职业教育组（包括农业教育）。第二阶段可以受短期的（普通的或技术的）教育或者受长期的教育（可以取得哲学或科学学士学位）。这种包括许多小组的学校称为“中等教育学院”。

指导阶段的这个想法已经为其他一些国家所重视，并加以试行。例如，在日内瓦州，准许有三年的时间在这个阶段把学生分成三个小组，继续组织学习。这三个小组都是12—15岁，它们在小学教育和高级中学教育之间建立了一座桥梁。

为了便于比较，我们可以列举南斯拉夫的改革。在派专家到外国参观并从联合国教科文组织邀请了两位专家之后，他们引进了按年限划分的教育阶段。小学为7—15岁，是义务教育。在这以后，学生或者进入中学，或者进入职业学校，但可以互相转学。中学分为两科：一科教授社会学与语言，另一科教授自然科学与数学。但所有学生都学习共同的一般学科，也有选修的而非强迫的一般学科。职业教育是校内与校外训练相结合的灵活系统，以保证所期望的培养的干部的伸缩性。大学教育（包括一切学院在内）的第一阶段是两年的高级职业训练，第二阶段是4～5年相当于通常的大学教育，第三阶段是专门的科学研究。进入大学不再取决于入学考试，而决定于中学结业考试。

由此可见，南斯拉夫的制度旨在造就杰出的知识分子，消除旧时所谓高级职业与低级职业的对立，并保持足够的伸缩性，以保证学生的流动性（横向的）以及适应国家经济或社会生活的新需要。

我们将会看到，尽管意识形态和专门名词方面有差别，在这类改革之间却明显地存在某种一致性：寻求一种“共同的基础课程”，然后从这里进行分化，在职业与技术领域内加宽专业化的幅度，并在横向流动上有机动性。还有一些别的改革计划，或者由于保守力量的反对，或者因为是新近才制定的，所以尚未实行。但这些改革计划也都具有上述这三个特征。在后一类里，加拿大法语区的《家长报告》特别有革新精神。首先它提出了一个六年制的基础教育，前三年用最主动的活动法学习基本技巧，后三年用来传授个人作业与集体工作的方法。然后是五年的多种性能的中等教育，在选择方面具有最大可能的机动性，但在结构上和方法论上具有下列特征。

首先，在小学里学生不能超过13岁，中学将接纳所有的儿童，而不论其成绩如何，给成绩差的学生组织为期一年的预备班。专业的选择是多种多样的，包括许多技术专业。在中学阶段，每个学生至少要选择一种专业，这就意味着需要各种适当的车间，教学需要地区化。其次，家长委员会认为，安静与不动不应视为学校的美德。所以教学法将是活动性的，并且严格符合儿童心理学的论据。这就要求所有教师要接受比较完全和比较科学的训练（如我们将看到的，不管哪一阶段的教师都应受到大学教育）。报告还说，尤其要求教师本身要从事大量的集体工作！但更重要的是，这个家长委员会建议废止考试，因为学校的目的在于学生掌握工作的方法，而不在于在大考中取得成功，因为这种考试只是建立在暂时积累的知识上的。所以要根据学生的工作来判断学生。在两年的普通教育阶段以后，再继续三年比较透彻的专业教育阶段，他就获得一张记载其成绩的中学毕业证书。最后，在这种中等教育与大学之间有一个两年制的“大学预科和职业训练”阶段，它向一切学生开放，是在一种不同于大学的特殊学院中进行的，并且是多种功能的。

指导方法与学校心理学家的作用

从社会的观点来看，指导阶段除了它的这种明显而又无法估价的用处外，因为它提出了用新的方法考查学生的问题，在教育学上也起了很大的作用。

在过去的教育与教育结构的概念中，每一个学生遵循着一条很明确的路线前进，但是这种选择太早，以致考虑不到他的真实才能或者估计不到他学习某一专业或行业时的社会经济情境。一般来讲，学生的适应性是强的，而且学习结束时（或者在每一学习阶段结束时），学生在测验他所掌握的总体知识的大考中是成功的，不过其中有些知识是必不可少的，而另外的一些以后会几乎全都忘却了。

但是，在考试不及格或暂时不能适应的情况下，还有两个问题没有得到解决。无论在哪一个阶段，当学生的学习已结束，大考成绩不及格，或者在及格之后还没有找到适宜他的职业时，便产生了第一个问题。为此，人们组织了一些职业指导服务处，许多想以坚实的事实为根据，并保证吸收受过较好训练的人才的私人的或公共的企业大力赞助这种办法。自从1935年以来，这一类职业指导服务处在数量上大大地增加了，而且已经显著地改善了它们的方法。这些机构中的顾问是受过大学教育的，这一点已变得日益普遍，而且还有一些专门机构。例如，皮隆（Piéron）在巴黎建立的、在他退休后由路启林（Reuchlin）继续主持的国家职业指导所，在科学方法上已经达到了高度的水平。这种情况并非每个地方都如此。（例如，在瑞士，顾问的训练水平和服务的科学价值各州之间很不相同，而且除心理学顾问外，有一些人只有一点儿有关市场的知识，有一点儿常识，懂得一些测验，这些测验有的是从心理学那里抄来的，有的不是，但都是没有大用处的，因为他们缺乏必要的训练。）

第二个问题是进入指导阶段以前的教育结构还没有解决求学期间的学生所存在的不适应问题。为此，特别设置了学校心理学服务处，因为除了许多明显的失败，教师有能力进行辅导，或者叫学生停学，或者建议他们转入别的学校（即使在这种情况之下，也还要确定这种失败是不是不可补救的，总是希望有一种彻底的心理学分析）。还有许多性格或智力方面一时不适应的情况。对于这种情况，即使单单由于缺少时间的缘故，教师也想要在这类分析检查方面得到专门心理学家的帮助。当然，在学校里还有医生，而一位既是医生又是心理学家的人就更加有用了，因为他比一位不是医生的心理学家能胜任更多的工作。但是一位心理学家，不管他是不是医生，都要受过一种专门的、长期的和彻底的训练，并且学校心理学家还要求有一种特别细致的专业训练。

因此，学校心理学服务处便建立起来了。在法国，幸运地把这种服务处委托给受过双重训练的合格专家：受过完全的教育学训练（获得包括实践训练的教育学证书，这就避免了心理学家与教师们之间的杂乱的与情绪上的矛盾），又受过同样完全的心理学训练，后来又经过一次专业训练。

这类服务处已经完成了很多出色的工作，在法国尤其显著。在塞纳河区，临时撤销这种服务处曾招致很坏的反应。而且除了它们的一些实际成就外，它们还为我们提供了一些有趣的科学研究（在这些研究中，包括有关我们的逻辑数学运算方面的实验）。国际公共教育会议也对这个问题发生了兴趣，并于 1948 年由部长们投票表决通过了一个“发展学校心理学服务处”的建议。建议的第 3 条规定这种服务处的宗旨如下：“检查出落后的儿童与天资好的儿童，使困难儿童能够重新适应，进行教育指导与选择、就业前的职业辅导、学校教学计划的适应以及在教师与学校当局协作下检查各种教育方法的效果。”

尤其有趣地注意到，这个建议不仅强调那些在个别或差异心理学领域内的服务，而且强调属于有关智力功能的普通心理学领域的教学计划的适应与教学方法的效果的问题。第 7 条又回到这个题目："学校心理学家不应限于考察个人案例，还应和教师合作，共同分析所使用的教育方法的效果，并使这些方法适应于学生的心理发展。"

这就是进入指导阶段以前这个问题的情况。但是毫无疑问，自从这种指导阶段发生作用以后，这类问题就全部发生了变化，因为这基本上已不再是补救个人的不适应，无论是暂时的还是最后的不适应，乃是不断保证每个学生在许多可能选择之中，在各种可能的方向上都能够适应。

原则上把定向责任交给了家长和教师。在法国的制度中，还设立了一种"指导委员会"，其中包括所有有关教师，他们决定要向学生提出的建议，但这种建议并不是命令式的。如果遵循了这些建议，学生就立即进入所推荐的科组机构。如果家长的选择和指导委员会的推荐不同，学生便有权自我推荐，但必须经过一次入学考试。

执行 1959 年法规的 1960 年 6 月 2 日的法令，并没有谈到学校心理学家，只在"系务委员会"这一级上谈到了这一点。这种委员会聚集各教育层次的代表，有科学院的、家长的以及学校指导服务处的，再加上一位医生和一位学校心理学家。这种委员会的任务乃是实行改革或建议实行某些改革。但是毫无疑问，教师们在中学的开头几个学期里担负着指导学生的大量工作，势必要求学校心理学家的帮助。日内瓦正在小规模地进行着一个实验，以便能够详细分析个案。在这里，学校心理学家在诊断，尤其在预示学生的才能与职业指导上充分发挥了必要的作用。

在这一方面，指导阶段极其尖锐地、极其普遍地强调估计学生的智力价值与其特殊才能的方法问题，对教育学来讲，其重要性是根本性的。"智力的价值"这个词语是从广义方面讲的，因为很明显，连续不断工作的习惯、发明的性向等，既是智力、想象和记忆的事情，也是性格、情绪调节与社会行为的事情。例如，在科学界不难遇到一些人，他们具备取得出色的成就所需要的一切本领，但是他们不能自律，没有实现或做出选择的毅力，等等。那么，什么方法使我们能够判断，尤其能够预料一个人特别是一个儿童或青少年是否能有效地从事某项工作呢？

首先应该注意，11—13 岁是指导阶段的“最小”年龄，因为到了这个年龄，命题的或形式的运算才开始成为可能，一直到14—15 岁达到它的平衡水平，因而许多自发的特性只有在以后才表现出来。儿童年龄越小，预测就越细致复杂。

第一种方法是教师长期追踪观察学生的工作。这种判断的价值自然和教师的价值是成正比的，它取决于教师的智力、客观性或公正，尤其是从许多学习品质中把一贯的特性分离出来的能力。这种观察学生的方法比考试法要优越得多，因此它成了取得有关资料的主要来源。基于对这种方法的信任，人们往往建议废止考试（如加拿大的家长委员会）。但是，近年来常常观察到有两种现象。一种现象好像是纯形式的问题，却有其教育学上的重要意义，即不用分数（如 0～10 或 0～20 等）评定学生的学习结果，有些学校是用质量的表扬（“好”或“必须再用功一点儿”等）评定学生。这样做已经证明比较能够刺激学生，并且比考试较为客观。现在大家都认为，分数纯粹是象征性的了。

另一种现象则比较严重：对学生连续作业的评定，不仅与教师有关，对教师完全可以信任，而且也和从事那种作业所用的方法有关。学生的能力实际上只有在使用活动法的学校里才充分地得到发挥，而在使用注入式的环境里就有这样一种危险：对于那些善于死读书而学业成绩好的学生，人们会估计过高；对于一些不能在这种环境中表现出来的其他品质则忽视了，而这些品质只有通过彻底的心理测验才能显示出来。

第二种评定学生的方法就是学校考试。现在人们越来越强调考试对学校工作的危害性，因为它们使大多数的活动集中于追求瞬息即逝的和大部分人为的结果，而这些活动却应该集中于形成智力与工作方法。但即使作为学生价值的指数，考试也曾受到严厉的批评。在法国产生了一门“考试学”或对考试真正意义的科学研究。皮隆和劳吉叶（Laugier）以及其他的人已经证明了考试分数的变化多端、相对地随意专断以及缺乏实际的意义。此外，虽然在原则上可以承认，考试是估计学生对某一学科理解程度的一种方法，但考试中必然混合着记忆的问题。这一类的记忆一般和生活中有意使用的记忆没有关系，因为事实上它只是一种诱发和暂时的积累，也就是说，是一种心理上的人为现象。唯一可靠的考试是在避免了一切情绪干扰的条件下，让学生自由地使用自己的书籍、资料，继续完成一种已经进行着的作业，换言之，是日常学校作业的一部分，但这就和第一种方法是一回事了。

第三种评定的方法是通常的测验，它属于学校心理学的范围。人们说这也是一种考试，但是作为一种考试，它有一种好处：学生不做人为的准备，因此能产生比较稳定的结果。对于这些结果，不同的被试做出的估计都是比较可靠而客观一致的。然而，这类测验也有缺点，它们只能测量结果或成就，而没有获得这种结果机能形成的机制。结果，这些测验虽然作为诊断工具是有价值的，但是作为预测的工具则是不够的。

所以，第四种方法必须是一种定质的心理学的考试，极密切地追踪学生的思维运行过程，并揭示他所达到的运算结构。所以这种考试采取这样的形式，在考试期间，学生连续解决一个具有定向性的问题，这个办法既可为分析提供恰当的材料，也可以按照一种顺序的而非计量的发展等级进行比较。在路启林的建议下，国家职业指导研究所已经根据我们的运算分析，为儿童和青少年们编制了一些测验。

一般来讲，学校心理学越是建立在一种比较普遍的并且理论结构较好的心理学之上，它的作用就越有价值。心理学在了解形成的机制与所测量的因素的重要性以前，往往舍本逐末，寻求应用，特别是谋求测验。在这个领域内，并且类似于其他许多领域，我们可以说，并没有所谓应用心理学，但一切优良的心理学都是可以应用的。

小学与中学教学计划的制定

教学的学科有如此的发展（见第三部分），以至于教学的科组不断扩充，加上流动性的日益增长，使得职业指导阶段要经常修订或改革教学计划。所以，这里存在一个肯定是永久性的问题。这个问题在近几年里如此坚决地被提出来，使国际公共教育会议也觉得应加以解决，于是，1958 年和 1960 年通过了两个建议，要求“制定与颁布小学教学计划”，然后制定与颁布“普通中学教学计划”。我们时常引用这些建议，并不是由于我们过分重视这一次年会。这个会议我们确实是部分负责的，但是，如下一部分我将有机会指出的，这个会议并不能代替科学地研究这个问题的专家们的集体劳动，因为既然这些建议是各国教育部的官方代表所联合提出的，它们就不是广大群众的意见，或者甚至说，也不是教师团体的意见，而肯定只是正确地反映了教育当局的观点。一旦这些建议被他们的国会批准，教育当局就具有执行的权力。

不过，第 46 号与第 50 号这两个建议强调了教学计划内容过多的危险：“应该用基本概念去代替教学计划中那种百科全书式的内容”（第 46 号建议第 9 条），并且指出，“通过引进新的材料或通过扩大每一特殊学科的内容，使教学计划与课程的负担过重，这是一个相当普遍的倾向，它构成了一种真正的危险；为了对付这种危险，重要的是应该减掉那些已经失去其重要意义的概念，而代之以介绍新的观念……”（第 50 号建议第 20 条）。有一天，一位来自人民共和国的教育部部长甚至对我们说，在他看来，国际教育中最迫切的问题就是课程负担过重的问题。

但是，怎样来选择必须学习的教育计划范围内的“基本概念”呢？有关的这两个建议主张把制定与修订教学计划的工作委托给一些专门组织，当然包括所要考虑的某些阶段的教师团体代表，以及有关学科的专家的代表，但也要和其他阶段、其他学科的教师进行协商，以建立彼此的联系，还要取得“教学法问题专家”和儿童心理学家与青少年心理学家的合作。

以中学教学计划而论，这次会议曾明确指出：“被委托制定这些教学计划的机构应考虑有一个制定文件的初步阶段，特别要有：(a) 受青少年危机影响的这个年龄的儿童的特征与发展规律；(b) 构成所教学科内容的各个领域内所达到的最高科学水平；(c) 教学法方面所提供的特殊的和一般的新资料；(d) 担任某一门课程的教师在科学和在教育学方面的培训的标准；(e) 支配现代世界文化的、社会的和经济的倾向；(f) 与其他国家所使用的教学计划进行比较；(g) 本国和外国在这方面进行实验的结果。”（第51号建议第28条）

而且这次会议坚决要求：在明确颁布执行之前，这些教学计划“必须在实验学校或为此目的所选择的普通学校里经过审慎的控制试验”。至于“控制的试验”，这次会议所考虑的并不是通常易感满意的一揽子试验，而是详细的研究。“既然在制定与修改中学教学计划中心理学的研究是重要的，那么我们就要鼓励人们到那些掌握了适当手段的中心去进行这一类的研究，而且尽可能地使那些对这类研究感兴趣的教师和这些研究发生联系”（第50号建议第27条）。而且第46号建议第15条说：“既然要求实验性的教育研究在改革与修订小学教学计划中发挥极其重要的作用，那么增设一定数量的中心和增加从事这种研究的教师，并给他们配备可供使用的一些手段，就是合适的。”

就中学教学计划负担过重的问题而论，回顾一下情绪上或者乃至经济上的一个因素，并非无益。我们在比较专业教师的待遇制度时，有时就曾指出这个因素的影响。事实是，每一位教师出于各种理由都很关心他的那门特殊学科。在这些理由中，学术的热情可能伴随着在学校里所受到的尊重与地位。因此，按实际教学钟点计算工资的办法迟早必定会产生教师增加教学钟点的后果，而不按教学钟点计算的全薪制会使减少教学计划内容的工作比较容易做一些。

七、教育事业中的国际合作

第二次世界大战后，教育变化的一个突出特点是所发生的问题已具有国际意义，而且解决这些问题的国际合作也有了发展。1925—1939 年，这种合作在一定程度上便已经开始了，而在 1945—1965 年则大大加强了。

不错，儿童心理学与教育学这两门科学的学科在性质上总是国际性的，因为如果不考虑全世界所进行的类似性质的所有研究，任何一个国家都不可能从事这方面的科学研究。杜威、德可乐利或蒙台梭利的研究都影响过各个国家的教育。此外，教育方面的科研人员自然也组织过一些国际会议，如道德教育会议。这类大会除了定期的会议以外，还成立了一些组织。这些组织也有定期的会议，如新教育协会，其工作长期由安梭尔（Ensor）夫人主持，并具有很大的重要性，至今还在继续进行。

但是，除了新方法的拥护者的宣传热忱外，每一个国家的教育科学研究者多少还只限于他们自己本国范围以内。虽然由于纯政治影响的结果，较小的国家可能倾向于模仿大国采取的教育方法与结构，但是很少想到交换实验结果或进行比较研究，以利于做出决定。和其他国家相比，一些大国也是如此，甚至还曾经存在过一种不能忽视的倾向，借口有关国家主权，在教育工作方面明显地完全反对国际合作。在今天看来，这不能不使我们感到惊奇。但是事实上，这主要是因为保持着某种传统的与哲学的立场。

相反，今日教育工作方面的国际合作已变得十分平常了。仅举一个例子。几乎国际公共教育会议每次年会的每个建议都曾根据情况，如有关财政、农村地区入学、学校建筑、数学教学、弱智儿童的特别教学、总的教学计划以及长期规划等问题，在“国际的互助”“国际合作”“问题的国际方面”等题目下做过整段的叙述。

教育领域中国际合作的阶段

在国际联盟刚成立之时，反对这种合作的潮流十分强烈，以致这个国际联盟不顾布尔乔亚（Léon Bourgeois）的建议，决定把教育问题排除在它的活动范围之外。

对于这种不足之处有两种反应。一方面，法国政府于1925年创办了一个国际智力合作研究所，并把它提供给国际联盟。它的活动显然是多种多样的，但开始时还不能解除对教育的排斥。另一方面，当时日内瓦的一个私立机构卢梭研究所奠定了国际教育局的基础。这个国际教育局也是私立的，它曾组织过一些会议，并于1929年改变了它的结构，因而可以接纳政府或教育部作为它的成员。在这次改组期间，有三个政府带头宣布它们是这个组织的正式成员。这三个政府是波兰、厄瓜多尔和日内瓦州（瑞士联邦政府还持保留的态度）。

在1929—1939年，智力合作研究所的活动和国际教育局的活动便朝着互相补充的方向前进。前者属国际联盟管辖，它的总干事邦尼特（H. Bonnet）希望他的机构分阶段地进行工作，后来他成功地在几个国家创立了“国家教育文献中心”，而这些中心都受国际智力合作研究所协调。国际教育局会员国的数目在慢慢地、有规律地增长。这个国际机构成功地组织了它的理事会的年会。在这种理事会上，各国的公共教育部部长宣读并讨论了呈送给理事会的总报告，这一事实构成了1932年和1933年头两次公共教育的国际会议。由于这种经验已被证明是成功的，于是在1943年召开了第三次国际公共教育会议，以瑞士政府为中间人，向国际教育局的所有成员国与非成员国开放。这次会议专门讨论延长义务教育的期限、中学的入学问题以及公共教育的经费问题。人们公认这次会议是成功的，尤其是它为教育部部长们提供了帮助他们克服本国过大的经费超支的办法，这在当时对教育的打击比对其他方面的打击更大。这种公共教育会议（当时还不叫“会议的例会”）每年都连续举行，一直到1939年。1946年又重新开会。

1939—1945年的世界大战以后，同一社会的、政治的和经济的原因在全球范围内引起了教育各方面急剧的扩展。如以前我们所见到的，这种扩展使得国际合作的扩大不仅是可取的，而且是必要的。现在丝毫也看不到国际联盟时期那种阻碍这种运动开展的反对潮流了。因而，在联合国的领导下，建立了庞大的“联合国教育、科学与文化组织”，简称联合国教科文组织。当然，它的中心活动之一从一开始就是关于教育与教学工作的合作。

联合国教科文组织首先是一个执行机关，而且是我们工作的唯一拥有财政和政治手段的执行机关。这丝毫也不意味着这个庞大的组织并不进行科学研究，因为在开展任何行动之前，都必须进行一些科学研究。但是它并不是为研究而研究，除非当它认为这种研究对于推动某些有益的倾向有用时，它才从事一些研究。例如，在社会科学领域内，就是如此。联合国教科文组织有一个专门的社会科学部门，出版了不少十分生动的论著，并且为有用的科学研究提供了很多事例。另外，我们在教育的许多领域内所承担的任务既如此众多，又非常紧迫，于是，正如我们所期望的，联合国教科文组织只有集中精力进行一些与国际事情有关的实际活动。

谁都知道这个组织向文盲现象做斗争所做的努力，或者像我们现在所说的，致力于基础教育工作。因为文盲不仅是指被剥夺了读写的能力，而且指一般的落后；这不仅包括缺乏生产的手段乃至健康状况本身，也包括缺乏作为传递整个生活所依靠的基本知识的文字沟通系统。

在技术援助的领域内，按照我们现在的说法就是技术合作，联合国教科文组织也曾对发展中国家提供过连续不断的帮助，派去专家，这些专家的工作对建立教育所不可缺少的结构或推动其发展是有贡献的。

最近，在联合国教科文组织督促下，成立了一个国际教育规划研究所，目的在于在这个主要的领域内从事研究与交流情报。

联合国教科文组织的政策是明智的，它总是利用现有的组织而不是吸收它们，或者为了某种特殊目的而创立一些组织，并允许它们在学术上、行政上和财政上具有自主权（如上述的这个例子）。这说明了它和国际教育局的密切关系，也说明了这两个机构同意联合管理国际教育会议的道理。这个制度自从1947年会议以来一直这样运行着，而且也证明了所有有关的人都对它感到满意。

国际公共教育会议的功能与缺点

一个包括联合国教科文组织执行理事会三位代表和国际教育局三位代表的混合委员会，负责决定有关公共教育会议议事日程表的各种问题。而联合国教科文组织的办公室准备一份专题论文或对于所选定的有关问题的特殊研究，并以文件的形式加以公布；在公众得到这些材料之前，先分发给出席那次大会的各国教育部的代表们。国际教育局的任务是就议事日程上所选定的问题拟订一个专题汇编，把它送给各有关国家的教育部。这个专题汇编的内容已经在这个机构里的各会员国代表所组成的执行委员会上事先讨论过了。于是，这些比较研究的结果就整理并印刷出来了，在公布给公众之前，也是先分发给所有出席大会的代表。

大会是在这两个组织的联合主持之下召开的，与会者名单是这两个理事会批准的。原则上，所邀请的有关国家的教育部部长都具有同等权利，他们不一定是所邀请的组织的成员。但是由于联合国教科文组织乃是联合国里的一个专门组织，所以它受联合国一切法规的约束。国际教育局并不是附属于联合国的，但是大多数人的政治意愿也可以产生一定的限制：虽然这个教育局的领导人具有纯技术的意向和保持中立性，但至今还不可能邀请具有4.5亿人口的中华人民共和国加入这个组织。这当然是和这个大会的精神完全矛盾的。

大会在开会时讨论有关议事日程表的问题，并对“建议”举行投票表决。这里无须再举新的例子，因为我们在前面几部分曾经从这些建议中使用过大段的引语，以表达通常代表80～100个国家教育部的共同意见。应该注意，事实上这些“建议”只是建议，而不是强制性的决定。之所以如此的理由，第一是，在教育事业中的国际合作，只有在互相交流与互相尊重的精神下，在承认每个成员国的自主权，避免对国家主权的任何干涉时，才能有成果。第二个理由也同样正确，但更具有教育学性质，如果谈到国家教育部时我们也可以这样表述的话，如果大会要使它的建议成为一切国家共同的实际做法，那么，大会就不可避免地定下相当低的标准，而使得最出色的实验和最顺利的结果能够占有突出的地位，因而创造一种在成就上互相鼓舞的精神，其效果远优于强求一致的企图。

然而，这并未改变这样一个事实，即在某些直接涉及人权与社会公正问题上，如义务教育、学校的流动性以及可以受到各种教育的机会、防止一切种族与性别等方面的歧视的措施等，在交换情报或提出建议以外，考虑一些规范措施是很有好处的。在这种种情况下，联合国教科文组织乃是一个享有法权和执行权力的执行机关，比国际教育局优越得多，它意味着是共同的大会工作的延伸。

除了每年不同的各种问题以外，公共教育会议的每届大会讨论各国教育部的年度报告，最后汇集成《国际公共教育年鉴》。这些报告总是有启发的、能够交换情报的、内容生动的，并且在一定程度上是很现实的。这是1929—1939年所想象不到的。这些报告尤其指出了前几年的建议所产生的结果。

到目前为止，国际公共教育会议已召开了27次年会，它肯定是一个有用的工具。但是，它对1935—1965年的教育与教学工作提出了一幅不完整的图画。关于这一点是令人满意的，乃至在那些创始人看来也是如此。如果一幅图画不能既表现其光明面也表现其阴暗面，它就不可能是客观的。这正是我们在以前各部分中所努力想做到的。

不过，回过头来看看我们研究的开始，我们就应承认，教育当局与教育部是一回事，而教育科学或教育研究是另一回事，况且，这正是教育当局的代表们在公共教育会议上虚心承认的事情。但仍然存在这种事实，即当我们把这个会议和其他类似的会议相比较时，就显示出一种不平衡，这种不平衡虽非根源，但当代所有教育都受其损害。

在一本大会建议汇编（1960年第3版）的序言中，我们曾不够慎重地说“一种国际的公共教育的宪章或法典，一种教育学的理论体系……”，但不应误解。当大会赞同幼儿园教师的工资应该和小学教师的工资相等时，它用的是宪章上或法典上的语言，是用“受权”来表达的一种意见。这和在一次联席会议上要求同一回事情或提出相反要求的性质完全不同。另外，当会议讨论数学而说它是从属于“动作逻辑的过程”（第43号建议第1条）时，大会是正确的，但这并不因为大会这样表达过就成为正确的了；不过，如果大会说的相反，那么大会就错了。而在前一事例中，那种要求仍是大会职权以内的事，并且仍然具有权威性。

总之，教育部及其会议是制定法律的，但它们并不提出科学的或教育学的真理。只有当大会所讨论的一些问题事先或事后通过实验教育学、心理学专家集会加以研究时，这时专家们可以自由地提出事实，对这些事实提出一致的或不同的解释，在这方面所进行的国际工作才是完整的。在官方的会议和专家的集会之间，这样互相交换各种不同的意见会产生更加彻底的阐述，尤其会引导它们就所有尚未解决的问题提出一张清单。这类交换所激起的兴趣和迫切感会引起人们对这些问题进行许多研究。公共教育会议经常要求进行这种研究工作，而且我们必须完全公正地对待这件工作，不过，一种继续的和有组织的对话对于落实这些愿望是有很大用处的。

当然，大国派到公共教育会议的代表团确实总包括一些专家在内（对于这些专家们，我们应该感谢他们为我们提出了最好的建议）。正像出席世界卫生组织大会的代表们那样，他们既是医生，又是各有关国的代表。但是在这里有区别，而且区别很大。在讨论任何理论时，医生们是有一定权威的科学代表，有关的部长们和卫生会议都必须承认他们的权威，而有关教育的阶段、方法、师资培训（乃至培训师资的授课时间表，好像卫生部部长乃至教育部部长就要决定为了培训一位良好的外科医生是否需要进行哪些手续一样）都是通过政府渠道组织起来的。

然而，政府是取决于国会和立法机关的，它以某种形式代表着公共舆论，结果也代表着教师们本身。另外，在国际层次上，公共教育会议却忽视了这种代表性。除了采取外交部部长及其法律顾问进行干预的形式之外，这一点理所当然地受到了批评。在国际合作中还有一个明显的缺陷，即在官方人员的会议和专家的会议之外，应该考虑教师团体与教师联合会的其他会议。然而，这种国际的联合会或协会是存在的，并且在某些这类团体中也有代表作为观察员参加官方会议。所以，无法阻止他们再提出同样的问题，系统地对这些问题进行研究，并继续有规则地进行观察。只有在某一天，当代表科学思潮、官方当局和实践者本人的三方对话者进行对话时，我们才能说教育领域有了稍微完全的国际合作。

八、师资的培养

自从 1935 年以来，在我们接触到的有关教育和教学的问题中，没有一个问题不是和师资培养相联系着的。假若没有质量合格而且数量足够的教师，再好的改革方案也只能在实践中夭折。儿童心理学能给我们增加有关发展机制的事实和知识，但假若教师们没有充分地吸收它们并能创造性地加以应用，则这些事实与观点就永远到不了学校。社会公平的要求和社会经济的需要能迫使教育形式的扩大，增加学生在各种教育中的流动，但仍然需要教师承担相当大的对学生进行个别指导的责任，并且教师要对问题的复杂性有足够的认识，以取得有效的合作。一般来说，我们越是要想改进学校工作，教师的任务就越重；教学方法越好，应用起来就越困难。

然而，近几年可悲的事实是，在教育普遍复兴的同时却出现了教师日益缺乏的情况。这两种现象的同时出现并不是偶然的事，使得我们学校不合适的那种原因也导致了教师的社会地位以及由此产生（作为一种间接的结果）的经济地位的不足。

总之，这些理由是：从教育的角度看，不论是在左翼制度下还是在右翼制度下，我们的学校制度都是保守派制定的，他们想得较多的是按传统的学习模式造就我们的下一代，而不是培养智慧以及发明与批判的精神。从社会的实际需要的角度看，这些旧的模式正濒于崩溃，将让位给较广泛灵活的制度以及较主动的方法。但从教师及他们的社会情况的角度看，那些旧的概念已把他们弄成仅仅是初级或中级普通知识的传授者，没有创造的机会和发现的机会，把他们局限在低下的地位上。而且，无疑地，我们已处于具有重大历史意义的教育革命的时刻，因为教育已集中在儿童和青少年的身上，以及他们具有的那些对明天的社会最有用的品质上。但是，我们各类学校的教师既没有掌握足够先进的教育科学，使他们能对促进这门学科的进一步发展做出个人的贡献，也没有切实重视这种同时是科学的、实用的以及集体不可少的活动。这样，教师这种职位就没有什么吸引力，招聘教师就日益困难了。

所以，从任何角度看，培养师资的问题都是一个关键问题，这个问题的解决决定着至今所考察过的所有其他问题。对所提供的解答或建议所进行的考察将作为前面整理分析的一个结论，留作这个报告的结束。

小学教师的培养

在不同的国家，培养小学教师采用过三种制度：师范学校或教师训练学院（住宿的或不住宿的）、介乎中间类型的独立的教育学院和大学的系或学院。很清楚，近几年的趋势是提高培养的标准。公共教育会议在1953年的决议中就曾经做出结论："在水平较高的学校培训小学教师"，应成为"我们日益努力追求的一个理想"（第36号建议第10条）。

师范学校有两个缺点。第一个缺点是把小学全体教师封闭起来，和外界隔绝。换言之，它们创造一种封闭的社会团体，真实地意识到自己的优点，但是由于上面所讲的原因，又使他们暴露出一种集体的和一贯的自卑感。每个人都认识到了这一现象，这完全是社会条件所造成的人为事态，并成了招聘教师的主要障碍（尽管工资有了增加），又是学校充分发展的限制。第二个缺点是在师范学校内部，在给学生提供将来担任教师所需要的知识方面，不管人们愿不愿意，都出现了文化上的限制，这是因为这些学生缺少和其他职业所进行的研究趋势进行必要的交流。从这种观点看，尤其小学教师教学上必要的心理训练方面，比中学教学更为复杂和困难。除了和大学的研究中心相联系外，这种训练是不能有效地实现的。在大学研究中心，学生可以密切地观察专家们怎样进行工作。学生除非参与新的研究活动和参加实验，否则，是不能真正学会儿童心理学的。若只限于在课程里做些练习，只限于对已知知识的实践活动，那是没有用处的。可是，所有这些东西只有在大学才能找到，只有大学才是教师学习成为研究者并超越只是知识的传授者的水平的唯一场所。实验教育学本身的情况同样也是如此，其明显的目标是要成为培养教师的一门卓越的学科。假若教师们受到充分的培训，他们的活动就达到了科学的水平，但是，这种训练和高标准的心理学、社会学的教育是分不开的。

为了弥补这些缺点，中间类型的教育学院提供了一种分为两个阶段的训练：先在普通学校进行中等水平的一般训练，然后在这些学校进行特殊训练。从把整个重点放在心理教育学的训练上的意义上讲，这个进步是明显的。但是，仍然有把未来的小学教师分隔开来的缺点，尤其是和学习各种学科知识的所有大学生分开了，而大学生们获得知识，是和掌握的研究方法分不开的。大学和职业学校完全分开这一事实，使得师范生只学习小学教材，而对牙科医生、药剂师以及其他许多行业的从业者，其中尤其包括未来的中学教师，都要求他们上大学，得到职业准备。这一事实既表明小学教师的职业训练是属于另外一种等级的，也表明它事实上只是一种多少有些封闭的职业训练，而不像其他的学科那样能给学生提供无限的新发展和探索的机会。在一些国家，人们仍然把“教育研究所”和“师范学校”区别开来，后者是专门培养小学教师的，这个问题就更加真实了。

有鉴于此，我们在探讨大学教师培训制度之前，在这里提出一个更一般的问题看来是合适的。我们是根据什么标准来判断小学低年级的教学比高年级的教学容易，以及小学高年级的教学比中学的教学容易呢？自然，说明这种等级的唯一考虑是所用的教材，虽然这仅是从知识本身的水平上来考虑的，而和学生能够吸收的难易情况并没有关系。于是，立即出现了两个先决问题。第一个问题是：要确定使一个7—9岁的儿童能够掌握算术或语言中的一个基本结构，事实上是否真的比使一个青少年同化一个更加复杂的结构更容易一些呢？虽然从科学或成人的观点看，第二类结构的确是比较复杂一点儿，事实上却无法证明：它在各方面都比较难以传递，它所以看起来比较容易传递，只是因为青少年在心理结构上更接近于成人的思维和语言习惯。第二个问题是，就学生以后的智力发展来说，要弄清楚彻底同化有关结构（而不是接近于同化或口头上的同化）是在较高的阶段比较重要，还是在较低的阶段比较重要。事实上，最初阶段所同化的结构制约着学生以后的整个学习生活，而在较高的阶段上则已有可能按照学生的水平，用其他适当的结构来代替或进行自动纠正。

从同化上的困难情况和概念的客观重要性的双重观点看，假若我们采取心理学的乃至认识论的观点，而不是采取行政上的、常识的观点，我们事实上就会主张，学生年纪越小，对他们的教学就越困难，对未来的影响就越大。在爱丁堡大学教育系主任、伟大的心理学家汤姆逊（G. Thomson）的指导下，经过几年时间对教师培训工作进行了一个最有趣的实验：未来的教师一旦受过（先在中学，然后在大学）他们准备教的那门学科的教育之后，就到大学教育系去接受专门的心理学和教学法的训练；只有在这种专门训练结束之后，他们才选择到所希望的那一个教育阶段去工作。换言之，未来的小学或中学教师在最后接受教育训练的几年内是在一起接受训练的，并不是一开始就决定了他们属于两种范畴中的哪一种。这样产生了两种好处：排除了自卑感和优越感；训练是根据学生的需要，而不是根据哪一种职业有什么优势而进行的（两种职业成为平等的了）。

虽然没有打算把这样的理想普遍化，因为它在预算要求上显然是很高的，但它至少引导我们考察在大学里培养小学教师的各种已经进行过的或设计中的办法。此外，在这方面也不要光说空话，而应准确地在每种特殊情况下，弄清楚所涉及的是哪一种大学阶段。

从这个观点看，美国的许多“师范学院”实际上就是前面讨论的“教育学院”。换言之，它是为那些不要求进行很多研究工作的大学生开放的。但在另外的一些事例里，曾试过把未来的教师真正吸收到大学生活之中来，这是讲法语的加拿大地区家长委员会的报告中所竭力推荐的，并把它作为明天的一种改革。

过去几年在日内瓦进行过的另外一个实验，无论是从它的缺点还是从它的成功方面看都是有教益的。其原则是，未来的小学教师先要获得学士学位，然后接受三年时间专门训练。在三年的第一年，候选人有实践见习期，使他们熟悉问题，然后第三年再回到实践中去。另外，第二年在大学中度过，在大学里学习心理学（理学院）、教育学（文学院）和教育科学研究的特殊课程（卢梭研究所）。在此之后，他们参加证书考试（三次笔试和四次口试）。

这个制度的缺点是，由于在大学的时间太短，他们不可能获得足够的综合训练。此外，在选修学科中做出的选择是带强制性的，而不是完全个人自愿的，而且候选人是拿工资的，这也是使他们与整个学生集体隔开的一个原因。但是，这样开始学习足以激发最优秀的候选人的兴趣，而且其中有些人后来（也就是说，当他们一旦被聘为教师时）在进行专业活动的同时，仍旧继续从事研究，以至获得证书，获得教育学或心理学学士学位，乃至博士学位（文理混合的学院是有权授予所有各类学位的）。

然而，最主要之点是开始学习发展心理学，而这个一般性的问题超出了这个事例的范围。每个人都同意（对所有的制度，其中包括师范学校），教师的培养必须包括一种心理学的训练。但是活动学校的方法尚未普遍实行，其中涉及学生自己的活动，因而心理学的训练常常被降低为仅是一些讲课和考试，而实践工作也减为只是使用几种测验而已。然而，只有亲自进行一种研究，才是真正了解有关的事实和做出解释的唯一途径。比起其他的领域来，这种情况在心理学方面更是如此。这自然是最难组织的部分，尤其对初学者来说更是如此。在我们所举的特殊事例中，这个问题是按下列方式解决的。在研究院里教授们制定逐年的研究计划，助教们负责执行，他们每天下午到学校安排好的地方去询问有关儿童。实习教师两人或最多三人为一组参加研究计划，陪同助教进行访问。这样他们就学会了怎样记录事实，怎样向儿童提问，尤其要求他们提交定期的报告，使他们在研究的失败和成功阶段都参与研究进程。未来的教师被邀请参与这种日益增加的合作，且通过不断接触分析和整理事实的过程，而构成了他们的主要训练。在智力训练方面，迫使他们了解所涉及的问题的复杂性（而在上课时仅涉及已经解决了的问题，因而比起实际情况似乎就简单多了）；在道德或社会训练方面，给教育工作者们一种信念，使他们认识到他们的学科具有无限深刻的理论探索和技术改进的可能。总之，依靠和通过科学研究，使教师行业不再是一种简单的行业，而是超过了这种动人的职业的水平，获得了所有职业的艺术和科学的同样尊严，因为儿童及其教育的科学从来没有像今天这样成为一个无限广阔的事业领域。

中学师资的培养

在大多数国家，中学教师是在大学进行培养的，他们在大学至少获得一个学士学位。因此，他们至少习惯于将来要教的那门学科的科学研究，而且假若他们热衷于献身这些学科本身，就必须能够在他们的学生中鉴别出未来的研究者，并训练他们既能吸取已有的知识，又能从事科学研究。但也时常出现这种情况：中学教师越热衷于他所教的学科，他对教育学本身就越不感兴趣。或者更确切地说，教育学就其应用而言，既是一门科学，也是一种艺术。一个具有教学和教育创新才能的教师，往往会认为有这样的才能就够了，而详细的心理机制的知识只对和年幼的学生打交道的小学教师才有益处。但在青少年阶段，对于一个对自己的学生有个人认识的好教师来说，那样的心理学分析并不能增加他的日常经验。

可以用一个小例子来说明这种想法会产生什么样的结果。近代数学部分来源于集合论，而今天教这门学科的新方法在于指引学生进行两个集合的并集和交集的基本运算，因为儿童在具体运算阶段已自发地使用这样的运算了。这种设计是很合理的。然而一个中学数学教师会对他的学生在12—13岁时还难以无误地处理这样的运算感到惊奇，虽然当时他已以无可非议的方式给学生提供了形式的定义。因此，他只是忘记了在自发地与不自觉地应用一种运算的能力，与在其上进行思考从而得出一种抽象的结构的能力之间的心理上的根本差别。如果对这两种思维水平之间的过渡的条件进行一种心理学的分析，那么，表达问题的方法就简单化了。而且我们今天不断遇见一些优秀教师，由于没有这样一种观念，他们教最近代的数学却仍用最古老的教学方法。

因此，1954年的国际公共教育会议讨论中学师资的培养问题时，曾强调中学教师必须达到和他所要教的学科同样高的心理学的训练水平。这不是没有理由的。可是这样的心理教育学训练，中学教师比起小学教师更难达到。首先，困难在于这样的事实：要了解青少年的心理功能，就必须彻底掌握从年幼儿童直到成人的整个心理发展，而未来的中学教师在懂得整个形成过程的分析和怎样才能阐明青少年特有的过程之前，开始总是对儿童完全不感兴趣的。

迄今说服受训教师接受这样训练的最成功的两种方法如下，这种情况至少对未来的理科教师是这样的。第一种方法自然是使他们参加有关某种逻辑数学结构或某种物理因果关系的情境的心理教育学的研究。各种不同年龄的被试常常有完全预料不到的特性，这经常足以弄清楚这里存在的问题。有这些问题的详细的知识，对教育工作者来说是有很大的好处的。第二种方法是关于理论的培养。时常会出现这样的情况：在人们能够使未来的理科教师知道这种发展规律的认识论的意义之前，他们对于发展心理学总有一种坦率的轻视。一旦他们懂得了获得知识的问题是以主体与客体的关系而提出来时，换言之，是以经验论、先验论或建构论的解释而提出来的时候，他们就会觉察到这些问题和他们的特殊学科的某些中心问题是有联系的，并且会感到这种科学研究是有趣的，而简单的教育学的阐述是不能让他们感兴趣的。

至于未来的文科教师，他们从事科研的情况使他们很少接触这类问题。但是随着影响语言的个体发展的语言学分析的进步，这种接触已经是大有希望的了，不仅从语言结构主义本身看是如此，从符号功能和思维之间的关系看也一样。这里可能研究的领域也是广阔的。而且，毫无疑问，这一天将会来到。教育科学从所有这些方面所得到的益处，比起今天来，将大大改善其技术。这一事实本身将不仅引起对师资的更加深入的训练，而且由于取得教师队伍的主动协作，这样一些学科也将不断得到更新。

本文译自皮亚杰法文原著：*Psychologie et Pedagogie*，Editions Denoel Paris，1969，pp. 10-195。译时参考了该书的英译本（Derek Coltman 译：*Science of Education and the Psychology of the Child*，Grossman，New York，1971）和英译中文本（傅统先译：《教育科学与儿童心理学》，文化教育出版社 1982 年版）。

教育往何处去[①]

一、回顾部分

二、展望部分

A. 科学教学

B. 普遍的问题

本报告按以下计划写成。在对新近教育的倾向所带来的实际问题做简短回顾之后，我们将在第二部分（展望部分）力图发挥一些关于未来的想法。这分为两个方面：在 A 段中，我们将以科学教学为例，对我们来说，在这个领域里，问题既是最紧迫的，同时可预见到的改革也是最复杂的。然后，在较短的 B 段中，从 A 的那些论述里，我们将考察一些一般性的问题。

一、回顾部分

从数量的观点看，学生数目大量地和不断地增长，导致一种人人谙知的后果。一方面，随着学习年限的延长，男女儿童的受教育权利以及国家的财政资助（奖学金等）更加平等，今天对年轻一代所提供的教育机会就较为公平。这从大学生人数持续地有时是令人不安地增加就可以明显地看出。另一方面，学生数的这种普遍增加并未伴随着在中等特别是在初等教育上提高教师职业的社会地位，结果就引起了学校师资的不足。于是只好采取替代的办法，这就产

① 本文写于 1971 年。——译者注

生了水平问题。这个问题迄今一直未得到解决。相反，人们努力使教学多样化，特别在职业和技术教育领域内，采取了一系列步骤，改进学生的专业方向，使学生在学习过程中尤其在中学教学的初期，能从一门学科转向另一门学科。这是一种进步。在这方面，“定向阶段”起着非常有用的作用。但是，尽管教育心理学家做了有价值的工作，定向和选择工具的价值仍是悬而未决的问题。尤其是考试的作用和价值所造成的教育祸害，仍然是十分难以解决的。

但从质量观点看，这里唯一使我们感兴趣的是，在领导当前运动的不同国家中，出现了或多或少的新倾向。比如，首先我们看到，一些国家，特别是美国，致力于改革一直非常被忽视的学前教育。主要思想是，幼儿园应当为贫穷的孩子们提供道德上和智力上丰富多彩的环境和气氛，尤其是使用充裕的、多样化的物质材料来弥补他们家庭生活的不足，以唤起他们的好奇心和积极性。至于指导这种改革的方法，则是摇摆于反映当代心理学的两种极端相反的潮流之间。其一是应用“条件反射作用”，通过练习和活动的结果，以建立和强化一定数量的被认为是今后获得知识基础的动作和语言的联系。与此相反，另一极端要求引起儿童本身的自发活动，以构成一种认知组织，为在6—8岁正常出现的智力运算做好准备。受日内瓦学派心理学研究的激励，有时的解释是很好的［参看美国奥尔米（Allmy）、卡米（Kamii）、弗思（H. Furth）等人教育方面的成果］，但有时候又解释得有点儿幼稚，令人不安。这些方法的应用可能按很多方式发展。在第二部分，作为科学教育的介绍，我们将再讨论所期望的这些认知活动开始的有关动作及对客观事实的恰当观察。

与上面讲过的相一致，在某些国家（再说一遍，尤其在美国）的初级阶段可以看到下面的变化。几年前，特别是由于精神分析学派的广泛影响，主要的倾向是注意避免儿童在发展中受到任何挫伤。这就导致了没有确立要达到的方向，对没有多大教育裨益的一般游戏的过分的放任自流。在注意和加强认知活动方面，出现了一种反对派。由于所持的心理学的信念不同，这两个极端之间的对立就更为明显了。

对条件反射作用的重视，尤其是在斯金纳的影响下，产生了通过机械、按顺序安排的渐进的联结（“教学机器”）的程序教学思想。对这种办法的热衷是尽人皆知的，但由于所需设备的昂贵，这种方法受到限制。它有一个根本缺点，即它是建立在一种很不正确的心理学基础之上的。正如著名的语言学家乔姆斯基（N. Chomsky）结论性地指出的，这种心理学不能合理地解释语言的学习。从教育学的观点看，程序教学的确有助于学习，但无助于创造，除非按照佩珀特（S. Papert）的实验，让儿童自己去设计程序。一般来讲，视听法也是这样，过多的教育工作者为其唱赞歌，但如果仅仅促进联想，而不引起真正的活动，事实上，它只能导致一种词语的描述。在某些情况下，奎申奈尔—盖特诺（Cuisenaire-Gettegno）的算术棒和彩色数字，可能使学生从事运算活动，但它们往往出现以数字代替运算的同样缺点，这就是它们在瑞士的某些州被抛弃的原因。在那些州里，国家曾强制规定把它们作为算术学习中所遇到的疑难的可靠的补救办法。

在很多情况下，算术棒已被迪安斯（Dienes）的“逻辑积木”① 所代替。一个有长期教育经验的数学教师懂得这一基本事实（而且，我们的心理学研究也都证实了），即初等数学的理解依赖于质量结构的形成（例如，数在心理学上表现为类包含和序列的综合），在数学教学的各种水平上，逻辑运算的先决建构越顺利，数学教学的接受能力也就越强。这一事实与目前教学最基础阶段的“新数学”（集合理论，然后是群的理论等）的倾向是明显一致的，它表现了一种很大的进步。在第二部分，我们将探讨这种成功的心

① “逻辑积木”英译为“多面算术积木”。——译者注

理学上的原因，因为这取决于这种新教学法的内容与儿童智慧中引起的自发运算和结构相协调。

在科学教学的领域中，应提及在波士顿、伊利诺伊和加利福尼亚所进行的一系列实验。物理学家和心理学家相互协作，共同的兴趣是进行基础教学，通过让儿童有尽可能多的机会从事自发的、积极的操作探索活动的方法，使小学生（有时甚至是学前儿童）对某些简单的物理现象有所了解。

在结束回顾这一部分时，我要指出，近几年来，智力发展和认知结构的心理学研究已取得了很大的进展，但就它们在教育上的应用来看，仍然分为含义极不相同的三种倾向。第一种倾向，仍然是古老的盎格鲁-撒克逊传统，继续追随经验主义的联想论，把一切知识归因于纯粹外在的起源，认为知识是从成人操纵下的经验、语言或视听的表达中获得的。第二种倾向的特点在于意外地返回到先天及内部成熟因素（这在很大程度上归因于乔姆斯基的影响，他断言存在一种“先天固有的中心”，尽管在语法上他承认必要的心理发生的转化过程决定着语言的基本结构，比如主语和谓语的关系）。在这种情况下，教育主要在于训练先天的“理性”。第三种倾向，确切地说，是我自己的观点，是一种建构主义性质的（把语言的起源归因于感觉运动智力事先所形成的结构），也就是说，既不承认外部的预成论（经验论），也不承认内在的预成论（先天论），而是肯定一种连续阶段的不断超越。这就自然地导致了把教育的重点放在儿童活动的自发方面。

二、展望部分

A. 科学教学

各国学术界和大学教育界权威最关心的问题之一是，为数不多的学生把自然科学当作与人文科学迥然相反的职业来选择。显然，这是未来教育必须解决的中心问题之一。很清楚，这不是简单地靠经济力量的自动作用就能解决的。社会所需要的专家或各种科学领域里的管理人才比现在要多得多，经济学家一贯公开坚持这种人才稀缺的严重性。中学和大学的学生经常获悉，与等待着经过适当理科训练的毕业生的可靠的就业机会相反，文科毕业生的就业空额很少。这些因素却并不足以改变中学和大学学生的学业志向。例如，家长们继续认为，拉丁语知识是一种比其他任何学科更灵活的“开门咒”①。因此，为了把教育纳入社会需要的轨道，看来有必要对教育的方法和思想进行一番全面的改革，而不是继续满足于常识的简单要求。

很明显，这种改革将不仅包括各种科学（数学、物理、化学、生物等）教学的专门训练，而且涉及一系列更为一般的问题，诸如学前教育（4—6岁）的作用问题，活动教学法的真正意义（人人都谈论，但很少有教育家有效地加以应用），儿童和青少年发展所获得的心理学知识的应用，以及与仍然在大中学校流行的分科教学相反的、学科的各阶段所必要的、跨学科性质的问题。因而，我们开始讨论学生的科学训练时，就得弄清这些问题，这是绝对必要的。

从基本的心理学论据来看，有一种与一般看法不相同的基本事实。事实上，人们通常认为，在各个不同的学生中，存在着明显的能力差别，随着年龄的增长，其重要性也在增大；除非某些学生具有非凡的数学和物理方面的天赋，其他学生就绝不会在这些领域里取得超出一般的成就。经过多年对儿童逻辑数学运算形成的研究，接着我们又与英海尔德一起花了几年时间研究基本物理规律的归纳问题，随后，在我们的国际发生认识论中心（在几位杰出的物理学

① 源自《一千零一夜》中一故事里开门的咒语。——译者注

家的不断帮助下）研究了 4—5 岁和 12—15 岁儿童的物理因果关系的发展，对这样高度复杂的问题的各个方面（运动和热的传导问题，力和矢量的合成，物质状态的变化，动力运动与功，线性和分配，等等），做了一百二十多种仔细的研究。除了几个女孩子，不是由于愚笨，而纯然是对这些问题缺乏兴趣之外，我们不能获得系统的材料来证明这种特殊才能的存在。因为各个年龄组都有处于平均和平均以上智力水平的学生，他们做了同样的努力，就表现了同样的理解。当然，存在着落后与超常的个体，那些处于平均智力水平以下的人，结果自然差点儿，但这是对各个领域而言的，不单是在科学领域才如此。所以，我们的假设是，所谓“好”学生在数学或物理等方面的才能，在智力相等的情况下，指的是他们能够适应提供给他们的教学类型。反之，在这些方面表现“坏”的学生，在其他方面却又是成功的，能够掌握看上去不理解的问题。他们之所以能够掌握，是由于通过其他的途径，因为他们所不理解的是所提供的“课型”，而不是教材内容。因此，情况可能是，而且我们在很多事例中已经证明过，学生在某一方面学习失败，是由于过分匆忙地从问题的质量结构（用简单的逻辑推理，而不直接引入数量关系和计量法则）过渡到物理学家正常使用的数量或数学公式（在事先已列好方程式这个意义上说）上去。在这一方面，虽然我们愿意承认（从足够的年龄起）分化出和严格意义的演绎智力相反的实验和具体智力的某些才能，但是，即使在数学方面，很多学习上的失败也是由于从质量（逻辑的）内容过快地过渡到数量（数字的）内容上去了。

从我们对于基本质量概念发展的研究中得出了非常乐观的观点，它应构成基本科学教学的基础。看来在这个领域里能提出合理的、深远的改革方案，它会有助于满足社会对各种科学人才的实际需要。但这又取决于某些条件，这些条件会涉及整个智力教育，但在各种分支的科学训练中，这些条件似乎更为重要。

当然，在这些条件中，首先是运用活动教学法，给儿童或青少年开辟自发进行探索的广阔天地，要求获得的每一个真理都是由学生重新发明或至少是重新建构的，而不是简单的传授。然而，经常有一种误解，降低了这方面迄今为止所做工作的价值。这就是担心（有时是希望）教师在这种实验中不起作用了，认为实验的成功取决于让学生完全按自己的意愿自由地工作或游戏。很明显，教师作为组织者仍然是不可缺少的，以便创造情境，准备开始时用的设备，向儿童提出有用的问题。其次，需要教师提供反面的例证，迫使学生反省和重新考虑过急做出的答案。所希望的是教师不再是一个讲演者，满足于传授现成的答案，而是要激发学生的探索精神和积极的努力。

就花了几个世纪才建立起来的所谓新数学和现代宏观物理学而论，如果认为没有任何指导，儿童就能自己清楚地提出其主要问题，这是荒唐的。但是，与此相反，作为组织者的教师，不仅应精通自己所教的那门科学，而且要通晓儿童和青少年心理发展的详尽知识。所以，心理发生实验者的工作，对活动教学法的有效应用来说，是不可缺少的。这样，在现代这个时代里，要求在教育上开展更密切的基础心理学（不是“测验”，也不是所谓应用心理学的多数工具，实际上，它像17世纪的医学一样，试图应用尚不知道的东西）和系统教育实验之间的协作。

例如，比起传统方法来，现代数学的教学已取得了重大的进步。经验往往曲解事实，虽然所教内容是“现代的”，但就知识的简单传授而言，其表达的方式从心理学的观点看，往往仍是陈旧的。即使在采用公理形式方面所做的尝试（过早地从学生推理方式的观点出发）也是这样。为此，像让·勒雷（Jean Leray）这样一些著名的大数学家在《数学》杂志中曾提出严厉的警告。这种情况如此惊人的原因是，假若数学教师们愿意弄清逻辑数学运算心理发生的“自然”形成情况，他们就会发现，在儿童自发运用的主要运算和教师试图抽象地灌输给他的概念之间，存在着出人意料的相似。例如，儿童在7—8岁时能自己发现集合运算交集和笛卡儿乘积，在11—12岁时能够辨认部分子集。在很小的儿童中就能观察到各种形式或功能的形成，而且在很多情况下，人们可以谈到麦克莱恩（McLane）和艾伦伯格（Eilenberg）意义的初级形式和不重要的“范畴”，其教育价值是十分重大的。但是，运算是一回事，意识到运算并在动作中发明，以及继之加以运用，进而从中得到反省认识，尤其是理论认识，又是另外一回事。无论是学生还是教师，都不怀疑所教的教学内容会得到各种“自然”结构的支持。因而人们可以预料，心理学家和数学家在确定一种真正现代的而非传统的新的数学教学方面，有着远大的合作前途。关键在于在把别的现代的过分抽象的材料强加给儿童之前，要用儿童的语言和儿童交谈，尤其要引导他们尽可能多地重新发现，而不是简单地叫他们静听和重复。教育家兼数学家迪安斯在这方面做了值得赞赏的努力，但由于心理学的知识不够，他对其所设计的某些“游戏”和练习的解释有点儿过分乐观。

从数学再谈到物理学和实验科学，情况就迥然不同了，传统学校几乎完全忽视了在实验中训练学生。这一惊人失误，近年仍然照样未改。这并非指教师当学生的面所做的演示实验，也不是指学生自己动手进行的实验，而是指按照一种现成的步骤并只是加以口述的办法，教给学生一般科学实验的规则。比如，一个因素的变化中和了别的因素（假使其余情况均相同），或区分开偶然波动与有规律的变化。比起其他领域来，这些领域里的未来的方法是，要给学生更多的活动和尝试的机会，在证明或否定他们自己所说的为一基本现象所立的假设的装置的活动中，让学生自发地进行探索。换言之，如果活动教学法在一个领域里确实使人信服，那就要学习实验过程，因为一个不是由操作者本人完全自由主动进行的实验，就算不上是实验；而没有教育价值的简单练习，其连续步骤的细节并未充分被理解。

简言之，活动法的基本原则将必须从科学史上得到启示，并可用以下形式加以表达：理解即发明，或者说，通过重新发明进行重建。如果将来要想造就有生产能力和创造性，而不是只会重复的人，就必须遵守这样的要求。

但是，还有一个通过培养实验精神来训练未来合格的科学家和技术人才的问题。当然这不单独是物理现象的理解，教育家已经注意到这一点，并越来越认为所有教育都要建立在心理学之上。为了通过演绎推理和经验资料的组合来理解某些基本现象，儿童必须经过一些阶段。这些阶段的特点是具有一些随后将判断为错误的观点，但为了最后得到正确的解答，它们似乎又是必要的。正如通过一系列邻近静止的台球来解释运动传递一样，打动第一个球，滚动的只是最后一个球。儿童直到 11—13 岁才能得出通过连续震动和波动而实现内部传递的假设，从而认识到各个中间球产生了一种克分子的转换；即便用不同的方法使中间的球不动（用手指按住），被试仍认为它们已经移动了，等等。还可以引用很多类似的例子。所做的每一件事是否都应使儿童认识错误？或者说，活动教学法的精神应否使我们既在其错误方面，又在其教育意义方面，尊重这些类似方法的继承性？这是未来教育方法的实验必将做出决定的，但就我们而言，我们认为，重视这些阶段是非常有利的（当然，条件是只有充分认识它们，才能评定它们的用处）。应该注意的是，著名物理学教授哈尔布瓦斯（F. Halbwachs）在他的基础微观物理学的《概要》中，在大学水平上采用了类似的观点（在绪言中，他用我们发生认识论中心的工作来论证这种观点）。和习惯相反，他从传统概念开始，逐渐把它们引向现代思想的轨道，以便使未被理解的概念慢慢地易于为人们所“同化”。

总之，讨论的问题可以归结为发展阶段的进程是否可以加速。当然，一切教育采用这样那样的方法，正是一种加速，但是，问题在于要确定加速到什么程度才为有利。人类的幼稚期比其他动物长得多，这并非没有意义。所以，很可能有一种最佳的发展速度，过快或过慢都同样有害，但我们还不知道其规律。这一点同样有待于将来的研究为教育指明道路。

在作为例子而继续考察未来科学教育倾向时，让我们首先指出无疑将会越来越占重要地位的学前教育。从心理学观点看，4—6岁这一时期（甚至2—4岁，但我们尚缺乏这一方面的系统认识），可以称为前运算时期，意思是说，主体还不能处理可逆运算（加和减、相互性等），当一组不连续的元素（集合的守恒）或连续物体改变其形状时，他们不能发现数量、物质、质量等的简单守恒。另外，在这一年龄阶段内，儿童已经有了所谓“半逻辑”：单程函数的变化，质量的同一性等（但不是可逆形式的数量同一，±0=“不加不减”），等等。撇开他们的局限不说，从这些开始建立联系的积极方面来看，似乎有可能甚至在这个水平上就为科学教育提供一种预备教育，其余的教育在小学将得到更大的发展。这种预备教育仅在于训练观察力。这一活动的重要意义不应低估，正像研究所表明的，很明显，学前儿童的理解不仅是粗糙的和不完全的，而且在很多情况下，还被主体的先入之见所歪曲。把一个球系在一根绳上，让儿童甩着旋转，然后抛进一个盒子里。在这一事例中，我们发现，4—5岁的儿童经过几次尝试之后就能成功地完成这一动作，但他的描述走了样。他的动作本身是成功的，儿童把球从侧边射出，其轨道正切于旋转手臂所画的圆圈的圆周，但他始终认为他射球时球要么是在盒子的前面离盒子最近的圆周的一点上，或者甚至是从他自己的前面射出去的，似乎球是沿着他自己和盒子之间的一条直线，经过他的手臂所画的圆圈的直径射出去的。其原因是，在他看来，首先，这个整体动作包括两个分解动作，即旋转，然后投掷（不单是投掷）；其次，人们通常是按一条垂直于盒子的直线把球掷进盒子里的。尤其难以置信的是，虽然4—5岁的儿童能成功地表演这一动作，但9—11岁之前的儿童通常还不能给予正确的描述。物体和动作的本身（因此而意识到后者）无疑是被感知到了，但由于它们与儿童先入的想法相矛盾，因而被压抑了。这仅仅是很多其他同类事例之一。可以看出，观察训练可能非常有用。观察描述的现象可选择最简单的日常因果关系，描述可要求多种形式：动作的模仿（这是最容易的），通过语言描述，在成人帮助下进行绘画，等等。一位美国物理学教学专家，加利福尼亚大学的卡普拉斯（Karplus）认为，这些观察训练甚至在学前年龄都是同样有用的。他甚至设计了一种有两个观察者的情景，以便使幼儿在很小年纪就受到观察相对性的训练。

最后，为了结束对未来科学教学的思考，应该再一次强调特别涉及中学教育和大学教育的一个重要问题，即各个领域研究的问题越来越具有跨学科的性质。目前，实际上未来的科学研究者在这方面的准备很差，由于想使学习专业化，其结果却变成了各学科分块的独立教学。应该知道，彻底的专业化相反地必然要有很多学科之间的多方面的联系。这是一个涉及科学的一般认识论和方法论的问题。看来很明显，未来的科学教学将越来越依赖于科学的认识论，这方面人们已看到许多迹象。

各学科的独立分开可从实证主义的偏见中找到解释。这种观点认为，仅仅是可观察的论据及其描述和分析，就足以发现起作用的规律。这样，不同的学科将不可避免地从清楚的甚至固定的边界彼此分隔开来。边界依赖于各种不同类型的观察材料，而材料本身又和我们主观与客观的记录工具（感知和仪器）有关系。相反，在违反实证主义规则的时候（事实上它们不断地被违反着，甚至有的作者在他们的序言中也同意了，虽然人数不多），人们也会努力去解释这些现象及其支配的规律，而不局限于对其描述。这就必然要超过可观察的界限，因为一切因果关系从属于必然推论，也就是说，依赖于演绎和运算结构，而不能还原为简单的事实。事实上，因果关系包括产生与守恒的一种结合。至于逻辑数学运算，除了物理学中属于物体本身而外，都由此转化为“算子”。在这种情况下，基本现实就不再是现象或可观察的事实了，而是经过推论改造，能说明在观察到的材料下面的结构了。由于这一事实本身，各学科之间的界限趋于消失，因为这些结构要么是共有的（如在物理学和化学之间，那就是孔德认为的，它们不能彼此还原为另一种），要么是相互依存的（无疑这适合于生物学和物理、化学之间的情况）。

这就是说，很明显，如果科学教学要适应科学的进步，培养创造精神而不是模仿，就应重视结构主义。这种理论由于具有跨学科的见解，正越来越为人们所接受和支持。这里有含有群和“类”理论的数学结构论，有物理结构论，有具有平衡和自我调节的问题，甚至控制论模式与数学形式化结构之间连接尚不清楚的生物结构论，等等。（不应该忘记心理学研究的智力结构，但是要把它与上述所有结构联系起来加以考虑。）

从教育学的观点看，存在着一种非常复杂的事态，将来它是很有希望的，但现在令人很不满意。因为虽然人人都谈论跨学科的需要，但那些过时而尚未消逝的已成体系的惯性倾向于造成一种简单的多学科的局面。问题在于这实际上是增加了教学科目，因为一切专业化都要求邻近领域的支持，但只让学生自己去综合。在大学和中学都需要教师真正懂得他们所教的学科，而且不断地用跨学科的观点加以处理，这就是说，懂得怎样赋予它们所使用的结构普遍意义，同时又把它们纳入到包含其他学科的总体系之中。换句话说，教师自己要具有相当的认识论精神，能够使学生经常认识到他们的专业领域与整个科学之间的关系。不过，这样的人今天还非常少。

B. 普遍的问题

这些关于未来的精确的自然科学教学的考虑，对我们的社会的发展是特别重要的，但这仅仅是有代表性罢了，因为同样的问题能以这样或那样的形式在其他知识分支中找到。

还有其他问题。从实际跨学科的倾向中吸取的第一个教训是，需要重新仔细考虑未来人文科学与自然科学的关系，并为因此而把大学教学分为“学院”，把中学教学分为“科”，使两者被完全隔绝开来的灾难性的后果寻找补救办法。从理论观点看，被认为是有关人的科学的心理学和生物学、动物心理学或动物生态学有着不可分割的关系，而属于自然科学的数学则是人类头脑最直接的产物之一。从人文科学中产生的信息理论，对热力学照样有用，正如后者对信息论和语言学一样。产生于经济学的对策理论也是一样。

从教育学的观点看，毋庸置疑，教育应竭力减少屏障，或打开许多侧门，让学生（大学生、中学生都一样）自由地从一个学科转向另一个学科，给他们多种组合的选择权。但更要求教师自己的思想尽量少些框框，这一点教师比起他们的学生来往往更难做到。

此外，应记住，在划归为人文科学的各门学科中，有一门学科在大学和中学阶段总是发挥着充分的综合作用，但令人遗憾的是，许多信息不太灵通的人至今还认为它有资格作为集中跨学科的关系的工具或中心，它就是哲学。可是，越来越多的科学家对它不信任了，原因以后再讲。但不少生物学家一旦了解到最近某种陈腐的机械论再次充斥他们的学科领域，就又向哲学求救。哲学的脆弱地位来源于这样的事实：逻辑学、心理学和社会学从它那里分离出去了，它今天正协助建立数学、物理和心理发生的认识论（等等）。很容易预见，它们的结合将构成明天的认识论。那么，问题是要知道，未来的教学组织是按传统来维护哲学的过分特权（因为由于惰性而产生的弊端已灾难性地暴露在公众面前了，正像教师学衔考试或别的入学考试在 1968 年 5 月幸存下来一样），还是人文科学的教学最后将走向科学结构主义的道路。

结构主义最适合于促进人文科学的发展，因为它有强大的语言学传统，它在文化人类学和心理逻辑学派中获得了某些成功，且不讲许多控制论及其他模式在这些学科中进行探索和在经济学领域中的增长。在相应的教育方面的结果是，要给跨学科性质的新观点以不断增长的较高的地位，正如今天心理语言学、决策论、经济学、心理学、社会学等的发展情况一样。然而，这并不意味着要在中学阶段增加课时，在已有科目中要加添这类新的分支，而是要在系统地扩大眼界这个意义上来改组现有课程。没有任何理由阻止语言教师获得足以使他们在语法研究中有广阔眼界的语言修养，也没有理由阻挠历史教师弄清文明进化的普遍因素，而不是把自己局限于战争和朝代的更替上。

但是，在文科中继续存在的问题是，在培养当前和未来的学生的工作中，如何使科学教育的基本组成因素具有足够的位置。这两个因素是：(a) 学生的真正“活动”，要求学生重新建构和部分地重新发明他们所吸取的道理；(b) 尤其重要的是在实验精神和有关方法上的个人的实践经验。当然，不论是拉丁语还是历史都不能重新发明，也不可能从事希腊文明的实验（为了有启发性地“自己看到”，或验证解释性的假设）。另外，假如从学生心理的部分自发表现中开始，我们能了解到逻辑数学运算或因果关系的发展阶段，但对相应的语言结构的形成或引起对历史事实的理解的建立机制，我们却还不认识。从儿童心理学、教育学的研究观点看，还存在一系列悬而未决的问题，不管其解决办法是否类似上述那些问题。

至于教育实践，也就是说，要使文科和理科的学生受到实验程序及这种训练所包含的自由活动的教育，可能有两种解决办法，但它们并不互相排除。第一种，在我们看来它似乎是必不可少的，就是提供和科学课时在一起的混合课（这已是一般惯用的办法了）。在这种课中，学生可以自己做实验，教师不必详细讲授。第二种（我们认为它可补充第一种），指的是用一些心理学课时（在“哲学”或未来的普通认识论的范围内）进行心理学或心理语言学等方面的实验。

还要考虑两个普遍的问题。第一是关于教师的培养，这是未来整个教育改革的一个根本性的问题，因为只要这个问题还未得到圆满解决，所制定的一切课程或所建立的想要实现的好理论都是枉然的。这是一个双重的问题，首先有一个使中小学教师提高或再提高社会地位的社会问题，因为公众意见并没有按真正的价值来评价他们的服务。这种情况引起了在这种职业中服务的人员的不满和匮乏，并构成了一种对我们病态文明的进步甚至生存的一种重大危机。第二是智力和道德方面的培训，这是一个非常棘手的问题，因为所提倡的教学方法越好，教师的任务就越艰难。好的方法要求教师既要对他们的学科和学生有高度专门化的知识，同时又要对他们所从事的职业有真正的爱好。解决这两个问题的唯一合理的办法是：各级教师都要受到完满的大学教育，因为假若教师认真对待，学生越年轻，教学中的困难就越多，这就像培养医生一样。在完满的大学训练中，未来的中小学教师特别要有足够的心理学训练。

最后，未来大学的结构对培养教师和培养其他任何专家都一样，很明显，要想减少大学学院的灾难性作用，就应代之以各种类型的灵活的跨学科组合（例如，生物学×心理语言学，或数学×物理学×认识论，等等）。但是，假如有两个基本原理没有被使用，那么这些组合仍然不能说已起作用了：（1）教学和研究紧密结合，学生从低年级开始就与研究打交道，特别是在新问题及尚未解决的问题方面，否则就有可能不懂已建立的学科；（2）协作研究，不是一个单一的教授，而是由亲密合作的相邻专业的代表作指导（如心理学和逻辑学等，尽管这样的协作有实际困难，但我们日内瓦的实验表明，这些困难并不是不可克服的）。

本文译自皮亚杰法文原著：*Ou Va L'Education—Comprendre, c'est in-*

venter, L'Imprimere Bussière *à* Saint-Amand(cher)，1979，pp. 5-42。译时参考了 George Anne Roberts 的英译本：*To Understand Is To Invent—The Future of Education*，Grossman，1973，New York。

数学教育评论[①]

人们对数学教育方向的考虑，自然要取决于人们对心理发展或对所获得的运算及数学逻辑的解释。这种解释同样取决于所赋予这些东西的认识论的含义。这两个问题就它们的心理起源和认识论的含义来说，是密切相关的。假若柏拉图哲学是对的，数学实体是独立于主体之外而存在的，或者，假若逻辑实证主义是正确的，把数学归结为一种普遍的句法和语义，在这两种情况下，就有理由把重点放在教师把真理简单传授给学生，并尽早地使用教师的语言，即原理的语言，而不必太考虑儿童自发的观点。

相反，我们认为，存在着一种作为整个智力发展功能的自发的和渐进的基本逻辑数学结构的建构活动。这些“自然的”（人们所说的“自然数”中的“自然”）结构，比起传统数学的情况，更接近于“现代”数学中所使用的意义。因此，存在着教师一般不知道的一些事实。一旦教师较好地掌握了心理学知识，这些事实对他们就会相当有用，能帮助他们不把事情弄得复杂化，还有利于实现学生的创造性，而不是把他们仅仅看作顺从的“接受”器。

然而，要想达到这一阶段，就必须修正我们关于语言与动作的关系的看法。事实上，从心理学的角度来看，很清楚，逻辑并不产生于语言，而是可以从动作的普遍协调中找到其较深的起源。事实上，在整个语言产生之前，在纯感觉运动的水平上，动作易于重复并随之而概括化，这样就建立起可称作同化的图式。这些图式按照某些规律把自己组织起来，似乎不可能否认这些规律与逻辑规律之

① 本文写于1972年。——译者注

间的关系。两种图式可以协调或分开（再结合），一种图式可以部分地插入另一种之中（包含），或者只是一部分和另一部分有共同之处（交叉）；一种图式的组成部分，或者两种或两种以上图式的协调，能够容许有一种不变的相继次序或某些排列（顺序类型）；也有一与一的对应，一个与几个或几个与一个的对应（一一对应）；并且，一旦一种图式给一个动作以一个目标，主体走向相反的方向，那就是互相矛盾的。总之，这里存在着动作的整套逻辑，它导致某些同一性的建构，是超出了知觉的（例如，掩蔽起来的物体的永久性），并导致某些结构的精细化［朋加埃（Poincaré）在他的认识论的文章中曾描述过的位移的实体群］。

因此，特别在数学教育中，忽视动作的作用而始终停留在语言的水平上，那是一种极大的错误。特别是对年幼的学生来说，摆弄物体的活动对理解算术的和几何的关系是必不可少的（埃及人的经验数学就是这种情况）。数学教师对涉及物体实验的活动的反感是很好理解的。他们也许看到了与物体的物理特性有关的一种关系，从而可能害怕经验的证明会有害于作为他们的学科特点推论的和纯理性心智的发展。但是，事实上这是极大的误解。心理学的分析使我们消除了这种担心，并保证了数学家们关于心智的推论和形式方面必须受到训练的基本要求。事实上，存在着和主体动作有关的、彼此很不相同的两种“经验”。首先，存在着所谓的“物理经验”（广义的），指作用于物体以发现物体本身的特性。例如，比较质量或密度，等等。但也还存着可称作“逻辑数学经验”的东西，这是一般不为人们所认识的。这种经验不是从特定物体的物理特性收集其信息，而是从儿童作用于物体的实际动作（或更确切地说，从动作的协调）收集其信息的。这两种类型的经验是不相同的。我的一位有名的数学家朋友说，当他四五岁时，一种属于第二种类型的经验开始激发了他对数学的兴趣。他坐在花园里，把一些卵石排成一条直线数着玩，从左到右，由一数到十。然后再从右数到左，发现仍然是十，这使他十分吃惊。他从相反的方向数，发现两个方向都是十。他继续以各种方式排列卵石，最终确信总数十与卵石的顺序无关。在儿童实际排列卵石或把它们放在一起的时候，总数和顺序显然都不是卵石的物理特性。在这一情况下，儿童发现了合并卵石的动作产生了一些和排列卵石顺序的动作无关的结果。用任何固体的东西，他都会看到这一情况。在这种动作中，卵石的物理特性不起特殊的作用（除了它们可听从摆弄的事实外，它们的性质没有改变，就是说它们是守恒的，但是守恒本身产生了逻辑数学经验）。

这样，动作和逻辑数学经验的这种最初的作用，不但远远没有阻碍推理思维随后的发展，相反，却构成了一种必需的准备。理由有二。第一个理由，介入后来的演绎推理过程之中的心理的或智力的运算本身起源于动作，它们是内化了的动作，而且一旦具备了必需的协调，内化充分了，身体动作形式的逻辑数学经验就不再需要了，内化的推理就足够了。第二种理由，动作协调和逻辑数学经验在内化自己的同时，就产生了恰好和逻辑数学抽象相一致的一种特殊的抽象作用。这是起源于物体的物理特性并因而称为“经验抽象”（empirical abstraction）的普通的或与亚里士多德抽象相反的一种抽象。逻辑数学抽象可称为“反省抽象”（reflective abstraction），这是因为两个互相联系的理由。一方面，这种抽象“反射”（就像反射镜或放映机的方式一样）的每样东西都处于较低级水平（例如动作水平），它把它们反射到思维的或心理表象的较高级的水平上。另一方面，在重新组织心理活动的意义上讲，它是一种“反省抽象”，它把通过动作协调抽出来的每样东西重新建构在一个较高的水平上。

然而，在必须表现动作及逻辑数学经验的年龄（7 岁或 8 岁以前）和开始可能从事抽象思维的年龄（11—12 岁并连续发展到 14—15岁）之间存在着一个重要的阶段，其特征吸引着心理学家们的兴趣，而教师们知道这些特征是有用处的。事实上，在 7 岁和

11—12 岁之间，可以看到具有守恒、可逆等特征的推理运算的一种重要的自发发展。这使得类和关系的基本逻辑精细化，通过包含和顺序概念的综合而进行整数系列的运算建构①，通过连续统一的再分和作为一个单位挑选出的部分按顺序置换的综合而进行度量概念的建构。虽然这在儿童的逻辑思维中有了相当大的进步，但仍然是很有限的。在这个水平上，儿童尚不能在语言表达的纯粹假设之上进行推理。要想得到一个合乎逻辑的推论，他们就需要应用可摆弄的物体（在真实世界中或在他们的想象中）进行推理。基于这些理由，我们把这一水平列为“具体运算”，以区别于形式运算。事实上，具体运算是介于前运算阶段的动作和出现较晚的抽象思维两者之间的中间形态。

这样，在儿童自发的动作和他们的反省思维之间就建立起了连续性。从这一点可以看出，比起传统数学中所使用的概念来，表明现代数学特征的基本概念更接近于“自然”思维的结构。首先，应该指出在运算上自发作用的重要性，这是因为这一作用能使集合与模式建构之间建立起联系，特别是集合能与循环顺序组合起来。例如，我和英海尔德曾要求 4—5 岁和 7—8 岁的儿童用一只手把一颗念珠放入一个透明的圆筒里，同时用另一只手把另一颗念珠放入藏在屏幕后面的另一个透明的圆筒里。本设计要了解的问题是儿童是否理解这样构成的两种系列是相等的，并且还要找出，假若这种动作无限地进行下去，儿童是否认为它们还会保持相等。我们询问过

① 几个作者［弗罗伊登塔尔（Freudental）等］似乎曾听说我认为序数比基数更早一些，或者相反。我从来没有这样讲过，我经常考虑的是有限数的这两个方面在一种综合中能分离和在心理上能互相加强，既超出了类包含又超出了不对称传递关系的顺序。假若顺序是必要的，这是因为各单位彼此区别开来，只能靠它们顺序的位置；这些单位之所以变成相等的，是由于抽去了它们性质上的差异。但是基本单位的顺序和单位的数字（基数）是相关的，这些单位按数字顺序排列，一个在另一个之前。

的所有儿童都承认，动作继续下去，两个系列是相等的，只有最年幼的儿童才拒绝对动作无限进行下去的情况进行概括。约从5岁或6岁以后，儿童们承认这种概括，而且一个5.5岁的男孩子发现了下面很有趣的公式：“当人们一次知道了，就永远知道了。”然而就是这个儿童，在他看了十个一排的红筹码和另外一排十个一一对应的蓝筹码之后，若把一排中各筹码的距离稍拉开一点儿，不再看得出两排之间的一一对应时，他就拒绝承认两排还保持相等了。这个例子说明了结合复现观点建立对应关系的建构作用。

几何直觉是理论和儿童的自发发展之间的趋同现象的一个极突出的例子。从历史上看，这些直觉出现在欧几里得几何之中。很久之后人们才发现投影几何的结构。到了19世纪才发现拓扑学。从心理学上看，3岁和4岁的儿童还不知道怎么样画正方形，并倾向于把正方形和圆形相对照（诸如长方形和三角形等的图形都同化为简单的闭合曲线），然而他们很仔细地区分了闭合图像和开放图像，并能同样仔细地在一个图形之内，在一个图形之外，或在一个大图形的边沿上，画一个圆形。从这种早期的拓扑学的直觉中，随后及同时产生的投影概念（依靠“瞄准”或“观测”作为证明）和欧几里得概念，其遵循的一种程序比历史更接近心理学的理论。

从具体运算的水平（约在7—8岁时）可以找到另外一种有趣的趋同现象，那就是布尔巴基所发现的三个“母结构”的基本等值。这一等值本身表明了这些结构的“自然的”性质。首先，有一种代数性质结构的建构，是由于它的合成的规律具有一个反数和一个同一元素，$+A-A=0$。这种情况特别在逻辑类的系统中可以观察到（分类等，以量词限定包含 $A<B$，假若 $B=A+A'$，而且二者都不是空集）。其次，可以找到顺序结构，其合成的规律是建立在互反性上的，并且表明关系系统（顺序）的特征。最后，可以观察到建立在连续系统、邻近和分开观念上的拓扑结构。这些基本结构后来就互相联合起来。特别是反数［或否定（$-A$）］和互反

性，它们在具体运算水平上是不能互相结合的，从11—12岁的形式运算水平之后，就可以互相组合了。它们在一种四群（four group）中使这种组合成为可能。在这一情况下，有组合（全部子集合的集合）系统的命题逻辑的开端，它把自己置于逻辑类和关系的基本结构之上。于是，主体就能够处理具有四种变换的系统。让我们以命题运算 $p\supset q$ 作例子来说明这四种变换：

（1）I等同或"零"变换　$I(p\supset q)=p\supset q$

（2）N逆向变换　$N(p\supset q)=p\cap\sim q$

（3）R互反变换　$R(p\supset q)=q\supset p$

（4）C关联变换　$C(p\supset q)=\sim p\cap q$

在这种情况下，RC＝N，RN＝C，NC＝R，NRC＝I，I最后保证了逆向和互反的唯一的一个系统中的协调。

还可以举出许多别的例子，特别是基本的和"不重要"的类型的形式的建构例子。然而，现在是描述儿童的"自然发展的"自发思维和某些基本理论的概念之间的这些趋同现象怎样对教师有用的时候了。自然，会遇到某些人试图用陈旧的教学方法教年幼儿童学习"现代"数学，过早地使用形式化的办法，完全靠教师用语言传授给学生。用这样的方法必然会遭遇到一些失败，这些失败是有助于解释某些大数学家们所持的怀疑态度，例如勒雷（J. Leray）①。然而，错误不在于数学教学大纲的"现代化"性质，只是在于这种情况下所使用的方法论和心理学。事实上，因为职业的关系，数学教师有一种非常抽象的思维方式。要他们置身于他们的年轻学生的思维所必需的具体观点中，他们常常感到格外困难。然而，从发展的观点和就上面已讲过的结构的渐进同化而论，在结构开始的具体状态和它们变得形式化与抽象化的最后阶段之间，似乎并不存在矛

① 见勒雷在巴黎科学院所做的批评报告（第276号报告，第95页，1972年3月13日会议）。

盾（上面已看到了）。假若教师彻底认识（这是教师的困难所在）这些相继的自发思维结构的详细情况和作用，他必然会看出这两种思维之间并不存在矛盾。简单地说，真正难以解决的实际问题在于把教师语言中所理解的这些一般类型的概念转移到儿童自发建构而加以应用的同样概念的特殊情况上去。没有这种概念，儿童们就考虑不到客体，不会概括所获得的信息。

为了在教师的逻辑数学结构和学生在其发展的不同水平上的逻辑数学结构之间形成这种必需的接合，应该提到一些很普遍的心理学和教育学原则。第一个原则，真正理解一个概念或理论意味着主体重新创造这个理论。一旦儿童能够重复某些概念并且能在学习情境中对这些概念做某些应用，人们就认为他们已经理解了。然而，这并没有满足重新创造的条件。真正的理解表现在新的自发的应用上。换句话说，一种主动的概括意味着更多的东西：主体似乎能够自己发现有关所理解的情境的真正原因，因此他们自己至少能部分地重新创造这一情境。这自然并不是说，教师不再有什么作用了，而是说，他们的角色不是传授“功课”的那样一种人，而是组织情境以引起儿童的好奇心和寻求解答，并靠恰当的安排以激励儿童行为的一种人。如果儿童努力掌握某一观点但遇到了困难，主动教学法的做法不是直接去改正儿童，而是提出反例，引导儿童进行新的探索，让儿童自己去纠正。

教师心目中时时应有的第二种考虑是：在所有的水平上，包括青少年期和处于系统化形式的多种初级水平，学生在“做”和“在动作中理解”所能做到的，要远远超过他用自己的语言所表达的。换句话说，儿童开始通过活动解决问题的时候，他们所应用的大部分结构仍然是无意识的。事实上，儿童在参与某些事物时，早在“觉察到”以前就能在行动中有所作为了——“觉察到”则是出现在动作很久以后的事，这是一个很普遍的心理学规律。换言之，比起有意识的应用能力来，主体具有远远大得多的智慧能力。① 所以，一旦教师有机会认识了上面提到的心理学的研究，知道了儿童所具有的直接在他们的思维下面的思维结构，教师就能通过自己和儿童进行适当的讨论，或者组织小组工作，让同样年龄或者年龄相似的小伙伴们（一个年龄大的儿童做小组的领导人）自己进行讨论，很容易地帮助儿童觉察到这些结构，这种讨论反过来也有利于语言化和“觉察”。

第三个意见看来是重要的。在传统的数学中，时常要求儿童解决问题的数量，其中有一些是十分不合理的，这指的是巨大的数字和度量的计算。在这种情况下，那些在数学上没有特别才能的儿童取得成功的唯一办法，就是按两个阶段来进行的（但这时常被忘记了）。第一阶段是完全定性的处理问题的逻辑结构，只有在后来的第二个步骤才引入数字或度量的事实，这种计算形式会产生额外的困难。对现代数学教学大纲来说，由于它们基本上是定性的，问题就不那样尖锐了。但是，在这种情况下，在另外水平上出现了问题——教师常常试图过早地用十分形式化的结构提出概念和运算。在这种情况下，必须采取的步骤似乎就是把定性的具体水平作为出发点，换言之，使用的描述或原型应符合所涉及的儿童的自然逻辑水平，而且形式化应作为已获得概念的系统化的一种形式保留到以后，其意义无疑指在原则化之前要使用直观。逻辑学家对所有的直观或“朴素”思维的藐视是人所共知的。然而，一旦记住了数学直观本质上是运算的，以及运算结构的性质是从“内容”中分离出形式来，那么，最后的形式化似乎就有了准备并逐渐成为这些最初的直观结构的建构本身的需要。我们不相信帕希（Pasch）认为的形式化所经历的方向和“自然”思维是相反的主张，而相信二者之间

① 欧几里得自己并没觉察到他实际应用的所有运算结构，例如，等距群。

可能不存在冲突，应该让形式化按照它自己的时间建构自己，而不是用提前的强制办法迫使其建构。

本文译自 Howard E. Gruber 和 J. Jaques Vonèche 编：*The Essential Piaget*，Routledge & Kegan Paul，London and Henley，1977，pp. 726-732。

皮亚杰谈创造力及教育改革

译者按：西方记者布兰吉耶（J. C. Bringuier）曾对皮亚杰做过十几次访问，撰写了《和皮亚杰的谈话》一书。原著系英文，后译为法文。这里从英文原著中选译了第十二和第十三次谈话，内容涉及创造性、教育应培养什么样的人、儿童智力的发展、大学该怎么办、教学方法的改革等问题。

一、关于创造力：三种方法

二、学生、大学、基础研究和应用研究

一、关于创造力：三种方法

（他重新点燃烟斗。我注视着他。）

布兰吉耶：你的科学创造力和其他类型的（如一个画家或作家的）创造力之间是否有着某些差异？它们之间是否能进行比较？

皮亚杰：一时难以回答，因为我不熟悉其他种类的创造力。

布兰吉耶：你对创造力曾感到疑惑吗？

皮亚杰：没有，从来没有。几年以前，巴尔的摩的约翰斯·霍普金斯大学的一些学生组织了一系列关于创造力的讲座，邀我做一个讲演，我自然谈到了儿童的创造力。但他们想要知道我自己的观点是怎样产生的。我对他们的要求感到茫然，不能回答，因为我从来就没有真正考虑过这个问题。我思考了一番后，告诉他们我有三种方法。

布兰吉耶：是三种方法吗？

皮亚杰（他笑了一下）：三种！第一种方法是，当你研究某一专题时，你不要读有关这个领域的书，事后再读。第二种方法是，尽可能多地阅读有关领域的书。为了研究智力，自然就会涉及生物学，也会涉及数学和逻辑学等，其中包括社会学，事实上涉及与个人研究的主题有关的东西。第三种方法是，找个替罪羊。我的替罪羊是逻辑实证主义①。我高兴地看到美国学生赞同我的观点，因为我的观点证明了逻辑实证主义学派处于衰退之中。逻辑实证主义是激进的经验主义，它主张所有知识起源于知觉，此外，还起源于逻辑和数学方面的语言。

布兰吉耶：找替罪羊是作为一种动力，它是用来促进……吗？

皮亚杰：对，当然是这样。

布兰吉耶：我还希望你详细阐述一下你所说的头两个论点。不读自己领域里的书，但要读有关领域的书。

皮亚杰：自不待言，不应读自己领域的东西。如果你研究一个题目靠的是阅读论述这个题目的所有书面材料，那就很难发现新东西了。但是如果你直接前进，先读别的东西，以后做些比较，你将会发现自己要么是重复别人已经做过的东西，要么是有一定的差别。这些可能是有成效的。

布兰吉耶：我还猜想，你在阅读他人所写的有关自己研究的智力领域的书时，你不是阅读，而是吸取。

皮亚杰：是的，那是“同化”的一种有礼貌的说法。

布兰吉耶：但是你自己并没有接受，而是反驳别人。

皮亚杰：是的。

布兰吉耶：在别人的路线和范围中，你清楚地认识到了你自己

① 逻辑实证主义是一种唯心主义哲学流派，代表人物是英国的罗素。它认为基本原则是证实，知识必须依据经验，任何命题只有能为经验所证实或否定才有意义。——译者注

的路线和范围，这就是你感兴趣的东西。

皮亚杰：是，如果你这样想，就是这样。

布兰吉耶：对你来说，别的科学家的思想方法本身并不很重要了？

皮亚杰：不，方法是重要的。啊，是的，这……

布兰吉耶：那就是他的观念不重要。

皮亚杰：恰恰相反，见解不一致是有益的。当然，如果你想知道谁正确，主要是看你是否能提出一种较好的解答。

布兰吉耶：你又为什么要建议读有关方面的书呢？

皮亚杰：有关领域！因为我认为任何知识的探索，其本质必然是多学科的。不能把智力前进的实际步骤从逻辑和数学家们有关它们的公理化及形式化中分离出来。不可能把个人从社会环境中孤立出来，如此等等。

布兰吉耶：大学里却进行分科教学，如社会学、生物学，这样那样漂亮的标签。

皮亚杰：问题就在于这是好事还是坏事。

布兰吉耶：那是坏事吗？

皮亚杰：当然是。

布兰吉耶：我们又回到你有一天说过的事上。你的意思是说，每当教给儿童某种东西时，就会遏止儿童去创造这种东西。这正如你现在所说的意思一样，因为“创造”是在多学科中自由活动。

皮亚杰：对，当然如此。

布兰吉耶：所以，如果我们把教育向前推进和在术语的广义上讲把它合法化，试问：什么制度允许或可能允许那样的教育？什么样的政府、国家和社会能致力于此？

皮亚杰：你提的问题我没资格回答。

布兰吉耶：既是又不是。你太谦虚了。例如，我想起有一年的事，我想大约是 1952 年，在美隆会议上，那时有利希纳罗维茨

(Lichnerowicz) 和别的几个人，我想有迪厄多内 (Dieudonne)。

皮亚杰：对，迪厄多内。

布兰吉耶：你提出了重新组织数学教学的原则。

皮亚杰：不，没有。

布兰吉耶：那次会议不就是讨论这个问题吗？

皮亚杰：不，不是。那次会议是比较心理结构和数学结构。

布兰吉耶：难道没有产生一种教学法吗？

皮亚杰：没有。

布兰吉耶：啊，我原以为产生了，因为后来出现了，是不是？可能不是直接的，但是，真幸运，整个数学教学都受到了影响，变化就是在那几年，是吗？

皮亚杰：是，如果你认为是这样的话。

布兰吉耶：大概就是从那次会议开始吧？

皮亚杰：多少是的。我曾表明儿童自发建构的结构比起传统所教的东西来更加接近于近代（或所谓的近代）数学。当然，心理学能够给予近代数学教师们支持。但是要小心，近代数学必须用相应的近代方法来教，而不是用老方法。现在的大错误是……

布兰吉耶：如果不这样，就是七拼八凑的玩意儿。

皮亚杰：当然是这样。一些人所犯的大错误是，想在还完全没有准备来同化它的儿童中过快地形式化。近代数学一般应该从儿童的思维，从儿童已具备的拓扑学、群论即结构的运算的基础开始。如果超出了这一点，而匆匆忙忙试图用近代数学的教学法去教近代数学，也就是说，采用形式化和公理化的教法，那将一事无成。

布兰吉耶：重说一次，那么这些教师就是强加于人。

皮亚杰：正是这样，他们就是硬塞给人。

布兰吉耶：你曾说过，人们已经发现了儿童心理的根源。这些根源从哪里开始？最低限度的已知条件是什么？

皮亚杰：其实，在说话之前就开始了。我认为人类生命最有创造力的时间是出生到18个月之间。那是多么使人惊奇……

布兰吉耶：从第一个反射……

皮亚杰：对，直到诸如空间、因果关系、时间、永久性客体等观念的建构。

布兰吉耶：你对那段时期的了解比往后的还多吗?

皮亚杰：关于速度和创新，直到现在我总感到那是最有创造的一段时期。认识方面的创造，不要忘记甚至在说话之前就已经在动作中开始了。之后，在思维和表象的水平上，所有这些将被再建构，在概念的基础上和概念的水平上重新被建构。

布兰吉耶：这些阶段能够加速吗?

皮亚杰：没有可能。

布兰吉耶：为什么?

皮亚杰：因为每个人都有他自己的节奏。很难弄清这种节奏是什么东西。最适合的节奏迄今还未成为人们仔细研究的项目。

布兰吉耶：是速度吗?

皮亚杰：对，是速度。我们曾提到过，在发现永久性客体的能力方面，小猫比婴儿快得多。4个月的小猫表现出的能力，婴儿要到9个月或10个月才能具备。但随后小猫的发展就停止了。因此，婴儿需要较长的时间并非毫无意义，他能进行更多的同化，并且不断深化。发展太快就降低了随后同化的效果。

(沉默。他正在思考。)

可能有一种共同的节奏，一种最合适的速度，但我不知道。每个人都有他自己的节奏。当你写一本书时，如果你写得太快，就写不好；如果你写得太慢，同样也写不好。写作也有一种最合适的节奏，正如思想的创造一样。

布兰吉耶：在许多地方，也许是在美国，人们仍然想着要加速。

皮亚杰：常常如此。

布兰吉耶：为什么？

（他轻轻地耸耸肩，没有回答。）

布兰吉耶：我看，每当我提到理论的后果或者应用的时候，你总是保持沉默。几分钟前，当我提到美隆会议时，我已经觉察到你的沉默，现在又是这样。教学法问题……

皮亚杰：注意，对教学法我没意见。我对教育问题很感兴趣，因为我感到大量问题需要改革和改变。但我认为，心理学家的任务，最重要的是给教师们提供能够应用的事实，而不是代替教师并指点他们。教师的职责是懂得如何使用我们提供的材料。教学法并不是简单应用的教学法，而是专家适应他本人特点并配合在一起的一整套技巧。

布兰吉耶：还有，你是否有这样的感受，就是你的理论已经影响了教学法？我们谈到了数学教学法在这方面的联系。

皮亚杰：是的，有一些理论是有影响的。

布兰吉耶：不是所有理论？

皮亚杰：不是。至于教儿童近代数学的教学情况，它和我们在心理学中看到的情况有着惊人的一致。假如是那样，就可能是直接的应用。但我刚才已提到一些困难。此外，显而易见，要想教给儿童实验精神是绝对办不到的。他们上课，也看实验演示，但是看别人做实验和他们亲自做实验并不是一码事。我深信，可以创设一种参与教育的奇异方法，给儿童提供仪器，让他们自己做实验，这样他们就能发现很多东西。当然，要有指导。事实上，教师必须是一位懂得实验教学在实践中如何开展的专业人才。

布兰吉耶：我并不搞教学法，我知道你提出了一种通常听不到的教育概念。

皮亚杰：不，不是这样。对大多数人来说，教育意味着努力引导儿童成为和他所处的社会中的典型成人一样的人。

布兰吉耶：就是社会所需要的人。

皮亚杰：对。但对我来说，教育意味着培养创造者。尽管他们当中并不多，尽管一个人的创造比起别人的创造是有限的。但你必须培养造就创造者、革新家，而不是只会踩着别人的脚印走路的人。

布兰吉耶：你是否认为任何人都能够成为创造者？

皮亚杰：当然，有各种层次，总有一种领域他能在其中成为创造者。

布兰吉耶：你正在谈创造力。刚才曾说过你自己的一些诀窍，三种诀窍。

皮亚杰：不是诀窍，是方法。

布兰吉耶：是方法，可是才能并不是方法问题，而是另外的东西。才能是什么？

（长时间的沉默。）

皮亚杰：这就是秘密，是最玄妙的问题。

布兰吉耶：一个科学家做出这样的回答，真有趣。

皮亚杰：不，在智力心理学里，这是一个人们知道得最少的问题。到目前为止，每一个试图探索天才的因素和条件的科学家都束手无策。情况确实不清楚。这并不是一个可笑的回答。这是承认一种差距。

布兰吉耶：那是不是总有一天会弄明白呢？

皮亚杰：我希望如此，为什么不能呢？

布兰吉耶：这是不是你一个人所关心的问题？

皮亚杰：噢，自然是。我过去的一位合作者，他是我在美国的同行格鲁伯（Gruber），现在他用全部的时间以达尔文为对象，研究科学家和天才人物的思想的发生。难以相信，问题是多么复杂。达尔文经过三四年的曲折探索才发现自己四年前所说的话中所逻辑地包含着的东西。这确实是个极难的问题。

二、学生、大学、基础研究和应用研究

布兰吉耶：你和学生的关系如何？

皮亚杰：他们平常是极好的。但是，自从学生闹事后，你就知道将发生什么了。

布兰吉耶：自从1968年5月吗？

皮亚杰：自从5月。例如，在考试方面。有些人在6月表现得还好。后来，根据每个学生对每个教授的印象进行民意测验，我的考试被评为恰当的、不标准的，但是明智的。这你知道，学生没有抗议。

布兰吉耶：你认为理想的大学应该是什么样的？

皮亚杰：每一层次都应该搞研究，以研究为基础而开展讨论。

布兰吉耶：功课要减到最低程度吗？

皮亚杰：是的。

布兰吉耶：然而你教课的时候，你的做法是否违反了你自己的想法呢？

皮亚杰：我常常是讲20分钟，然后停下来让学生提问题或提出异议。这个方法行之有效。但有时也没能达到预期的效果，有些时候课堂上还会出现活跃的对抗，这是一种乐事。

布兰吉耶：你既是理论家，又是实践者，因为你在做实验。你对基础研究和应用研究之间的关系有什么看法？

皮亚杰：我认为基础研究常常被忽视了。

布兰吉耶：你的意思是说分拨给基础研究的经费不够吗？

皮亚杰：不，还有别的。基础研究有着不可否认的重要意义，但应用研究的专家们没有考虑到改善对其研究的一些重要方面具有意义的基础研究。

布兰吉耶：基础研究花的时间长，而掌握钱袋的决策者热衷于

短期而奏效的应用研究。

皮亚杰：对。首要的是基础研究能导致预料不到的实际运用效益。反之，如果你追寻或致力的只是应用研究，那么你就限制了问题而选择了最终对实用本身来说生产力极低的应用研究项目。麦克斯韦①用他的对称的方程组，进行了比同时代只搞实用研究的人们多十多倍的技术应用。你回忆一下，麦克斯韦在电动力学方面的所有方程组完成并完善了电动力学系统并使它概括起来，如此等等。所有这些都是一位纯粹的数学家的工作，他由于关心对称论而导致了理论上的一种卓越的学说。但作为技术应用，它包括了整个电学和整个无线电技术以及你能说出的有关电方面的其他东西。所有这些均源于麦克斯韦方程组。

布兰吉耶：你在普林斯顿高等研究院度过了一段时间，你曾见过爱因斯坦吗？

皮亚杰：见过。我们还互相通信。他最不寻常的地方是思想朝气勃勃。他几乎对每样事情都感兴趣，他想要知道任何事情，对儿童心理学也是如此。

布兰吉耶：他对你的儿童心理学感兴趣吗？

皮亚杰：开始时是的。但爱因斯坦一旦弄清了问题，就洞察到了事物的全部情况。他说："这就是你所寻找的东西。"

布兰吉耶：这个速度……

皮亚杰：你绝对难以置信，他能看到事物的实质。

布兰吉耶：他对你的研究感兴趣的是什么？

皮亚杰：速度和时间的问题，这是他早先推荐给我研究的。我们要弄清楚是否存在速度的原始直觉。但是，当我第二次在普林斯顿高等研究院见到他时，最吸引他的东西却是守恒问题。

布兰吉耶：那是什么？捏黏土吗？

① 麦克斯韦（Maxwell）是英国19世纪著名的物理学家。——译者注

皮亚杰：特别是流体转移问题。你把水倒进一个一定形状的玻璃杯里，然后又把水倒进另一种形状的杯子里，水量是不变的。这个实验使他满意地看到：你必须通过这个简单的知识而看到事物的复杂性。他强调说："这比物理学更复杂。"

布兰吉耶：奥本海默①呢？

皮亚杰：我也认识他。他很忙，我们很少在一起。

布兰吉耶：你什么时候见过他？

皮亚杰：就在会见爱因斯坦的同一时间，1953—1954 年，在普林斯顿高等研究院。爱因斯坦是普林斯顿高等研究院的成员。

布兰吉耶：奥本海默是因原子弹的事深受影响吗？

皮亚杰：是的，他很忧愁。

布兰吉耶：你是否认为他们制造原子弹是对的？

皮亚杰：当然不对，奥本海默也这样认为。

布兰吉耶：他们制造原子弹是因为害怕德国物理学家会研制原子弹。

皮亚杰：是的，他们迫不得已，无论怎样也要制成原子弹。

布兰吉耶：你呢？

皮亚杰：因为纳粹主义对我们来说是个大危险。

本文译自 J. C. Bringuier 著：*Conversation with Piaget*，芝加哥大学出版社 1980 年版，第 126—135 页。胡明鑫译，卢濬校。

① 奥本海默（Oppenheimer）是美国物理学家，世界上第一颗原子弹的主要研究者。——译者注

皮亚杰生平和著作年表①

1896	生于瑞士纳沙泰尔。
1907	发表第一篇论文《一只患白化病的麻雀》。
1915	毕业于纳沙泰尔大学。
1918	获纳沙泰尔大学自然科学博士学位，博士论文为《瑞士瓦莱区的软体动物》。
1918—1919	在瑞士苏黎世学习实验心理学和精神病诊断。
1919—1921	在巴黎大学研究变态心理学、认识论、逻辑学、科学史，在比奈实验室协助西蒙修订泊特推理测验，在沙培特里埃医院研究变态儿童。
1921	任日内瓦卢梭研究所研究部主任。
1923	发表《儿童的语言与思维》(1926 年法译英，1980 年英译中)。
1924	发表《儿童的判断与推理》(1926 年法译英)。
1925—1929	任纳沙泰尔大学心理学、社会学和科学哲学教授。
1926	发表《儿童关于世界的概念》(1929 年法译英)。
1927	发表《儿童的因果概念》(1930 年法译英)。
1929—1939	任日内瓦大学科学思想史副教授。
1929—1967	任日内瓦国际教育局局长。
1932	发表《儿童的道德判断》(1932 年法译英，1985 年英译中)。

① 1923 年后的著作仅列专著。按法文原著出版年的先后顺序排列。

1933—1971 任日内瓦大学教育科学研究所所长。

1935 发表《心理学与教育学》(1970年法译英，译名为《教育科学与儿童心理学》；1981年英译中，1988年法译中)。

1936 发表《儿童智慧的起源》(1952年法译英)。

1937 发表《儿童现实的建构》(1954年法译英)。

1938—1951 任洛桑大学心理学和社会学教授。

1939 获哈佛大学荣誉学位。

1940—1971 任日内瓦大学社会学教授。

1939—1952 任日内瓦大学实验心理学教授。

1941 发表《儿童数的起源》(与赛明士卡合著，1952年法译英，译名为《儿童的数概念》)。

1942 发表《儿童物理量的建构》(与英海尔德合著)、《类关系与数》。

1945 发表《儿童符号的形成》(1951年法译英，译名为《游戏、梦和模仿》)。

1946 发表《儿童时间概念的发展》(与另4人合著，1976年法译英，译名为《儿童的时间概念》)、《儿童的运动与速度概念》(与另11人合著，1970年法译英)。

1947 发表《智慧心理学》(1950年法译英)。

1948 发表《儿童的时间概念》(与英海尔德合著，1956年法译英)、《儿童的自发几何》(与英海尔德、赛明士卡合著，1960年法译英，译名为《儿童的几何概念》)、《教育往何处去——理解即发明》(1973年法译英，译名为《理解即发明——教育的未来》，1988年法译中)。

1949 获布鲁塞尔大学和巴西大学荣誉学位。发表《逻辑专论》。

1950 发表《发生认识论引论》(共3卷：第1卷，《数学思维》；第2卷，《物理学思维》；第3卷，《生物学思维、心理学思维与社会学思维》。1972年法译英)。

1951	发表《儿童机遇概念的起源》(与英海尔德合著，1972 年法译英)。
1952—1963	任巴黎大学发展心理学教授。
1952	发表《论逻辑运算的变化》。
1953	发表《逻辑学与心理学》(1952 年在曼彻斯特大学的三次讲演，用英文发表)。
1954	任国际心理学会主席。
1955—1980	任日内瓦大学国际发生认识论中心主任。
1955	发表《从儿童到青少年逻辑思维的发展》(与英海尔德合著，1958 年法译英)。
1957	发表《分析与综合的结合》(与阿波斯特尔等人合著)、《心理学与认识论》(1971 年法译英)、《逻辑与平衡》(与阿波斯特尔及曼德尔布罗合著)。
1958	发表《逻辑与知觉》(与布鲁纳等 3 人合著)。
1959	发表《基础逻辑结构的起源》(与英海尔德合著)、《儿童逻辑的早期发展》(与英海尔德合著，1964 年法译英)、《尝试与逻辑》(与戈士塔合著)、《尝试与认识》(与格莱柯合著)。
1960	发表《数建构问题》(与格莱柯等 3 人合著)、《行为与运算的理论》(与贝思合著)。
1961	发表《知觉的机制》(1969 年法译英)、《数学认识论与心理学》(与贝思合著)。
1962	发表《蕴涵、形式化与自然逻辑》(与贝思等 5 人合著)。
1963	发表《递归推理的形式》(与格莱柯等 3 人合著)、《实验心理学专论》(与弗莱士合编，1—9 卷，1968 年法译英，译名为《实验心理学，其领域与方法》)。
1964	发表《空间认识论》(与文邦等 4 人合著)、《六个心理学研究》(1967 年法译英)。
1965	发表《哲学的智慧与幻想》(1971 年法译英)、《社会学研

究》。

1966　发表《儿童心理学》（与英海尔德合著，1969 年法译英，1980 年英译中）、《儿童的心理意象》(1971 年法译英)。

1967　发表《生物学与认识》(1967 年法译英)。

1968　获美国心理学会心理学卓越贡献奖。发表《认识论机能心理学》（与格里兹等 3 人合著）、《认识论与同一心理学》（与辛克莱、文邦合著）、《记忆与智力》（与英海尔德合著，1973 年法译英）、《结构主义》(1984 年法译中)。

1970　发表《发生认识论》(1968 年在哥伦比亚大学所做的报告，无法文本)、《心理学与认识论》(1971 年法译英)、《发生认识论原理》（1972 年法译英，1981 年英译中）、《人类科学的认识论》、《多学科研究的主要趋势》(1973 年法译英)。

1971　退休，获日内瓦大学荣誉教授称号。发表《因果关系的解释》(与加西亚合著，1974 年法译英，译名为《理解因果关系》)。

1972　获荷兰伊拉斯谟奖。发表《发生心理学问题》(1973 年法译英)。

1974　发表《生命适应与智力心理学》（1980 年法译英，译名为《适应与智力》)、《意识的把握》（与另 13 人合著，1976 年法译英）、《成功与理解》（与他人合著，1978 年法译英）、《逻辑结构的平衡》、《矛盾的研究》(与他人合著)。

1975　发表《认识结构的平衡：发展的中心问题》(与他人合著)。

1976　发表《行为发展的动力》。

1977　获美国心理学会桑代克奖。发表《反省抽象的研究》（与他人合著)。

1978　发表《概括的研究》(与他人合著)。

1980　发表《辩证法的基本形式》（与他人合著)、《对应的研究》（与他人合著)。在日内瓦逝世。

1981 发表《必然与可能》(与他人合著，第1卷：《儿童可能的发展》，1987年法译英，译名为《可能在认知发展中的作用》)。

1982 发表《必然与可能》(与他人合著，第2卷：《儿童必然的发展》，1987年法译英，译名为《必然在认知发展中的作用》)。

1983 发表《心理发生与科学史》(与加西亚合著)。